毛军吉 ● 著

生态强国之梦

资源生态效益新视野

SHENGTAI QIANGGUO
ZHI MENG

社会科学文献出版社
SOCIAL SCIENCES ACADEMIC PRESS (CHINA)

前　言

党的十八大报告明确提出："面对资源约束趋紧、环境污染严重、生态系统退化的严峻形势，必须树立尊重自然、顺应自然、保护自然的生态文明理念，把生态文明建设放在突出地位，融入经济建设、政治建设、文化建设、社会建设各方面和全过程，努力建设美丽中国，实现中华民族永续发展。"[①] 自 20 世纪 50 年代以来，在生态危机、环境问题日趋严重的大背景下，可持续发展理念日渐深入人心，生态文明、资源生态效益之类新词语呼之欲出，并逐渐成为一种世界新潮流。生态强国之梦，是国家之梦、民族之梦、人民之梦，是美丽中国之梦。本书展现给读者的是一幅追求生态强国之梦的美丽图景，是基于生态思维的低碳发展之路。

全球气候变暖的趋势和"环境地球"概念的提出，预示着环境革命和生态文明建设将把每一个国家、每一个企业、每一个人的命运前途和生存智慧联系在一起，把人与自然、社会联系在一起，并不断延伸到人类赖以生存与发展的环境和资源，以及对它们的保护、开发和利用，影响到人类自身的福祉和永续发展。

在中国，生态文明新时代的到来正在改变着人们的生存和发展方式，人们的工作、生活、消费等都将呈现出全新的环境变化和生

[①]　胡锦涛：《坚定不移沿着中国特色社会主义道路前进　为全面建成小康社会而奋斗——在中国共产党第十八次全国代表大会上的报告》，人民出版社，2012，第 39 页。

1

态优化，还将改变人们的生存观念、时空观念、环境观念和工作理念。因为每一个人，不管是有意识的还是无意识的，都参与了生态文明的创建活动。可以说，一场新的环境革命正在引起前所未有的深刻变化。

借助低碳技术和环境革命的发展，人类生存和发展的深度及广度正在不断扩展，生态环境的不断优化不仅改善了人们的生存和发展方式，也与人们的世界观、价值观紧紧地联系在一起。存在这样一个事实：我们正生活在追求人与自然和谐相处的新时代，而资源生态效益是生产方式和生活方式的全新理念，是一种环境革命潮流，是大势所趋和人心所向。在推动人类消费模式重新塑造或生活样式发生根本转换的时候，唯有深刻地把握其力量、作用和价值底蕴的人，才能在这场环境革命和资源生态效益的博弈中成为生态文明建设的弄潮儿。

马克思指出："发展着自己的物质生产和物质交往的人们，在改变自己的这个现实的同时也改变着自己的思维和思维的产物。"[1] 人类生态实践和低碳发展是思维方式创新的最深刻的现实基础。由于思维方式创新以低碳和生态社会实践的发展为基础，后者不仅影响着低碳和生态发展思维方式创新的基本特征和发展趋势，而且随着低碳和生态经济的发展，生态文明建设主导性的思维方式也必然会发生相应的变化。

"生态文明"作为一个时代感很强的概念，已成为当今世界经济社会发展中出现频率最高的词语之一。同样，"资源生态效益"也是当今和未来生命感很强的效益形态，已成为人类生态生存和低碳发展的基础。笔者认为，资源生态效益标志着新的环境革命的到来，环境革命的到来将有助于提高人类整体的生态思维能力和低碳思维

---

[1] 《马克思恩格斯文集》第 1 卷，人民出版社，2009，第 525 页。

水平。在人类的生态环境发展史上，随着人们关注的生态环境变化、低碳和生态产业的发展，终于迎来了人类生态文明时代的新纪元，也极大地促进了生态思维能力的提高和低碳思维能力的进步。这就是环境革命和资源生态效益给人类发展创造了一个全新的发展平台。这一新平台的出现，创造了许多在传统社会或现实社会里所没有的新"生态"景观；这一新平台的出现，使人类在经济、政治、文化和社会各个领域中都发生了与之前不同的新变化，尤其是呈现出与之前不同的低碳经济和生态发展的特点，如从单一的经济效益思维向资源生态效益、经济效益和社会效益并存的转变，从传统的生态思维方式到创造性生态思维方式的转变，从孤立的 GDP 发展观到"深绿色"GDP 的评价体系的转变，从封闭的高碳思维方式向发展的低碳思维方式的转变等。总之，人类的生态思维方式正呈现出与以往不同的种种新特点。笔者认为，主要有如下几点。

从生态思维主体的不同层次上看，可以把生态思维方式区分为个人生态思维方式、企业生态思维方式、群体生态思维方式、社会生态思维方式和人类生态思维方式。

从生态思维对象上看，可以分为生态哲学思维方式、生态科学思维方式、生态技术思维方式、生态艺术思维方式和生态伦理思维方式。

从生态理念层次出发，按照生态哲学观念的不同，可分为主观型生态思维方式、客观型生态思维方式和主客观统一型生态思维方式。

从生态方法层次出发，依据生态方法的生态认识层次和功能，可以分为直观型生态思维方式、抽象型生态思维方式和具体型生态思维方式。

从生态认识的不同阶段和低碳水平上看，可以分为生态动态思维方式、经济生态思维方式、形象生态思维方式、情感生态思维方式和直觉生态思维方式。

从生态思维方式所产生的生态价值上看，可以分为先进的与落后的生态思维方式、积极的与消极的生态思维方式、合理的与不合理的生态思维方式。

从生态运动的不同态势来看，可以分为动态型与静态型生态思维方式、开放型与封闭型生态思维方式、发散型与收敛型生态思维方式、创新型与保守型生态思维方式、多维反馈型与单向直线型生态思维方式等。

人的本质就在于是一种超越性的生态存在，人之所以能成为一种超越性的生态存在，在于"有意识的生命活动把人同动物的生命活动直接区别开来"①。人的生命活动总是由追求生态超越和自我生态的思维所主宰。人总是在不断寻求生态超越外部世界对自己的生态限制的过程中实现自己的生态进化和生态发展的。人在生态超越现实和生态超越自我的过程中推进了历史的发展，这种生态进步也改变了人自身的生态存在状况和生态规定性。人的本质是永远处在生态创造之中的，它不是既定的生态实体，而是一种自我生态创造的过程。

根据马克思主义认识论的基本观点，生态实践不仅是人类生态存在的基本方式，也是人类创造生态世界的基本方式，还是人类实现自我生态超越的根本方式。低碳经济和生态经济实践的兴起，意味着低碳和生态生存方式及人类生态超越能力的增强又必将强有力地促进人的生态自我超越。低碳经济和生态经济实践是指在"地球村"里所形成的一种前所未有的新的人类实践活动，是一种生态超越现实性的创造性生态思维实践活动。人们通过低碳和生态实践，有意识、有目的地创造了一个与生态环境相对应并且与生态环境相

---

① 《马克思恩格斯文集》第 1 卷，人民出版社，2009，第 162 页。

互渗透、相互转化的"环境地球"，生态环境的净化实质上意味着人的生命自由度和质量提高了，人可以迈向更优质的生存和发展境界，从而使人获得更大程度的解放。低碳经济和生态经济以新的经济形态丰富了社会关系，扩大了人的社会性和生态性，为人类开辟了人与社会、自然关系相互协调的新领域，不仅改变和创造了一个更适宜于人类生存和发展的客观世界，也为人类的生态发展开辟了更广阔的活动领域，造就了一场人的生存与发展方式的飞跃和人类生存和发展状态的革命。

低碳和生态思维方式的创新有两层含义：其一是指低碳和生态思维方式由一种类型向另一种类型的飞跃，其二是同一类型思维方式从低级到高级、从不完善到完善的变化。环境革命是人类重要的实践活动，它不仅带来了环境革命的理论创新，也必然带来一个时代思维方式的重大创新，因而环境革命所带来的科学技术革命的一个重要收获，也必然是一系列新理论、新观念、新思想和新方法的创立。那种绝对的、单向的、时空分离的思维方法必将被相对的、多向的、时空统一的认识方法所取代。因此，低碳和生态科学技术的飞速发展，必将极大地促进人们思维方式的创新与进步，推动着人们由传统生态思维方式向现代生态思维方式转变。

西方发达国家既是工业化文明的先行者，又是最大的环境破坏者。工业革命对于人类财富的积累是一次巨大的进步，但对于人类的生存环境却是一次灾难。在科学技术作为"历史有力的杠杆"和"最高意义的革命力量"对人类历史起着巨大推动作用的同时，科学技术还显示出了对社会和人类的强大控制力，即对人类具有双重的作用和影响，科技既会充当"天使"的角色，也可能会露出"魔鬼"的嘴脸。人类无比扩张了的知识与力量，既可以用来造福于当代人及其子孙后代，也可以被滥用，给人类造成巨大的祸害。例如，原子能释放出来的能量可以造福于人类，也可制造核武器威胁人的生命和世界的安全；核能可以用来建成核电站以缓解能源的匮乏，但其废料具有放射性，可能给人类的生存空间造成污染；滴滴涕农药及塑料的发明和使用，以及煤炭、石油的大量开发使用，促进了现代生产力的发展，也对生态环境造成了严重污染；生物医学的巨大进步，不仅能使人们更加有效地诊断、治疗和预防疾病，而且可能操纵基因，人为控制精子卵子、受精卵和胚胎，以致可能给人类带来毁灭性的后果……

所以，著名的科学史家乔治·萨顿（George Sarton）说，就建设性而论，科学的精神是最强的力量；就破坏性而论，它也是最强的力量①。英国历史学家汤因比（A. J. Toynbee）说，技术每提高一步，力量就增大一分②；这种力量可以用于善恶两个方面。被称为"控制之父"的美国科学家维纳（Norbert Wiener）也指出，新工业革命是一把"双刃剑"，它可以用来为人类造福，也可以毁灭人类；如果我们不去理智地利用它，它就有可能很快地发展到这个地步③。在20世纪，科学技术的迅速进步使得整个社会生产力水平产生了惊人的飞跃，无线电、电视、计算机、太空飞行、原子能利用、遗传工程、新型材料以及无数的发明创造，极大地开阔了人们的视野，丰富了人们的物质文化生活，大大提升了人类的生存质量和生活品质，但同时也带来了困扰人类的全球性问题，如环境污染、资源锐减、生态脆弱、贫富差距、战争浩劫、道德沦丧等，人类文明的进步与发展受到了巨大挑战。

人们从实践中深切地感受到，人类社会在拥有巨大的物质财富和物质能量的同时，却忽视了具有先导作用的资源生态效益和生态

① 〔美〕乔治·萨顿：《科学史导论》，刘兵等译，上海交通大学出版社，2007。
② 〔英〕阿诺德·约瑟夫·汤因比：《历史研究》，郭小凌、王皖强译，上海人民出版社，2010。
③ 〔美〕N. 维纳：《控制论》，郝季仁译，科学出版社，1963。

智慧；现代化闪烁着科技文明的光辉，而生态效益的灯塔却显得暗淡。可以说，工业文明的深刻革命，是人类文明质的提升和飞跃，是人类文明史上一个新的里程碑。正是在这样的背景下，中国方面也开始了对生存与发展问题的深刻反思和艰难探索。

人类是一种有思想的存在物，人类的实践和发展都是在思想的支配下进行的。那么，人类究竟到哪里去寻找这种思想武器呢？生态经济学家经过多年研究，对生态文明和生态效益进行过深入研究，取得了一系列研究成果，提出了各种生态经济思想、生态世界观和生态价值观。其中，马克思生态文明观是指导人类消除生态危机、建设生态文明、实施生态效益战略的重要思想武器。因此，以马克思生态文明观为指导，党的十七大和十八大都对生态文明建设作出了战略性部署，迈开了我国建设生态强国之路的步伐。

本书在研究马克思主义生态经济理论的基础上，提出并围绕资源生态效益这个主题，由生态经济引出循环经济、低碳经济、绿色经济等生态文明在经济形态上的表现形式，结合生态文明建设所涉及的诸多理论和实践问题，精选十个富有创新性的主题，统分结合，环环相扣，深入地进行了分析和研究，力争展现其学术原创性和实践指导价值。为了便于阅读和了解，各章节摘要如下。

第一章，导论。通过总结归纳生态强国之梦的由来和对资源生态效益内涵的分析，阐述了自然界是资源生态效益的物质基础，自然本原决定资源生态效益，生态环境是人类生存及生态效益得以存在的生态学基本理论。在此基础上，分析了资源生态效益的主要特征及当前面临的生态现状，提出了加强资源生态效益管理的本质、内涵及目标；对思维方式的生态效益、人格的生态效益、经济发展方式以及消费方式的生态效益进行了深入的分析。最后对本书关于资源生态效益的研究方法及理论突破作出了简要地回答和阐述。

第二章，资源生态效益的相关理论。首先，介绍了资源的内涵及特征、资源生态效益理论的由来、资源生态效益的地位和作用，为后面的研究提供理论基础和分析框架。其次，围绕资源生态效益的各种利益和矛盾，运用博弈理论对此进行归纳与分析。最后，从系统论的角度介绍了利益集团的生态价值维度、生态足迹理论、生态经济学理论及复合生态系统理论等相关理论，为后面各章节展开对资源生态效益的分析提供基础理论支撑。

第三章，资源生态效益与可持续发展。对可持续发展理论的内涵进行了分析；介绍了马克思提出的"善待自然"与自然资源可持续利用的生态经济发展观；分析了马克思生态思想中包含的深刻的可持续发展观，提出了保护环境与提高资源生态效益的博弈观点，以及合理利用自然资源与提高资源生态效益的博弈关系等；列举了环境资源、土地资源、水资源、矿产资源、森林资源、海洋资源等对资源生态效益的制约作用；提出了海河流域的生态政策和绿色经营战略。

第四章，资源生态效益与生态小康社会。分析了生态小康社会的内涵及特征，指明了实现生态美和自然美的统一、"深绿色"理念与生态效益的统一、经济价值与生态价值的统一、经济系统与生态系统的统一；分析了生态小康与"两型社会"构建的关系，指出"两型社会"是生态小康的生态体现，是生态小康的社会状态；社会主义生态文明建设的新时代就是生态小康时代，生态小康是全面小康社会的重要组成部分，从而突出了生态文明和资源生态效益在全面小康社会建设中的重要地位和作用。

第五章，资源生态效益与节能减排。通过对节能减排的重要性及其特征的分析得出结论，节能减排对于促进经济发展、实现经济发展方式转变和提高人们生活质量都具有不可估量的作用。通过对中国能源资源现状与生态效益博弈分析得出结论，能源资源的储量为生态效益创造了条件，同时能源环境问题对资源生态效益也产生制约作用。通过资源环境价格改革与资源生态效益博弈分析得出的结论是，深化资源环境价格改革是新型工业化道路和生态强国之路的举措，是保护生态环境和经济效益、实现中部崛起和资源生态效益的客观要求。通过对政府投资与资源生态效益分析得出结论，政府投资是解决和缓解供求矛盾，改善和调整经济结构，降低能耗，提高资源生态效益的重要举措。

第六章，资源生态效益与产品创新。产品创新是资源生态效益实现的关键环节，只有坚持产品创新，才能解决总量矛盾对资源生态效益的博弈问题；只有产品创新，才能解决结构矛盾对资源生态效益的博弈问题。在此基础上，提出新能源产品开发与资源生态效益博弈问题，包括太阳能、风能、生物能、核能的特征及其博弈关系。分析了产品持续创新的举措，包括推进风险投资、实现全球资本和知识资本的结合、营造有利于创新的法律和政策环境以及培养创新的文化。

第七章，资源生态效益与低碳经济发展。围绕资源生态效益与低碳经济发展，通过辨析低碳经济的内涵、要素，论证了低碳经济与企业生态生产力的关系、企业生态生产力与企业可持续发展的关系。在此基础上提出了低碳管理模式，包括低碳生产管理模式、低碳营销管理模式、低碳成本管理模式，以及构建低碳企业文化。结合低碳经济理论，分析了低碳经济发展与资源生态效益的关系，包括工业结构效应与资源生态效益关系、低碳经济结构与资源生态效益关系等。

第八章，资源生态效益与绿色知识经济。发展绿色知识经济是时代发展的客观要求，是经济发展总趋势的客观要求，是提高资源生态效益的客观要求。分析了绿色知识经济的内涵及特征，归纳了绿色知识经济的发展运行规律。从经济社会可持续发展和有利于合理利用自然两个方面，分析绿色知识经济对资源生态效益的重要作用。绿色知识经济发展面临着目标选择困境、经济效果持续困境、价格整合困境、知识突围困境和全球协调困境，提出了发展绿色知识经济的路径选择，即坚定不移地实施科教兴国战略及产业转型战略，构建"深绿色"消费模式，实现现代产业体系和"深绿色"产业体系的绿色化等。

第九章，基于资源生态效益的制度创新。经济社会发展到一定阶段，需要企业的自主创新和政府的制度创新，只有实现这样两种创新的突破，经济才能发展，社会才能进步。制度创新为自主创新提供基础和条件。这是因为制度创新促进企业自主创新及其利益关系的固定化和规范化，企业自主创新能力的提高需要政府加强政策引导和提供制度保证。企业创新就是社会经济因素和自然生态因素相互参透、相互融合，共同发挥作用的结果，在本质上是人与自然之间的物质变换关系。关于加强制度创新，特别分析了林业碳汇权利的生态价值制度，随着林业碳汇市场化的初步形成，建议加快相关制度建设，尽快完善林业碳汇市场体系。

第十章，资源生态效益的评价体系。资源生态效益因对于经济力、科技力、生态力的综合功能已产生重大而深远的效应，如何具体评估这种效应，必须要有具体的指标体系和评价标准。本章提出了循环经济的指标体系和考核制度，分析了循环经济评价体系的作用、意义和指标结构；同时着重介绍了"深绿色"新兴产业评价指标体系，运用绿色GDP考核指标，着力提高资源生态效益，加快生态强国建设。

附录：基于资源生态效益的产业转型升级——以广东为例。为了更好地实现本书的写作初衷，从理论与实践相结合的视角，特选取2008年世界经济危机后广东在产业转型升级中的这个典型范例予以分析，供读者参阅。本范例选择珠三角作为低碳和生态经济的产业高科技发展区域，及其相应的政策设计作为主体功能区的核心内容，具体以"南雄模式"和深圳市产业转型作为切入点，对生态和低碳经济主体功能发展的相关问题进行了实证研究。

总之，面对资源约束趋紧、环境污染严重、生态系统退化的严峻形势，人类的资源生态效益已经顽强地表现为时代效应，人类的生存环境和发展环境亟须不断优化。同时，我们也要看到，建设生态小康社会，实现生态强国的道路仍然面临许多艰难险阻，注定是一个充满曲折坎坷又偶有鲜花美酒的奋斗过程。所以，在新的历史时期，以党的十八大精神为指导，围绕生态文明建设这个时代主题，从资源生态效益入手，大力发展生态、低碳和绿色经济，实现中华民族的伟大复兴，是我们共同的使命。

目　录

第一章

导　论

　　党的十八大报告把生态文明建设与经济建设、政治建设、文化建设、社会建设并列提出，把生态文明建设提高到前所未有的地位，作为"五位一体"的总体布局构成了全党未来的奋斗目标。对于如何进行生态文明建设，党的十八大报告作出了详细论述，给出了答案，就是要"健全国土空间开发、资源节约、生态环境保护的体制机制"，"着力推进绿色发展、循环发展、低碳发展，形成节约资源和保护环境的空间格局、产业结构、生产方式、生活方式"[①]。这标志着我们党科学发展理论的再一次升华和演进。生态经济和生态效益是生态文明建设的高级形态，资源生态效益是生态文明的重要表现形式。生态文明及其表现的资源生态效益，就是在深刻总结和反思我国工业化进程中损害环境沉痛教训的基础上，人们通过认识和寻找到的一种可持续发展理论、路经和实践成果。因此，加强生态文明建设具有划时代的意义。

[①] 胡锦涛：《坚定不移沿着中国特色社会主义道路前进　为全面建成小康社会而奋斗——在中国共产党第十八次全国代表大会上的报告》，人民出版社，2012，第19、39页。

第一节　生态强国之梦的由来

对资源生态效益概念的理解，必须以生态效益的视角，放在人类认识资源环境以及历史演进的过程中来把握，才能得出正确的结论和令人信服的答案，进而把握其价值导向、发展导向、效益导向及其生态民生导向。

一　生态强国之梦的缘起

在国家发展道路和工业生产方式的选择上，出现了两种不同的道路和生产方式：一种是尊重自然规律和自然生态环境，另一种是损害自然环境、谋求眼前利益，两种不同的发展道路和生产方式给人类带来了两种不同的结果。20世纪以来，特别是第二次世界大战之后，一方面随着发展中国家人口的急剧增加，带来了资源环境的压力，另一方面随着西方发达国家工业化的快速推进，工业规模及经济规模迅速扩张，势必给低碳经济发展和生态环境建设既带来正面效应，又带来负面影响。正面效应是经济总量得到了提升，为后来经济社会的发展奠定了基础；负面影响是随着人口的增加，人们的物质消耗量和生态环境承载量随之增加，同时废气排放量也随之增加，特别是高碳产品的二氧化碳及二氧化硫排放，给环境的优化和生态的净化带来一系列的矛盾和问题。像发达的欧盟、美国、日本相继发生的"八大公害事件"，其影响深远，危害极大，导致成千上万的民众患上公害病，不少人丧失了宝贵生命，严重冲击着民众的生存、社会的发展、经济的繁荣和执政党地位的稳定。这也唤起了众多专家学者对资源环境问题的研究和对工业文明的深刻反思。

面对日益恶化的环境污染形势和国际社会的舆论及呼声，联合国于1972年6月5日在饱受酸雨之苦的国家——瑞典的首都斯德哥尔摩举办了第一次世界性的人类环境会议，有 113 个国家的代表参会。中国政府也派代表团参加了本次会议。人类环境会议通过了著名的《人类环境宣言》，将"为了这一代和将来的世世代代的利益"作为人类共同的信念和原则，开启了世界环境保护和国际环境保护的新纪元。

1992 年 6 月，联合国在巴西里约热内卢召开了"联合国环境与发展会议"，183 个国家和地区的代表参会，其中包括 102 位国家元首或政府首脑。会议强调："人类应享有以与自然和谐的方式过健康而富有成果生活的权利。"高投入、高消耗、高污染的生产和消费模式被否定，经济与环境协调发展成为与会各国的共识。在人类社会经过 10 年可持续发展环境治理的实践探索之后，2002 年 9 月联合国在南非约翰内斯堡举行了由包括 104 位国家元首或政府首脑在内的 192 个国家和地区的代表参加的"可持续发展世界首脑会议"。会议提出，经济增长、环境保护和社会进步是可持续发展的三大支柱。此次会议标志着人类在可持续发展、构建生态文明建设的道路上向前迈出了实质性的一步。

中国的生态强国之梦已经经营和实施了多年。早在 1992 年联合国环境与发展会议之后，我国就制定了第一份环境与发展方面的纲领性文件——《中国环境与发展十大对策》，接着中国政府于 1994 年也发布了《中国 21 世纪议程》。这些都是针对低碳经济发展、生态经济发展以及资源生态效益提升的重要纲领性政策宣言，都从政治高度和加强生态文明建设的角度为生态强国之梦描绘了蓝图，指明了前进的方向和道路。

二　生态强国之梦的演进过程

生态强国之梦既是重大的理论问题，也是重大的实践问题，它集中体现了贯彻落实科学发展观和实现"中国梦"的执政理念，转变经济发展方式，建设资源节约型和环境友好型社会，提高生态文明水平，树立绿色、低碳发展的生产方式和消费模式。从历史的角度看，它经历了如下的演绎过程。

1. 从旧的生产方式转变为一种新的发展方式

从人类社会文明形态演进的角度和规律看，农耕文明替代原始文明，工业文明替代农耕文明，都是以一种新的生产方式和生态发展方式，以一种新的人与自然关系及人与人的关系，以一种新的文明形态，以一种新的生产力，以一种新的发展方式，以一种新的发展动力展现在世人面前，发挥着极其巨大的物质作用和精神作用。生态文明建设已经成为中国特色社会主义建设总体布局的重要组成部分，是以我国基本国情为基础的经济、政治、文化、社会、自然等方面相互协调发展的社会形态和制度，生态强国的内涵和发展要素是随着新的发展方式的转变进程而不断丰富和扩展的。它的核心内涵是从传统的旧的发展方式，即依赖高投入、高消耗、高排放的发展方式向低投入、低消耗、高产出的发展方式转变。这不仅是在呼唤"节能减排"和"治理环境"，不仅是在重返"蓝天白云"和"青山绿水"，而且是要创造一种新的生产力，开创一个崭新的时代：从高碳经济向低碳经济转变、从浅绿色向深绿色理念转变、从制造向创造转变、从服务本地本国向服务世界转变、从旧能源向新能源转变、从经济小康向生态小康转变、从传统产业向新兴产业转变。总之，中国梦的最终实现，集中体现在富强中国和生态强国，即经济生产力、生态生产力、民生中国、文明中国、和谐中国和美丽中国的有机统一。

2. 从旧的发展思路转变为注重经济增长的质量和效益

长期以来，我国经济的粗放式经营和发展，严重地制约着经济增长的质量和效益的提高。要改变这一现状，实现生态强国梦，必须处理好以下关系。

一是经济质量和经济效益的关系。经济效益是建立在良好的经济质量基础之上的，没有好的经济质量就没有好的经济效益；经济质量是基础，经济效益是目标，目标要通过质量来实现。经济质量的提高是一个长期艰难的过程，甚至是痛苦的过程。因为要清除阻碍经济质量提高的不利因素，排除不利经济质量提高的因素，要通过发展循环经济、倡导生态文明、强化环境法治、完善监管体制、建立长效机制等手段和途径来实现。

二是经济效益与生态效益的关系。经济的发展和社会的进步不能只有经济效益而无生态效益。生态效益是经济效益的基础，是经济效益的根本着眼点，只讲经济效益、牺牲生态效益是高代价的效益。人民群众喝不上干净的水，呼吸不到清新的空气，吃不上放心的食物，得不到优雅的生产和生活环境，这样的经济效益是不可求的，是短命的。因此，必须坚持经济效益与生态效益的协调发展。

三是人与自然的关系。人与自然之间不是一种对抗关系、征服关系，而是一种和谐关系、一种有机体，通过生态发展来实现人与自然的和谐，实现人的全面发展，只有这样才能创造好的生态效益，创造好的经济质量，创造好的经济效益。经济质量的增长对生态效益提出了更全面、更彻底、更深入、更良好的要求。没有这类要求，经济发展就是低质量和低效益的发展。因此，人的全面发展不仅是经济的发展和财富的积累，更是生态环境的优雅和生活环境的舒适。生态文明建设强调给自然以平等态度和人文关怀，作为地球的共同成员，既相互独立又相互依存，既相互利用又相互制约，人类必须尊重自然规律，利用、保护和发展自然，给自然以人文关怀。因此，只有树立生态强国的价值观，才能从传统的"向自然宣战""征服自然"，向人与自然协调发展转变。随着环境污染侵害事件和投诉事件的逐年上升，人与自然之间的关系问题已成为影响社会和谐的一个重要制约因素。建设生态强国有利于使生态理念渗入经济社会发展和管理的各个方面，实现代际、群体之间的环境公平与正义，促进人与自然的和谐以及人的全面发展。

3. "美丽中国"与"生态强国"的演进

美丽中国包含着自然美和生态美。自然美是自然物的美以及人赋予自然物的精神价值；生态美是人与自然处于和谐生态系统中的自然物的美，是和谐协调统一的整体生态系统所显示的美。生态美和自然美都是美丽中国的具体体现，都是一种客观存在，都在于自然事物本身，都和人的生活密切相关。生态强国是美丽中国的进一步演进，内涵更深刻，内容更丰富，生态强国既包含物质生产产品的环保内涵、物质形态的生态价值，又包含精神产品生产的生态内涵和生态价值；既包含人与物的关系，又包含人与自然的关系；生态强国内涵不仅表现为人们生活的生态价值，还表现为生产的生态价值，是生活生态价值和生产生态价值的统一。

4. 从经济升级向生态强国的演进

经济升级主要是发展战略性新兴产业，发展战略性新兴产业是经济升级的关键。面对错综复杂的经济形势与日益沉重的环境压力，许多国家把发展战略性新兴产业作为经济升级的重要途径。2010年10月10日，国务院出台了《关于加快培育和发展战略性新兴产业的决定》，确定节能环保、新一代信息技术、生物产业、高端装备制造、新能源、新材料、新能源汽车产业为现阶段重点培育的战略性新兴产业。目前，有三大新兴产业正在为世界经济和中国经济带来空前巨大的发展契机，这也是生态强国发展的新兴产业。其一，"新能源"；其二，"ICE"（"智能、文化、教育"），是应用和拓展信息技术革命的成果去改造传统的设计、研发、规划、代理、创意、动漫、电影、出版、教育等产业，形成新型的服务业；其三，"物联网"，它是互联网的升格。明确生态强国建设要求后，创造条件，审时度势，发展深绿色产业，将成为经济升级的关键。而在相当长的时期内，我国所面临的"资源瓶颈"和"环境约束"已积重难返，严重制约着生态强国梦的实现。对此，我们必须有清醒的认识。

三　"生态强国之梦"的价值导向

党的十八大报告对生态文明建设的战略方针、基本国策和发展方向提出了明确的要求，提出建设美丽中国的战略构想。笔者将其归纳为"生态强国之梦"。党的十八届三中全会通过的《中共中央关于全面深化改革若干重大问题的决定》提出了生态文明建设的重大战略思路和任务，构成了我国低碳经济和生态经济发展的价值导向，以及生态民生导向。

1. 生态文明建设的战略构想

新一届党和政府及时抓住了中国新的发展和变革的历史契机，明智和果敢地发出了"美丽中国"和"中国梦"的时代强音，再次将"生态文明建设"写进了党的十八大报告，与政治建设、经济建设、文化建设和社会建设一起形成"五位一体"的新的发展战略格局。该报告指出："坚持节约资源和保护环境的基本国策，坚持节约优先、保护优先、自然恢复为主的方针，着力推进绿色发展、循环发展、低碳发展，形成节约资源和保护环境的空间格局、产业结构、生产方式、生活方式。"① 这是对生态文明建设的总体要求，也是生态强国建设的总体布局。树立尊重自然、顺应自然、保护自然的生态文明理念，这是推进生态文明建设的重要思想基础，体现了新的价值取向，体现了党的理论和实践的新成果，体现了我国经济发展的科学要求。把生态文明建设放在突出地位，融入经济建设、政治建设、文化建设和社会建设各方面和全过程，这是生态文明和生态

---

① 胡锦涛：《坚定不移沿着中国特色社会主义道路前进　为全面建成小康社会而奋斗——在中国共产党第十八次全国代表大会上的报告》，人民出版社，2012，第39页。

强国建设的实质，也是对我国社会主义现代化建设过程提出的更新更高的要求。推进生态文明和生态强国建设是涉及生产方式和生活方式根本性变革的战略任务，不仅仅是要做好资源环境方面的工作，提高资源生态效益，提供优质的生产生活环境，还要在物质文明、政治文明、精神文明各层面，在经济建设、政治建设、文化建设、社会建设各领域进行全面深刻的变革，将生态文明和生态强国的理念、原则、目标等深刻融入中国特色社会主义事业的各方面和现代化建设的全过程，推动形成生态强国建设的新格局①。

2. 生态文明建设的战略任务

党的十八届三中全会通过的《中共中央关于全面深化改革若干重大问题的决定》对生态文明建设作出了具体的战略部署，主要体现在以下八个方面。

（1）努力形成符合生态文明建设要求的生产方式和消费模式。必须切实加快经济发展方式的转变，切实改变高消耗、高污染、低效率的发展方式，着力选择低消耗、少污染、高效率的生产生活方式，切实把经济发展控制在环境可承载的范围之内，竭尽全力，在投资项目、环境改变、产品开发和产业发展上大力发展绿色经济，积极发展循环经济并倡导低碳发展和生态发展；发展绿色经济、绿色产品和绿色产业，发展低碳清洁能源和生态可再生能源，提高低碳能源和生态资源利用效率，最大限度地减少高碳排放；开发减少污染的低碳和生态先进技术，切实加强现有技术改造及低碳和生态技术创新，提升产品的低碳技术含量，促进循环经济发展；以生态先进技术，培育以低碳排放为特征的新的经济增长点，倡导新的绿色和低碳及生态消费模式。

（2）加快推进可持续发展的符合生态文明要求的体制机制建设。

---

① 程漠江、程漠宽：《浅谈我国生态文明建设》，《科技创业家》2012 年第 19 期。

生态文明建设要健全和落实资源有偿使用制度、生态补偿机制、严格的循环低碳和生态目标责任制。要建立健全适应市场经济发展的价格形成机制，深化低碳和生态价格改革，切实发挥市场在市场经济中的决定性作用；加快建立反映低碳市场供求关系，生态资源稀缺程度，环境损害成本的低碳和生态生产要素、资源价格形成机制，切实推进资源性产品价格和环保收费改革，不断完善绿色环境经济政策；切实加强流域生态环境管理，提高流域生态发展、协调发展、统筹发展、优化发展、循环发展、低碳发展和可持续发展的能力，构建生态流域的决策机制和管理机制。

（3）将节能减排作为提升生态效益的战略重点。节能减排是环保工作的重要抓手，是实现生态效益、优化环境的重要举措。经过"十一五"以来的强力推进，我国低碳经济和生态经济发展已取得一定成效，各地城镇环境基础设施和企业治污设施建设取得明显成效，治污工程取得巨大生态效益，减排工作的重点是狠抓城镇污水处理厂和企业治污设施正常运行；改造传统产业，以高碳火电行业为重点，大力削减大气污染物排放量，净化生态空气质量；以造纸行业为主攻方向，重点削减水污染物排放量，提升生态水质量；强化减排目标责任制，明确法律责任和问责措施；通过更加扎实的节能减排和污染治理工作，推动环境质量的稳步提升和生态效益的增长。

（4）从国家发展战略层面和再生产全过程切实解决环境问题。集中力量解决人民群众最直接、最现实的环境问题，就需要在发展政策上构建有利于低碳经济发展和环境保护的价格、财政、金融、税收、土地等方面的经济政策体系，切实发挥政策的协调配套效应和政策效应。在环境政策上，要从低碳经济发展和生态经济发展，从生产、流通、分配、消费的再生产全过程，制定生态发展，实现生态强国梦的经济政策。在生态发展布局上，要遵循自然规律，尊重生态流域规律，开展全国流域生态功能区规划工作，按照低碳经济和生态经济发展的客观要求，根据不同流域、不同地区的资源环境承载能力和环境功能，按照重点流域、重点区域、重点生态园区限制开发和禁止开发的要求，确定不同生态区域及生态流域的发展模式，按照低碳经济和生态经济发展的客观要求，引导各流域合理选择发展方向，形成各具特色的生态发展、流域发展、低碳发展和区域发展新格局。在发展规划上，要进一步优化重化工业的布局，淘汰高碳落后产能，调整产业结构，切实转变经济发展方式，提高资源生态效益。

（5）切实治理江河湖泊生态流域系统。优化水环境，让不堪重负的江河湖泊休养生息，这是生态文明和生态强国建设的重点领域。让江河湖泊休养生息，必须实行最为严格的环保措施，以生态环境容量和生态承载力为依据，确定生态发展方式和经济发展规模；充分发挥生态流域和生态系统的自我修复能力，切实改善生态环境退化的状况；综合运用生态工程、低碳技术、生态技术、生态效益等方法，加大生态环境保护和生态强国建设的力度，促进生态流域、生态区域、生态系统和生态功能区良性循环。从生态环境休养生息的视角，谋划生态系统中的森林、草原、海洋、湿地等生态因子，生态区域休养生息的政策措施。

（6）实行严厉的环境保护制度。在生态效益的提升和生态强国的建设方面，必须建立健全与现阶段经济社会发展特点要求和环境保护优化管理相一致的环境法规、政策、标准和技术体系。要淘汰落后的高碳工业、技术、装备和产品，淘汰落后的高碳产能。凡是不符合资源生态效益和生态强国建设要求的项目一律不允许兴建；对于超标和超生态效益总量控制指标排污的高碳工业企业一律停产治理；对于未完成主要污染物排放总量控制任务的地区一律实行"高碳区域限批""高碳流域限批""高碳产品限批"；对于破坏环境的违法犯罪行为一律给予严惩。切实建立严格的法律制度和生态效益标准,制定生态强国、生态强省、生态强市、生态强县标准,健全行之有效的执法手段,让任何对生态环境造成危害的个人和单位补偿生态流域和生态环境损失,必须做到决不允许"少数人发财,人民群众受害,全社会埋单"的悲剧重演。

(7)积极应对气候变化等全球性环境问题。生态效益和生态环境具有全球性、流域性和区域性,生态环境的保护要进一步扩大开放,统筹国际国内两个大局,充分发展环境优化国际低碳先进技术,积极推动生态环境保护低碳对外合作交流,切实承担和履行国际环境义务。树立积极的国际形象,充分发挥国际国内环保措施的生态效应、低碳效应、协同效应、空间效应和优化效应,促进我国经济发展方式转变和生态环境的优化。通过广泛深入的生态环境领域、生态空间领域、生态流域领域的国际交流与合作,切实维护国际生态环境利益,谋求良好的国际发展空间、国际技术合作空间。应对气候变化是一项系统工程,控制温室气体排放涉及经济社会发展诸多方面,需要从经济社会发展全局出发统筹生态安排和低碳谋划。我国提出,到2020年单位国内生产总值二氧化碳排放比2015年下降40%~45%,作为约束性指标纳入国民经济和社会发展中长期规划,这需要作出长期不懈、艰苦卓绝的努力,以实际低碳和生态行动确保全国控制温室气体排放行动目标的实现。

(8)生态民生的价值取向。生态民生是一个极具生命力的概念,表明民生与生态的关系已由外在关系演化成为内在关系,即生态开始成为民生最基本、最基础和最重要的生态价值的组成部分。实现资源生态效益,必须改善生态民生,促进经济、民生、生态三者的均衡发展。实践表明,生态民生已成为低碳经济和生态经济发展不可突破且必须坚守的底线和红线。改善生态民生必须健全公众生态权益保障制度,提升民众参与生态补偿制度,切实维护和保障好人民群众的知情权、参与权和监督权。政府及各级相关组织要通过各

11

种形式，提升公民的生态文明素养，建立生态信誉激励机制。

中华民族伟大复兴的中国梦，生态强国之梦，其科学内涵是实现国家富强、民族振兴、人民幸福和生态发展。国家之梦、民族之梦、人民之梦、生态之梦是有机统一体；实现生态强国之梦的过程，是一个物质力量和生态约束力发生作用的过程。所以，当习近平总书记提出中华民族伟大复兴的中国梦后，立即得到全中国人民热烈响应，其震撼力深入人心、激励人心、凝聚人心，产生了巨大的物质力量和精神力量，极大地激发了全中国人民建设生态强国的主动性、积极性和创造性，极大地推动了我国各项事业的发展与前进。

3. 生态强国之梦开启生态小康建设的新时代

在党的十八大报告和十八届三中全会《中共中央关于全面深化改革若干重大问题的决定》中，生态文明建设被置于中国特色社会主义建设的宏观框架下予以思考，将生态文明建设视为小康社会建设的重要内容，进一步彰显了生态强国建设在整个经济社会发展中的重要性。将生态文明建设视为与经济建设同等重要的内容，把当前和长远、生态与经济、生态与国际等联系起来考虑，突出尊重自然、与自然和谐友好的生态文明理念，这是中国共产党领导全国各族人民对生态文明建设和生态小康建设规律认识的新的成就。为了更加全面准确地把握生态小康的基本内涵，我们需要处理好下列几个方面的关系。

第一，要处理好生态小康与生态强国建设的内在实践关系。要处理好生态小康与生态强国建设的关系，当前尤其要避免下列两个方面的误区：误区之一是把生态小康社会过于理想化，认为生态小康社会就是一种纯粹的优美自然环境。这种认识之所以不正确，主要是其片面地把生态小康建设视为与人的实践没有联系的单方面因素。如果这种认识正确的话，那么是不是可以说像非洲落后的原始部落等凡是未开发的地区都是生态小康地区？答案可想而知。另一种误区是过于强调生态对人需求满足的程度，认为只有满足了人的需求才能视为生态小康。这种认识过于强调人对生态环境的需求，而忽视了生态本身的客观存在。

第二，要处理好人、自然及社会协调发展的关系。众所周知，生态小康社会不仅是物质性的，而且是由多维要素组成的综合体，物质文明、精神文明比较发达的生态小康社会，必然是人、自然与社会三者协同发展的社会，任何单方面发展的社会都很难称得上生态小康社会。在人、自然与社会三者的关系中，其实可以分为两大类关系，即人与社会的关系和人与自然的关系。在对人与自然关系的认识上，我们不能只是强调自然如何满足人的需要，更应提倡人与自然和谐发展，人与自然应该是相互促进的关系。

第三，要处理好生态小康社会与生态生产方式的关系。历史唯物主义告诉我们，生产力和生产关系之间的矛盾是社会发展的根本动力。生产力和生产关系不仅体现在社会生产力，而且体现在低碳生产力，体现在生态生产力和自然生产力。生态生产力和社会生产力之间的矛盾是普遍而且客观存在的，这一矛盾是生态强国建设的内在基本动力。生态生产方式是人们认识世界和改造世界的基本方式，它反映了人们对自然的认识水平，也反映了人们改造世界的程度。生态小康从本质上说也是一种生态生产方式，它也受到生态生产方式内在矛盾的影响和制约。在生态小康社会的建设中，生态是生态实践的对象，不是人征服的对象，而是和人一起发展的客观存在。因此，我们不能把生态和自然环境视为满足个人需求的自在之物，而应将其视为一个自在的事物，它有自身的运动规律，与人和谐相处、永续发展。

第二节　资源生态效益的视角

在人和自然的关系中，人是一个能动的因素，而且是最活跃的因素。一方面，自然界对于人和人类社会及其生态发展而言，具有本质的约束性；另一方面，对于自然界及其赖以生存的环境而言，人类出于生产劳动和社会发展的需要，必须进行现实的改造，势必对其产生良性或恶性的影响。两者相辅相成，互相协调，才能实现发展。

一　资源生态效益的物质决定性

1. 人本身是一种自然存在物

马克思科学地论证了人是自然发展到一定阶段的产物，阐述了人与自然环境之间存在一起发展的协同关系，从而确立了人的存在及其实践活动和人类社会的存在及其发展依赖于物质自然界的唯物论基础。所以，自然的发展创造了人，自然界哺育了人类，作为社会产物的人，归根结底是自然界的产物。自然与人的"血缘"关系并没有因为现代人类自身力量的空前强大而断裂，人类的生存与一切实践活动永远离不开自然界的养育，因此自然界永远是人类生存和社会发展的基础与前提。人离不开自然界，离开了外部自然界，就不会有人的发生，不会有人的存在。人不是外在于自然界的异物，而是自然界大家族中的一员，是一种直接的自然存在物。因此，人作为自然存在物，作为生物的、活的有机体存在物，永远不能摆脱对外部自然界的依赖关系。资源生态效益研究的正是人与自然的关系，研究人与自然之间的变化规律，其目的在于促成人与自然的和谐相处。

2. 自然界是人的自身与身外自然的统一体

马克思在《1844 年经济学哲学手稿》中阐明自然界与人类的相

14

互关系时，提出了"人靠自然界生活"① 的科学命题，并把生态自然界称为"感性的外部世界"②，这种理论认为自然界给人提供了生存的生活资料和进行劳动的生活资料。人只有深深地扎根于自然界，才能生存和发展。在这里，马克思强调自然界和生态条件对人的生存的极端重要性以及人的生态本原性和生态的链条性，阐明人类与生态自然界之间存在需要与被需要的价值关系，把自然界看成与人的自身的身体具有同样意义和价值的东西，把自然界看成与人类有着内在的、本质关系的生态系统。这样，自然界就应该既是指"人的无机的身体"的自然，又是指"人本身的有机体"，即人的自身的自然，是人自身的自然与人身外的自然的统一体。

3. 自然界优先地位的集中表现

自然对人的本原性和人对自然的依赖性，既体现为自然界与自然规律对人类一切实践活动尤其是经济活动的限制与约束，又体现为人对自然及其内在规律的服从与遵循，我们称之为"自然的约束性"。就有理性、有目的的人而言，其虽然能够通过自己的创造性生产实践改变外部世界，改变自然环境，使之满足人的需要，能动地实现自己的目的，但是这一能动性的发挥和创造性的实践，要以人必须承认生存环境及其物质自然界固有规律为前提。

人类对自然界的变革活动，创造性地利用自然为我们服务，最多也只能改变自然规律借以表现的具体条件和形式，而绝不能改变自然规律本身，只能遵循自然规律。因此，在任何时候、任何情况下，人类的实践活动对自然界的这种依赖性总是存在的，无视它本身就是违反自然。人不能脱离外部自然界及生态环境而生存，但是人绝对不是消极地适应自然，而是能够认识、掌握和遵循自然规律，

---

① 《马克思恩格斯文集》第 1 卷，人民出版社，2009，第 161 页。
② 《马克思恩格斯文集》第 1 卷，人民出版社，2009，第 158 页。

从而利用、控制、调节、改变外部世界，实现人的生存与发展的目的。

二　资源生态效益源于生态环境的优化

自然界是人类生存与发展的基础，生态环境是现代经济社会和文化发展的基础，这是人类文明发展的普遍规律。在以往的历史发展中，工业革命在创建工业文明的过程中极大地破坏了它的自然生态基础，破坏了人类的生存环境和生存条件，违背了这个客观规律，由此受到自然生态的无情惩罚，迫使人类进行低碳和生态深刻反思，才认识到自然生态不仅是农业文明和工业文明发展的基础，更是现代生态新文明发展和资源生态效益的基础。因此，生态经济学认为，自然生态系统是社会经济系统的基础，自然生态系统是现代人类实践活动尤其是经济实践活动的基础。自然环境的优化与恶化对资源生态效益提供两种不同的环境基础，并带来两种不同的后果。当自然环境优化时，带来的是一种优质的资源生态效益，当自然环境恶化时，带来的是一种资源生态效益的负效益，这种负效益同时又对自然环境产生负面影响，这是资源生态效益的辩证思维所产生的结果。当人们向往和追求优美的自然环境的时候，也就具有了创造优美自然环境的思维动机，也会遵循自然规律和生态发展规律，促进人与自然、社会和谐发展，实现自然环境生态价值与经济发展的经济价值的统一。

三　资源生态效益的主要特征

1. 资源生态效益是一种节约资源的经济观

节约资源是资源生态效益的本质要求，节约资源体现在生产环节的节约和生活环节的节约的连续性。建设节约型社会是提升资源生态效益的重要举措，是循环利用资源、提升资源经济效益的重要途径。各级政府必须充分考虑资源的承载能力和涵养持续能力，在合理增加资源和有效供给的同时，努力营造节约各类资源、保护环境、缓解资源紧张的政策环境。

2. 资源生态效益是一种循环的经济观

从系统论来看，人类社会系统是自然生态系统的子系统，需要以自然为基础，更加需要优雅的生态自然环境和条件，需要自然生态系统提供原材料和吸纳废弃物，以保障人类社会系统生态发展及经济的正常运行，以保证生态价值的实现。同样，循环经济系统是循环型社会的子系统，循环经济系统与循环社会系统既相适应又相矛盾，是矛盾运动发展的统一。循环经济系统的正常运转需要适当的物资和能量支撑，需要通过循环增强物质的正能量，通过循环实现正能量的转换，通过循环实现技术的有效转换，推进技术的进步和经济的发展。循环经济是一种建立在物质不断循环利用基础上的资源生态效益。要实现生态效益与经济效益的统一，以循环经济的经济观指导社会经济实践，就必须把可持续发展理念贯穿于整个社会经济体系当中，并纳入社会经济发展总体规划和各项政策，以及行为方式等各个层次中，这是资源生态效益循环经济发展的客观要求。

3. 资源生态效益是一种绿色经济观

绿色经济表现为环境质量得到有效控制，以绿色技术为核心，以绿色产品开拓市场，以绿色消费构建生活模式，以形成绿色财富效应。绿色经济可以使已有的自然资源得到合理充分的利用；绿色经济有助于创造新的资源，制造新材料，这些新资源创造出来，环境就能得到更好的保护；绿色经济促使人力资源取代自然资源成为经济发展的重要因素；绿色经济促使人类对物质资源的需要减少。一旦绿色经济观成为指导人们生产、消费的重要观念，就将焕发出巨大的物质能量。这些都是资源生态效益的内在要求。

4. 资源生态效益是一种低碳经济观

低碳经济在本质上以低能耗、低污染、低排放和高效能、高效率、高效益为基础，以低碳发展为发展方向，以节能减排为发展方式，是实现可持续发展的必由之路。低碳经济包括两个部分，一个是低碳生产，另一个是低碳消费。低碳生产和低碳消费互相影响，低碳生产决定低碳消费，低碳产品提供了低碳消费市场，低碳消费市场又反作用低碳生产。人们的低碳消费和生态消费观念的变化有利于促进低碳经济和生态经济的发展，资源生态效益建立在低碳经济基础之上，是一种低碳经济的生态效益表现，资源生态效益的实现和提升有赖于低碳经济的发展。

第三节 资源生态效益的管理

资源生态效益管理跟企业管理、社会管理一样，都是人类最普遍的一项社会活动；是处于一定经济状态、一定生态环境状态和一定组织中的管理主体，对生态客体进行有目的的协调和组织，通过优化运用经济资源和生态资源，达到共同目标，实现共同利益的过程。本节着重论述资源生态效益管理的本质、内容及其目标。

一 资源生态效益管理的本质

资源生态效益的管理是一种系统性的概念，它不仅指资源生态效益产生的本身管理，而且指与资源生态效益相关联的一系列管理，其内涵十分丰富，涉及资源生态新产品的管理、资源生态效益相关科学技术管理、资源生态效益所承载的流域管理、资源生态效益主体功能区的管理、资源生态企业的管理、资源生态城市的管理、资源生态系统的管理等。在一个高度组织化的社会里，人们在生态实践中要强调资源生态效益的技术方面，注重提高生态系统效益和生态价值，更要注重提高资源生态效益管理活动的人文价值，提高人自我实现的价值，还要发展人的潜能，即人与自然和谐发展的潜能，排除阻碍人与自然和谐发展的因素。要以生态的思维和方法来指导生态管理实践，研究生态效益管理活动的性质、一般规律以及人与自然、社会的本质关系的科学。

二 资源生态效益管理的内容

资源生态效益管理是对生态系统有序化的管理，是一个没有终点的渐进过程。其一，它是一种基于生态效益"直观"思维的管理，即对生态效益系统有序化及其效益形态和阶段的管理。其二，它是一种基于资源生态效益"整体性"思维的管理，从生态的整体性认识生态效益的协调和互动，探索和把握资源生态效益管理的本质和价值。其三，它是一种基于"资源生态效益关系性"思维的管理，从人、自然、社会与环境的"关系性"协调和整合，发掘出资源生态效益的真正主题和价值。

1. 生态美和自然美的管理

生态美和自然美都会在一定程度上影响资源生态效益。生态美主要影响资源生态效益的整体质量，自然美主要影响生态产品的外在感观。生态美决定人的生活质量和人的生存，生态的毁灭最终会导致人的消失。自然美既有生态产品自然的属性，也涉及人与自然和谐的程度。在一定程度上可以说，协调的程度高，其生态产品的生态质量就高。车尔尼雪夫斯基认为，自然物与人及人的生活有关。还有学者认为，生态自然环境之所以美，是人的意识、想象、概念作用于自然的结果。因此，资源生态效益管理不仅表现在对生态美的管理，而且表现为对自然的管理。

一是生态美和自然美都体现为对人的管理。资源生态效益要发挥人的主观能动性，要从人与自然的关系入手。资源生态所承载的生态美是一种宏观的美，蓝天白云，清新空气，关系人和自然万物的和谐。资源生态效益所承载的自然美使自然成为人化的自然，成为优雅的自然，为人所用，成为人优质生活的一部分，成为人的对象化的自然。对生态美的管理，就是从自然万物的视角审视自然物，是对生态美的自然万物的道德伦理关怀的管理，是倡导尊重自然，顺应自然的和谐管理。生态美和自然美都是资源生态效益的载体，都可以发挥人的主观能动性。生态美体现的是人对自然的依存关系，表现为资源生态效益系统中人的主观能动作用，以发挥人的管理作用。自然美体现的是人对自然的改造和征服，改造和征服过程中需要人的主观能动作用，对其管理就是把自然界变成人化的自然，以确证人在自然界中的本质力量，自然界成为打上了人的烙印的自然界。对自然美的管理，就是通过发挥人的主观能动性，辅助和引导自然万物的生长，促进自然客体的优化。

二是生态美和自然美都体现为对物的管理。生态美和自然美都以物质形态出现，都表现物的有用性和物的优质性，由此体现为对物的管理。这是因为，生态美需要人的道德关怀，而自然美的根源在于人类的社会实践，以人类感观的形态出现。对生态美的管理，就是生态美的产品被人们所重视。自然美的产品往往被人们所忽视。生态美的资源生态效益的研究对象大于自然美的资源生态效益，生态美的生态效益空间大于自然美的生态效益空间。生态美的产品比自然美的产品具有更多的道德意味，需要更多的管理和人文关怀。生态产品的健康性和生物的多样性成为生态美管理的重要内容。

生态美的管理不仅包括自然物，也包括社会生活中所涉及的生态问题的管理。生态自然界是人类生存和发展的客观前提，随着社会的发展，人的各种能力不断增强，人类不再是依赖和顺从于自然界，获取现成物品，而是通过科技创新，用工具和技术积极改造自然，使自然适应自己的需要。人类对自然所发出的信号和行为，必然得到相应的回报，管理的原因在于自然的根本规律始终不会以人的主观意愿为转移，人在自然界面前不可随心所欲。因此，自然的客观性、规律性成为管理者必须考虑的因素。

2. 生态企业管理的生态效益观

生态哲学认为，自然界所有事物都不可能孤立存在的，都有着网络式的生存环境，同样，资源生态效益也是一个系统工程，从资源生态效益深层的观点看，人们应当加强对生态系统的认识而不是只孤立地考虑局部情况。企业是一个人造的生产经营系统，生态企业及生态产品具有很强的目的性、整体性、适应性和集合性。生态企业因生态价值而存在，因生态而发，因生态整体而变，因生态集合而改。生态管理的实质就是实践生态学或行为生态学，生态企业管理者须具有生态性管理思维方式。这种生态思维方式主要由四大要素构成：一是资源生态效益思维主体，即生态企业管理者；二是资源生态效益思维客体，即思维对象；三是资源生态效益思维工具和手段，即联结对象的中间桥梁，是认识生态事物时所运用的概念、判断和推理以及物化的仪器等；四是资源生态效益思维运行和协调过程，即运用生态思维工具和手段，形成完整的认识。任何一个生态过程或生态环节都可分别作为一个生态客体管理对象，但管理生态的思维方式侧重于生态效益概念的判断与推理。

3. 资源生态效益的制度管理

建立资源生态效益有效机制和制度的内容包括：健全政府重大生态事件应急处理机制，以及时解决和处理生态效益和生态环境方面的突发事件；建立生态资源交易与补偿制度，让市场发挥生态资源的决定性作用；建立生态效益和生态环境监督管理制度，进一步健全和完善生态环境保护和生态效益提升的责任追究制度和环境损害赔偿制度；建立健全公众生态权益保障制度，提升民众的参与程度，在生态效益提升和生态强国建设过程中切实维护和保障好民众的环境知情权，充分发挥民众的积极性和创造性。一系列资源生态效益管理制度，其价值取向和生态思维取向十分明确。生态价值取向表现在生态环境的优化、环境资源的节约、环境资源的高效利用、环境资源的政策保护和环境资源损害的经济处罚等。生态思维取向在于站在广大人民群众的立场上，切实维护人民群众的环境利益和环境效益。制度是生态思维取向的重要保障，制度管理是生态思维方式转变的重要条件。

4. 以生态人文观、环境观和发展观为核心的生态效益管理

资源生态效益管理是一个复杂的系统工程，横向可划分为各个生态领域、各个生态行业；纵向可划分成不同的生态层次、不同的生态管理目标，在生态环境空间和生态效益区域又相互并存，形成一个个生态空间纵横交叉、生态效益错综复杂的管理网络。

一是能动性生态效益管理。生态效益管理目标实现的好坏受多种因素的制约，既有生态客观环境条件变化的影响，也有生态管理者本身的人为因素。这就要求生态效益管理者积极、主动、科学、准确预知和及时果断地排除生态环境客观条件变化的影响因素。一项生态效益管理活动，生态层次越高，影响程度越大，对管理者的主动性要求也越高。管理者的生态效益管理行为越主动，越能挖掘生态效益潜力，也就越能提高生态效益水平。

二是弹性生态效益管理。每一项生态效益管理活动从制度效益目标到实施完成，整个生态系统都包含生态管理的弹性。依据生态环境变化的历史数据、经验和计划对生态环境可变情况制定的目标不可能达到极限值，这就要求充分考虑人的积极性和生态管理的弹性。即使经过最大努力仍不能实现生态效益弹性值过大的管理目标，仍有其积极意义，仍具有生态效益。所以，管理者在制定生态效益目标、实施控制和协调管理的过程中，必须很好地掌握生态效益管理的弹性。

三是非替代性生态效益管理。效益的非替代性原则的核心是不替代下层管理，而是充分调动各级流程生态管理者的积极性，依靠下属实施管理，从而实现生态效益的整体提升。对于生态效益的纵横交叉、错综复杂的管理网络，生态管理必须做到层次分明，生态管理的幅度和分工合理，生态管理的职权清晰，才会有条不紊。如果替代下层进行生态管理，就会造成生态效益职权不清、生态管理混乱的局面；同时，又要防止出现依赖下层，放任不管，任其发展的现象。

三　资源生态效益管理的目标

资源生态效益管理目标是一个复杂的系统，体现在多个方面，包括资源生态效益宏观目标和微观目标、近期目标和长远目标、生态企业目标和生态城市目标、区域目标和社会目标。

1. 生态小康目标

社会主义生态文明新时代的特征就是生态小康。生态小康是小康社会的重要组成部分，生态强国是小康社会建成的重要衡量标准。生态小康是人和生态的一种实践关系，是人与自然、社会协调发展的社会状态，是良好生产方式的具体体现，是资源生态效益管理的重要目标。

2. "两型社会"目标

"两型社会"是资源节约型和环境友好型社会的简称。其内涵、特征、衡量的指标体系和方法，都离不开资源生态效益；生态强国是"两型社会"在国家层面的体现，是实现生态强国之梦的落脚点，是社会转型的生态化表现，是全中国人民为之奋斗的目标。武汉城市圈、长株潭城市群作为"两型社会"的优先试验区，按照城乡统筹、人地协调的和谐理念，突出了城市生态和城市环保，提出了一套高品质人居环境建设的指标体系。

3. 资源整合目标

企业资源管理能力主要体现在企业对资源的获取和利用，获取生态优质资源是提升企业生态效益的基本保证，而企业的动态成长和生态产品的开发取决于企业对资源的整合利用能力，体现在单位生态效益价值、生态资源利用的充分度、资源共享与整合能力。资源的获取主要指企业有形资源的取得，可通过企业人力资源管理能力和财务管理能力来评估；生态资源的整合能力是企业对生态资源的综合利用水平，充分体现资源生态综合效益特征，环境资源、气候资源、水资源、矿产资源、能源资源、土地资源等都集合为资源生态效益。

第四节　研究方法及理论突破

一　主要研究方法

1. 文献检索法

有关资源生态效益的研究资料分散于国内外的书籍、文章、报告、文件、法规等各类文献中。根据生态强国建设所需材料和资源生态效益视角的研究需求，笔者对有关素材进行了广泛的搜集、选取、阅读和整理。本书在研究资源生态效益问题时，按照时间的顺序，由远及近地利用检索文献信息，去粗选精，去繁就简。文献检索是本书研究的一个重要的方法和一项基础性的工作。

2. 实证调研的方法

从资源生态效益视角研究低碳经济发展和生态文明建设问题，具有很强的应用性和实践性，需要丰富的素材、翔实的数据。本课题从具体的事例、问题和数据分析入手，着眼于低碳和生态发展的政策、法规和机制的具体实施，着力发挥资源生态效益实证研究的优势、特点，努力探求解决与资源生态效益有关的环境问题、经济问题、社会问题和政治问题的途径与方式。

3. 归纳分析法

围绕"资源生态效益"这个主题，笔者通过反复阅读和思考有关生态文明建设的文献资料，对国内外有关低碳经济发展的论述进行分类、比较和归纳，在此基础上逐步形成自己的观点，并上升到理论层面，归纳提炼出"资源生态效益"的内涵和本质，又在此基础上提出了资源生态效益的评价体系。

4. 多学科交叉分析法

"资源生态效益"问题是政治学、经济学、生态学、社会学、管理学等诸多学科共同关注的共性问题。本书着重于从各学科基本理论指导的视角探讨和解决问题，形成多门交叉学科的"多维理论分析构架"，以作为"资源生态效益"基本的分析方法体系，并作为分析低碳转型和生态发展新的逻辑起点。

5. 系统分析法

"资源生态效益"研究需要从经济系统和自然生态系统相统一的视角，探讨低碳发展、生态发展、"深绿色"产业发展的相互关联性和协同性，其研究不仅要从宏观上把握，形成一个完整的学科体系和理论框架，还需要深入分析低碳经济和生态经济，以及生态强国建设不同方面和存在的问题的内在联系及其变化规律，提出方案和评价标准，由此得出资源生态效益的理论结论和实践结论。

二　主要理论突破

1. 将资源生态效益与生态强国对接

经济强国是经济发达的标志，生态强国是美丽中国的生态表达和生态体现，生态强国起源于生态效益，根植于生态效益，只有经济强国而无生态强国，或者说只有经济生活小康而没有生态小康，还不是全面的小康社会。

2. 生态环境生产力的新视角

生态环境生产力是指环境要素具有生产力的内涵和生产力的特质，环境要素优化时能够创造生产力，环境要素恶化时能够破坏生产力，成为阻碍生产力发展的因素。生态环境生产力是环境友好型社会的经济力、生态力和科技力在生态上的表现，是资源生态效益的本质内涵与扩展，是生产力水平的新发展、新驱动、新价值形态。

3. 初步构建起资源生态效益的理论体系

依据本书的基础理论和基本框架，笔者初步构建了"资源生态效益"的理论体系。可持续发展是资源生态效益实现的前提，生态小康社会是资源生态效益的基础，节能减排是资源生态效益实现的核心，产品创新是资源生态效益实现的关键，低碳经济发展是资源生态效益实现的重要途径，绿色知识经济是提高资源生态效益的客观需要，制度创新是资源生态效益实现的重要条件，资源生态效益评价体系的构建是实现资源生态效益的重要手段。

第五节　研究意义

面对日趋严峻的环境问题，中国政府正在尝试开辟一条中国特色的生态文明建设之路。资源生态效益是在长期发展过程中形成的，是生态强国之梦的重要内容，它对促进人与自然、社会和谐发展具有重要的理论价值和现实意义。

一　理论价值

1. 揭示了与生态强国之梦的关系

生态强国之梦的理论基础源于马克思的生态发展观。马克思从抽象与现实两个层面，把社会发展、人的生存发展、自然界的意义三者联系在一起。这是资源生态效益的重要理论基础。资源生态效益丰富的内涵又构成了生态强国之梦的重要内容，主要源于资源生态效益具有环境驾驭力、资源决策力、资源执行力和资源创新力。资源生态效益实现的核心要素或者说核心范畴包括社会经济可持续发展、生态小康社会的构建、节能减排、产品创新、低碳经济发展、绿色知识经济制度创新以及资源生态效益评价体系等，这些构成了生态强国之梦的生态基础、经济基础、社会基础和政治基础，也是实现"生态强国之梦"的动力源。

2. 深化了对生态环境问题的认识

随着工业化进程的加快，人们已经享受了工业文明给人类创造的丰厚物质财富，同时人们也已经充分认识到了工业发展给环境和生态带来了深重的灾难，二氧化碳和二氧化硫等温室气体的大量排放，使地球大气的温室效应增强，水、土壤和大气的污染都是高碳产业发展带来的严重后果。因此，我们必须构建真正绿色的生态资源，实现真正的"深绿色"发展，坚持资源绿色共享，构建一种全新的生态环境安全体系；注重资源禀赋、低碳技术、消费模式的核心要素；遵循生态规律，维护生态平衡，实现资源生态效益目标。完成这些任务，需要学界、政界和企业界，以及我们每一个人的共同努力。

3. 强化了对可持续发展观的理解

可持续发展理论是一个复合体系，包含社会、经济与环境三个方面的核心内容和战略思维。人口、资源、环境诸要素之间存在普遍的共生关系，可持续发展是建立在经济、社会、人口、资源相互协调和共同发展基础上的一种低碳发展和生态发展，并坚持在生态规模上要足够，在社会分配上要公平，在资源配置和经济培植上要效率"三核心"原则同时起作用，以相对满足当代人的经济要求、生态需求和环境需求，又不对后代人的生存发展构成危害。其可持续发展目标是：努力提高经济增长质量，实现质量和效益同步增长；维护和保护地球的资源基础，实现资源生态效益提升；维护生态系统和经济系统的协调发展，实现生态价值和经济价值平衡，实现可持续发展的生态、社会、经济三个方面优化集成的目标。

4. 拓展了人与环境、社会和谐相处的思维空间

我们不是自然界的统治者，人类不是自然界的"一等公民"，人类不是凌驾于万物之上的特殊主人，人类和其他生物一样只是生态系统和经济系统相协调的生物因素，或者组成部分。如果运用经济学原理来分析，以生态环境为代价的人类经济活动的边际成本在上升，而边际收益则在下降。生态环境已经成为人类发展和经济发展的重要约束条件。这种条件的优化和恶化取决于人们对生态环境的态度和理念，取决于民众的生态效益思维。如果对环境置之不理或者治理不当，那么就会带来环境恶化的结果，经济发展的潜力就是零，资源生态就是负效益。如果遵循生态规律，就会增强自然环境的功能，包括自然资源供给能力、地球对于污染的吸收和缓解能力以及生态系统为人类提供服务的能力。

二　实践意义

研究资源生态效益问题，有利于环境问题的解决，有利于生态小康社会的建设。值得注意的是，加强生态强国建设，只有立足于资源生态效益的提升，结合时代发展的脉搏，才能具有应用的实践价值。因此，在生态和环境问题日渐突出、资源约束日趋紧张的当前，资源生态效益观是一种全新的生态观，以此来指导中国经济的发展具有一定的实践意义。本书的研究将有助于我国在经济发展过程中制定生态发展战略，进行管理体制和发展模式的创新，寻求实现生态发展战略的途径，从而实现经济效益、生态效益和社会效益的共赢。

第二章

资源生态效益的相关理论

资源生态效益观既有厚重的历史传承性，又有鲜明的时代感；既是一种指导人们行为的思想和理论，也是一种分析处理问题的角度和方法。它立足于马克思主义生态经济思想，建立在生态经济学理论基础之上，围绕着人的解放与发展、自然的解放与发展之间相互关系这个中心，研究人类社会在可持续发展及其多样性之间的矛盾运动过程中，所发生的生态问题及其解决办法，从而揭示人的解放与发展、自然的解放与发展的有机统一的发展规律，并协调两者之间的关系，寻求实现生态发展与社会经济发展"双赢"的路径。本章对资源生态效益的相关基础理论作了简单的介绍。

第一节　资源生态效益论

本节着重对资源的内涵及特征、资源生态效益的理论渊源、资源生态效益的地位和作用等方面展开分析，以便为后面的相关研究提供基本认识和分析框架。

一　资源的内涵及其特征

1. 资源的内涵

"资源"的内涵广泛，有自然资源和社会资源之分。在经济学中,所有为商品生产而投入的要素都是资源,如资本、劳动力、技术、管理等。我们在谈到资源生态效益时,资源的概念是特定的,一般是指自然资源。

自然资源是人类可以直接从自然界获得并用于生产和生活的物质,它是自然环境的重要组成部分。它一般是指天然存在的自然物,不包括人类加工制造的原材料。自然界的任何部分,包括土壤、水、森林、草原、野生动植物、矿藏等,凡是人们可以用来改善自己的生产和生活的物质都可称为自然资源。1972 年,联合国环境规划署对自然资源的定义为:在一定时间和一定条件下,能够产生经济价值,提高人类当前和未来福利的自然环境因素的总称。综上所述,自然资源包括土地资源、水资源、气候资源、生物资源、矿产资源和能源等。

2. 资源的特征

(1)资源的整体性。各种资源之间具有内在的联系,是一个有机的整体。当一种资源遭到破坏时,就会涉及其他资源。例如,过度砍伐森林不仅会造成森林资源的减少,而且还可能引起洪水泛滥、水土流失和土地资源退化。

(2)资源的可利用性。根据自然资源的再生性,可将自然资源分为可再生资源和不可再生资源。地球上的可耗竭资源,根据其能否重复使用,又可分为可回收的可耗竭资源和不可回收的可耗竭资源。可回收的可耗竭资源,主要指金属等矿产资源。例如,汽车报废后,汽车上的废铁可以回收利用。不可回收的可耗竭资源,主要包括煤、石油、天然气和铀等能源资源。这类资源一旦被使用,就会被消耗掉,不可能再使用。

(3)资源的地域性。自然资源的形成,服从一定的地域分布规律;自然资源的各类特性、数量多寡、质量优劣都具有明显的地域差异,如中东地区的石油、巴西的铁矿、中国的煤炭等。

（4）资源的物质转换性。自然资源是物质形态的载体，一种自然资源，通过一定的科学技术加工过程，可转换成一定的产品，或某种高技术含量的产品。这种转换所产生的产品按照技术含量的高低，又可以分为由高技术生产的高端产品和由一般技术生产的低端产品。

（5）资源的有限性及发展的无限性。任何资源在有限的时间和空间范围内，数量都是有限的，并且是不可替代的。但是，科学技术的发展为新产品的开发提供了空间，也为新产品价值的增值提供了条件。

二 资源生态效益的理论渊源

1. 马克思主义经典作家的生态效益思想

我国著名生态经济学研究专家刘思华教授对马克思发展理论中的生态经济思想进行了广泛和深入的研究，他在 2006 年出版的专著《生态马克思主义经济学原理》一书中，对马克思的生态经济思想进行了系统的阐述，从生态经济可持续发展观上阐述了社会经济和可持续性的统一。

马克思早就指出："社会是人同自然界的完成了的本质的统一。"[1] 按照马克思主义观点，社会发展主要包括五大领域：经济领域、政治领域、社会交往领域、精神文化领域、自然生态领域。现实的自然界是人化的自然，进入人类社会的自然，是"在人类历史中即在人类社会的形成过程中生成的自然界"[2]。因此，从人、社会和自然有机整体或人类社会发展总体趋势来看，这五大领域的发展都是社会发展的重要组成部分，它们的各自发展、协调发展形成的综合发

---

① 《马克思恩格斯文集》第 1 卷，人民出版社，2009，第 187 页。
② 《马克思恩格斯文集》第 1 卷，人民出版社，2009，第 193 页。

展，就是人类社会的总体发展。马克思社会经济发展观中的人学内涵包括以下几个方面。

（1）马克思明确提出了人的本质力量对象化和人的本质是实践的科学论断。马克思指出人是对象性的存在物，有"强烈追求自己的对象的本质力量"①。他还强调指出："工业的历史和工业的已经生成的对象性的存在，是一本打开了的关于人的本质力量的书。"②"因此，如果把工业看成人的本质力量的公开的展示，那么自然界的人的本质，或者人的自然的本质，也就可以理解了。"③ 在此基础上，马克思指出了"人类学"的发展观，即通过工业——尽管以异化的形式——形成的自然界，是真正的人类学的自然界。

（2）马克思把人作为社会历史发展的立足点和最终目的，确立了马克思主义的人类本体论。马克思认为："人就是人的世界，就是国家、社会。"④ 马克思认为，人类的全部力量的发展成为目的本身。这就是说，人的世界是一个价值的世界，人是社会的终极目的。所以，马克思把人作为社会历史发展的本体，应该说是合理的本体论设定。人们的社会历史始终是他们的个体发展的历史，而不管他们是否意识到这一点。在这里，马克思指明了社会的发展和人的发展的内在联系，这就是社会的发展与人的发展是同一过程的两个方面，是不可分割的统一。

（3）从上述马克思社会发展观的基本内涵看出，马克思人学发展观具有人和社会全面发展的特征。两者互为标志，社会全面发展的集中体现是人的全面发展，而人的全面发展是社会全面性的根本标志。

---

① 《马克思恩格斯文集》第1卷，人民出版社，2009，第211页。
② 《马克思恩格斯文集》第1卷，人民出版社，2009，第192页。
③ 《马克思恩格斯文集》第1卷，人民出版社，2009，第193页。
④ 《马克思恩格斯文集》第1卷，人民出版社，2009，第3页。

2. 经济增长理论源于物质变换理论

（1）应当肯定，马克思社会经济理论体系中确实包含着系统的、完整的、科学的经济增长理论。在马克思恩格斯的著述中，的确没有直接使用过经济增长和经济增长方式这类术语。因此，马克思的经济增长理论一直没有引起人们应有的重视和认真的挖掘，甚至有人提出马克思到底有没有经济增长理论的疑问。与此相反，有些学者认为马克思社会经济理论中存在丰富的经济增长思想。我国著名经济学家、教育家、辽宁大学终身教授宋则行先生指出："马克思关于社会资本扩大再生产的论述，实际上就是资本主义经济增长理论。"[①] 其后，有的学者进一步指出，在马克思的政治经济学理论体系中，经济增长理论的表现形式是社会资本的再生产问题。这是因为，经济增长问题实质上就是社会资本的再生产问题。

（2）从生态与经济相统一的发展观，建构马克思的经济增长理论，其关键在于把对经济增长的理论建立在马克思物质变换理论的基础之上。有的学者正是从这个新的视角尝试研究马克思的经济增长理论。例如，李贺军教授虽然没有在将生态环境系统和经济社会系统作为一个有机整体的基础上研究经济增长的规律性，但是他抓住了把经济增长的理论建立在马克思物质变换理论的基础之上这个关键，是在转换视角研究马克思经济增长理论方面迈开的可喜的一步。马克思经济增长理论被融入了李贺军教授的生态经济发展的理论观点，具体表现如下：一是经济增长是社会经济因素和自然生态因素相互渗透、相互融合、共同发生作用的结果。二是经济增长是人类劳动借助技术中介系统来实现人类社会的经济社会因素和自然界的自然生态因素相互作用的物质变换过程。三是经济增长的实现条件是实现经济增长的核心问题。四是

---

① 宋则行：《马克思经济理论再认识》，经济科学出版社，1997。

生态经济再生产中的经济再生产的总需求和自然再生产的总供给的平衡协调发展，既要受社会产品价值组成部分的比例关系的制约，又要受物质形态的比例关系的制约。五是经济增长在本质上是人与自然之间物质变换的方式。从生态经济的实质来看，任何一个有人类经济活动的生态系统或者说建立在生态系统基础上的经济系统，都要求社会经济发展和自然生态发展的相互适应和协调发展。

三 资源生态效益的地位和作用

进入 21 世纪，人们在为改革开放取得巨大成就而欣喜的同时，也深深为环境的严重污染和自然资源的过度消耗而忧虑。怎样才能取得良好的经济效益，又不导致环境遭受破坏，使自然资源得到合理利用，从而取得好的生态效益、环境效益？这是理论工作者和实际工作者不能不思考的重大问题。

在马克思看来，资源生态效益所关注的是社会实践意义上的现实的生态自然，而不是逻辑意义上的抽象的生态自然，是一种长期的生态要求。马克思作为一个唯物主义者，他完全承认生态自然的优先地位："没有自然界，没有感性的外部世界，工人什么也不能创造。"[①] 从近期生态需求与长期生态需求来分析，人的自身发展需要长期的生态需求，需要长期生态效益环境和条件。

综合对马克思的生态经济思想的研究，可以得出资源生态效益的概念。生态效益是在环境得到保护和自然资源得到合理利用的前提下，人在与自然的交换中所取得的符合社会需要的标准质量的劳动成果与劳动占用和资源耗费的关系。所谓资源生态效益，就是指资源经济系统与社会经济系统之间的物质变换、价值转换、资源消

---

① 《马克思恩格斯文集》第 1 卷，人民出版社，2009，第 158 页。

耗所体现的劳动占用与产品生态价值的关系。之所以这样表述，理由如下。

一是随着社会生产力的发展和人们生活质量的提高，人类对自身的发展及其与自然资源物质变换的关系，认识越来越深刻，价值追求越来越高，人们的生活质量不仅表现在经济数量上，而是表现在生态价值上。这表明，人类对社会进步与经济发展问题，以及生活质量有了新的更深层次的理解、认识和判断，因而要求我们对生态效益的认识必须从单纯性的经济评判观，转变为一种经济发展和价值取向的综合性评判观，即生态价值观。

二是资源生态效益着力于综观经济效益，并通过生态效益反映效益的质量，涵盖了更深更广的内容。只讲经济效益而不讲生态效益，从而缺乏生态的内容，或只讲微观经济效益不讲宏观经济效益，都不是一种全面的经济效益。资源生态效益，既讲人与自然的价值关系，也讲人与人之间的发展关系。它要求人类的经济活动必须把微观效益和宏观效益结合起来，达到经济效益与生态效益有机的统一，是经济效益、社会效益、生态效益的有机统一体。

三是人作为一种生态对象性存在，意味着人的发展以实际的、感性的生态对象作为他存在的确证，作为他自身发展的确证，并且他只能借助于实际的、感性的生态对象来获得自身的发展，证实生态发展与自身发展的统一。生态现实对人的发展来说不仅是生态对象性的纯粹客体、直观的生态现实，而且是人的自身发展着的现实，是人的自身发展本质力量的表现。人在生态自然界中的存在，其实就是人通过生态自然界而获得自身发展的自我确证活动。

四是人的创造性与生态规律性的统一。马克思生态思想就是一个有规律的人的创造性与生态规律性的统一。一方面，人的创造性发展是主体满足自身的需要，实现其价值选择的过程，即符合人的主体创造目的的进程；另一方面，生态发展又是主体认识和遵循生态客观规律的进程，而不是主体不受任何生态必然性的制约、任意选择价值的过程。这两个方面即人的创造性和目的性与生态规律的有机统一，构成了人的内在力量与外在生态效益的有机统一。

第二节　资源生态效益博弈理论

资源生态效益产生的经济基础是低碳经济和生态经济；其价值基础是低碳价值和生态价值；其产品基础是生态产品和绿色产品；其产业基础是现代产业体系和绿色产业体系，低碳产业和生态产业；其利益基础是生态民生及其生态价值构成的资源生态效益；其政策导向是绿色产业政策。这些因素之间都会产生利益和矛盾，具体表现为隐性利益和矛盾、显性利益和矛盾。对于如何处理和解决这些矛盾，本节运用博弈理论进行分析。

一　资源隐性与显性矛盾的博弈

我国经济总体表现为资源型经济。如果人们不能合理地利用自然资源，对大自然进行疯狂掠夺，造成自然资源的高碳利用、危害利用和损害利用，形成自私、贪婪、愚昧及短视的生产行为和消费行为，造成资源隐性和显性经济结构的矛盾，带来的博弈结果就将是长期落后的高碳经济结构、长期落后的生产结构，以及长期落后的消费结构，这就不得不引起人们的深刻反思。

1. 资源的隐性结构矛盾

就目前的产业结构和产品结构而言，生态和低碳的成分很低，而高碳的成分很高，也就是危害环境优化和人类健康的高碳成分比重很大，"拼资源、拼消耗"的特征明显。比如，2012年我国经济总量占世界的比重为11.6%，但消耗了全世界21.3%的能源、54%

的水泥、45%的钢；2013 年煤炭占能源消费比重达 65.9%[①]。这种高消耗导致的是高排放、高污染、高环境的损害，形成的是一种隐性结构矛盾，而低碳的新能源比重很低。这种高碳的能源结构又导致煤炭资源被过度开采，煤炭的高比例使用势必造成资源环境隐性破坏、空气质量隐性危害、人类生存和发展隐性损害。这类隐性破坏、危害、损害带来的直接后果是大气被污染、水被污染和人的健康受影响。我们知道，什么样的资源就会产生什么样的转变效应，即高碳资源产生高碳转化效应，低碳资源产生低碳转化效应，高碳资源产业带来高碳经济效益，低碳资源产业带来低碳生态效益。这种高碳资源即使单位产品的劳动占用和资源消耗都降到了最低，但产品发展、产业发展与环境优化的矛盾仍然得不到解决，有时还会很激烈。

2. 资源的显性结构矛盾

由资源型经济结构决定的资源型产品结构，也有高碳和低碳之分。高碳的资源构成必然转化为高碳的产品。以石油为燃料的汽车，就必然产生对空气的碳排放，明显形成燃料结构与产品结构的矛盾。汽油原料比新能源价格低，消费者自然就容易接受，但对生态环境损害的程度不会降低，对人类生存与健康环境的损害不会降低，对资源优化结构的损害不会降低，对产品质量的损害不会降低。

低碳产品结构强调的是人类生存发展的观念的根本性转变，意味着产品结构向节约型生态方向转变，意味着能源结构的转变，意味着产业结构的优化升级，意味着产品结构的显性矛盾（即产品消耗对人类生存环境的矛盾）处于缓和状态。

---

① 国家发展和改革委员会主任徐绍史：《国务院关于节能减排工作情况的报告——2014 年 4 月 21 日在第十二届全国人民代表大会常务委员会第八次会议上》，中国人大网，http://www.npc.gov.cn/npc/xinwen/2014 – 04/21/content_ 1860424.htm，最后访问日期：2014 年 6 月 24 日。

二 高碳利益与低碳利益的博弈

碳资源首先是一种效率资源，反映的是自然资源高效利用还是低效利用。在经济学的框架中，自然资源只有与劳动、资本相结合，与一定的产业结构和产品结构相适应，才能发挥其作用，体现其效益。

1. 高碳经济的基本特征

高碳经济是含碳量高的一种经济表现，其特征是资源消耗高、污染大、碳排量高。中国经济一直被认为是典型的粗放型发展方式，这是根植在诸如城乡经济、地区经济、三次产业、转型工业、投资和消费内外需求等经济结构长期失衡的基础之上的。对资源的利用则表现为粗放的，往往是一次性的，经济发展主要依靠高强度地开采和消费资源，对经济活动中排出的废弃物往往采取"边污染边治理"，或者"末端治理"的方式。高碳经济是一种经济结构，是一种产品结构，是一种消费行为结构，是一种消费模式结构，是一种耗散结构。这些结构共同构成了高碳利益的经济基础、产业基础和消费基础，共同构成了高碳元素构成的利益链条和价值链条，共同构成了高碳消费群体，共同构成了利益博弈主体和博弈对象。

2. 低碳经济的利益内涵

低碳经济的特征是低开采、高利用、低排放，主要表现为减量化，减少进入生产和消费过程的物质量，从生产的源头上节约资源，减少污染物排放。低碳的利益表现和利益实现内涵就是用生态学规律来指导人类社会的生产活动和消费活动，使物质和能量在整个经济活动中得到合理的持久的利用，实现经济系统与生态系统的优化融合，实现生态利益与经济利益的有效结合，实现物质资源和自然资源的有效配置；强调废弃物减量化、资源化和无害化。

低碳利益体现的是一种心境、一种价值和生产行为，体现的是一种消费行为。消费者在消费活动中按照生态的需要，根据一定时期、一定区域构成的低碳消费价值观。低碳消费是低碳利益在消费上的表现形式，表现为人与自然、社会和谐共生发展。低碳利益反映了低碳消费方式的实现程度与社会发展阶段相适应的程度；低碳消费方式是一个不断深化的过程，是一个生态经济的合作博弈与非合作博弈的过程。

人类社会当下正处在从高碳经济向低碳经济转型的过程当中，低碳利益正在实现。现代意义上的低碳经济是在人类社会发展过程中，人类自身对经济增长与福利改进，经济发展与环境保护关系的一种理性权衡，是对人与自然、人与社会、人与人和谐关系的一种理性认知；是一种低碳能耗、低物耗、低污染、低排放、高效能、高效率及高效益的绿色可持续经济。

3. 低碳经济结构调整的意义

在经济发展高度全球化的今天，中国面临的资源衰竭、能源成本的大幅度提高和环境质量的急剧恶化，必将对中国低碳经济发展带来深远的影响。

世界银行前副主席、哈佛大学教授霍利斯·钱纳里（Hollis B. Chenery）在 1986 出版的《工业化和经济增长的比较研究》中指出，发展就是经济结构的成功转型。我国著名经济学家、中国社会科学院原副院长陈佳贵教授，基于经典工业化理论，用产业结构、工业结构、就业结构、空间结构等诸多结构指标来评价我国的工业化水平。即使像美国这种经济发达国家，在 2008 年的金融危机冲击下，也把经济发展主要用于结构调整，把技术产业的升级锁定在新能源和环保等领域，试图以此来转变美国经济的未来增长模式，发展低碳经济和绿色经济，打造奥巴马总统所说的经济增长的"岩上之屋"。对中国而言，调整结构、发展低碳经济和绿色经济更为紧迫，意义更为重大。虽然改革开放后，我国改变了重工业优先发展的追赶型发展战略，轻工业、第三产业、内外资企业等得到了前所未有的均衡调整，国有企业的产权改革卓有成效，经济增长更加注重效益，注重平衡增长，但是以短期增长为目标的冲动依然阻碍着经济结构的根本调整。比如，我国错失了 1998 年亚洲金融危机所带来的经济结构调整机会，由于依赖外需拉动，以高投资和高出口为主要特征的增长模式，反而得到强化；2002 年以来，中国再次显现重型化的增长方式，虽然工业取得了两位数左右的高增长，但是工业能耗和二氧化碳排放剧烈上升，目前已经成为世界上第一大煤炭消费国和二氧化碳排放国。

为此，党中央对工业乃至经济发展进行了深刻反思，实现发展方式由粗放型向集约型转变已经成为政界和学术界的共识。党的十六大报告首次提出走中国特色新型工业化道路和可持续发展战略，党的十七大报告正式提出科学发展观的思想和促进国民经济又好又快发展的要求，党的十八大报告提出建设美丽中国和生态文明的战略，党的十八届三中全会进一步强化了建设生态文明的战略。可见，中央政府已经清醒地认识到结构调整是促进低碳经济和发展方式转变的有力的，也是为数不多的政策平台之一，下决心利用好这一次金融危机给我们提供的结构调整契机，抓住低碳经济发展和进行生态文明建设的有利时机。只有走生态文明之路，圆生态强国之梦，才能从根本上解决由结构失衡所引起的中国经济社会发展的深层次矛盾，否则即使取得短期的增长，从经济发展长期来看也是不可持续的，甚至是得不偿失的。

三 高碳与低碳利益的产权解释

产权是一个古老的概念，也是一个发展的概念。产权制度是研究资源生态效益的核心，也是研究高碳利益和低碳利益的核心要素。因此，不管是高碳利益的形成，还是低碳利益的形成，都需要产权制度的解释。

1. 不同的产权制度产生不同的经济利益

现代意义的产权制度是人类社会经济长期发展的结果。从私有财产的出现到市场经济的确立这几千年的历史中，产权一直仅仅被视为一个法律上的概念，指的是财产的实物所有权和债权，它侧重于对财产归属的静态确认和对财产实体的静态占有，基本上是一个静态化的范畴。而在市场经济高度发达的今天，这一法律意义上的产权概念已经日益深化，其含义比原来宽泛得多。它更侧重于从经济学的角度来理解和把握，侧重于对财产实体的动态经营和财产价值的动态实现。它不再是单一的所有权利，而是以所有权为核心的一组权力，包括占有权、使用权、收益权、支配权等。国家是产权制度的制定者和实施者。产权制度由正式制度、非正式制度及它的实施制度三个方面组成：正式制度主要指政治法律制度，而非正式制度是这个社会长期形成的行为规范、习俗和自愿遵守的行为准则等，实施特征则是指这些制度在具体的社会文化背景的运行机制及其实施效果。因此，不同的产权制度决定了不同经济主体的经济利益，从而产生相应的资源生态效益。

2. 制定产权规则与实际执行的不一致性

为什么制定产权规则是一回事，这些规则在实际中是否被执行又是另一回事？我们可以从以下三个方面解释：一是通过变革形成的正式规则必须与潜在的非正式规则是一致的，否则就会形同虚设。联系高碳经济所产生的制度产权，即高碳经济也具有自己的产权制度。从高碳利益的更长时段的角度看，一切高碳规则都是非正式的，正式的高碳规则来源于非正式的高碳规则，如果认为制定出的规则与低碳经济形成的生态观念不一致，这样的低碳规则在具体的实施过程中成本会极其高昂。它还意味着同样的低碳规则在不同的制度背景下人们对它的理解将会是不一样的。二是低碳经济产权制度的变迁是渐进的、连续的，具有路径依赖特征。既然人们的低碳经济观念和低碳利益是长期形成的，附着在这个低碳观念之上的各种低碳制度实施一旦形成，短期内就不可能完全变革。因此，这些低碳制度与高碳制度相互牵制、相互支持，是一个比较完整系统的整体。三是实施低碳经济的产权变革需要历史机遇。低碳发展的路径依赖意味着低碳利益是重要的，不去追溯低碳利益制度的渐进演化过程，我们就无法理解当今的低碳经济制度选择，也就无法实现低碳经济的发展①。

第三节　利益集团的生态价值构建理论

本节从利益集团和生态价值维度两个方面，来分析和探讨现实环境中生态价值维度的和谐相处和矛盾状态。生态价值维度体现的原则就是开放、对等、共享以及全球运作，实现途径就是生态补偿机制的构建，重点问题就是改善生态民生。

一　利益集团的生态价值维度分析

1. 生态价值维度的含义

生态价值具有自己的核心价值要素和核心价值边界，当生态自然环境遭到损害或破坏的时候，就会产生一种新的价值形态和新的效益形态。生态价值和生态效益就是工业经济和农业经济发展到一定阶段的产物，也会产生与新的价值形态和效益形态相适应的一系列新政策、新制度、新理念、新观念、新行为及新方式，以维护其价值取向、价值发展、价值要素。同时，也会产生与其价值维度相适应或不相适应的利益集团，出现价值维度的和谐状态和矛盾状态。

---

① 张志华：《诺思产权制度研究的三个阶段及对中国社会转型阶段产权制度研究的启示》，《制度经济学研究》2013 年第 1 期。

生态价值维度所体现的原则就是开放、对等、共享以及全球运作，也是生态经济发展和资源生态效益实现的基本要求和基本战略。

2. 利益集团是生态价值维度的主体

在低碳经济和生态经济的发展过程中，由于多种因素相互作用而产生不同的利益集团，因而产生不同的价值维度主体。碳排放量和减排量会产生两个不同的利益集团，并产生两者之间的矛盾，碳排放者损害了受损者的利益，而受损者没有得到相应的生态补偿，也就失去了受损者的生态价值维度。碳排放者没有承担相应的责任，也就失去了生态价值维度的责任担当。因此，生态环境损害者和被损害者构成了生态价值两个不同的利益主体，两者之间的矛盾是否得到解决，其衡量标准就是生态价值的维度。

3. 改善民生是生态维度的价值所在

改善民生需要经济的发展，而经济发展在某种程度上又势必会对生态环境产生影响，如何保持经济、民生和生态三者的均衡发展，也就成为低碳经济和生态经济发展必须研究和解决的重要问题。马克思主义生态观主张人与自然环境的辩证统一，既承认自然环境条件的先在性，也强调人在自然环境面前的主观能动作用，即人的主体性。用当今的话来说，就是坚持以人为本，必须解决好和处理好经济发展、生态保护与改善民生的内在关系，以民生利益为重，民生的生态权益维护好了，民众的生态参与权和监督权得到了实现，也就从根本上彻底解决了经济为谁发展、生态如何发展、低碳靠谁发展的问题。这也是生态价值依靠谁来创造、依靠什么来维护的问题。从这个意义上来说，民生就是生态维度的价值所在。

二　弱势生态利益集团所面临的制度困境

弱势生态利益集团主要是指强势生态利益集团所指向的生态利益民众。民众在低碳经济和生态经济发展过程中是主要依靠力量，但是低碳经济发展和生态经济发展中民众的生态利益和低碳利益很难得到较好的维护。例如,林业碳汇(详见第九章第四节)相关利益主体的法律依据不足,利益关系边界无明确的规定,碳减排量和硫减排量的减排主体的利益救济无明确的有效途径,缺乏有效的救济手段等。由于产权制度还不够健全和完善,民众的生态财产利益还得不到有效的保障,还缺乏相应的利益维度、价值维度、法律维度及政策维度。因此,弱势生态利益集团的利益维护和权益保护还需要有完善的法律制度与之相适应。

三 生态补偿机制的构建

生态补偿机制是生态价值维度的重要条件,没有生态补偿就没有生态价值。生态补偿是对利益受损者的一种利益补偿,亦即价值补偿、占有权补偿、侵害权补偿、产权补偿,体现的是一种利益关系和价值关系。此外,生态价值补偿还包括自然生产力的价值补偿,因为自然环境有一个修复的过程,这个过程的长短由自然环境状态的损害程度和恢复程度来决定,要视其状况采取相应的生态补偿政策措施。

生态补偿机制包括国家法律机制,内涵国家法定的生态补偿标准、地方规章补偿的标准,也就是行政部门颁布的规章,以构成地方实际操作标准。对公民的财产权限制而进行的补偿,各个国家相应地实行了充分补偿、适当补偿和公平补偿三种原则模式。生态补偿基金,包括碳汇交易基金、森林生态基金、政府设立的各项风险基金,以及与低碳经济和生态经济发展相适应的各项补贴。只有真正形成"污染者付费,利用者补偿,破坏者恢复"的补偿机制,利用相关的财政、税收和价格政策,才能促进补偿机制的逐步完善和资源生态效益的最终实现。

第四节　生态足迹理论

本节着重于对生态足迹理论的内涵、特征、理论成果等方面展开分析，对生态足迹修正模型加以比较分析，以揭示产业之间相互依赖的关系。同时，本节还对生态足迹的投入产出进行了分析，这是一种把经济学与生态学完美结合的资源合并分析工具。

一　生态足迹的内涵及特征

1. 生态足迹的内涵

"生态足迹"也称"生态占用"，是一种衡量人类对地球生态系统与自然资源的需求的分析方法。生态足迹分析法，最早由加拿大生态经济学家里斯（William E. Rees）等在1992年提出。生态足迹的内涵，指用相对应的生态土地去估算特定资源与经济规模下的资源与废弃物吸收的面积，是利用土地面积来测量人类对生态系统依赖程度的资源核算工具。生态足迹可表达为一定人口规模下的被占用的生态承载力，或者解释为满足人类活动所需要的生物生产性土地面积。传统的生态足迹模型是一种静态的非货币化计量模型，它经历了一个由横截面时间数据、固定参数标准、单一情景模拟的综合影响分析向雾时间序列数据、多种参数标准、多情景模拟演变的过程。因此，生态足迹较好地反映了人类与生态之间关系的具体变化情况，较好地反映了低碳经济发展现状及其变化规律。如今，人们已经清醒地认识到生态足迹的演变发展，关乎资源生态效益、低碳经济的发展和循环经济的发展；而这些发展需要立足之地，如果不能立足，那么它所承载的人类文明将最终坠落、崩毁。

2. 生态足迹的特征

（1）生态足迹具有反映环境可持续发展的指标特征。它阐述了人类资源消耗与自然环境之间的关系，反映了两者之间的合作博弈与非合作博弈关系，表明了人类当前所占用的"自然利益"。在环境的综合评价研究中，传统的生态足迹方法作为一种计量人类消费与生态生产力的非货币型计量方法，对衡量一个地区的可持续性发展模式具有以下优点：一是具有易理解性特征。生态足迹理论易于被众多研究人员理解、交流。二是具有可操作性强的特点。满足人类消费活动所需的资源与能源均可折算成等效的土地面积，并适用于不同区域之间进行比较。由于数据获取相对容易，计算方法较为直接，建立未来情景模型较为容易，因而具有较强的可操作性。三是具有较弱的测度性。生态足迹计算结果能够告诉研究人员足迹成分的影响。

（2）生态足迹具有计量人类对生态系统需求指标特征。计量内容包括人类拥有的自然资源、耗用的自然资源，以及资源分布情况。它显示在现有技术条件下，特定的单位内（个人、城市、国家或全人类）需要多少具备生物生产力的土地和水域，生产的所需资源和吸纳的衍生的废物。生态足迹核算结果显示：自 1966 年以来，人类对自然资源的需求增加了 1 倍，需要 1.5 个地球来支撑。如果继续以超出地球资源极限的方式生活，到 2030 年，人类将需要相当于 2个地球来满足每年的需求①。

（3）生态足迹具有衡量生态安全工具性特征。生态足迹是衡量生态安全的重要工具。生态足迹方法实现了对各种自然资源的统一描述，并利用均衡因子和产量因子进一步实现了地区之间各类生物生产性土地的可加性和可比性。生态足迹应用范围广泛，包括对整个世界、国家、地区、城市、家庭甚至个人生态足迹的研究，同时还包括生态足迹时间序列及空间差异研究。

---

① 《地球生命力报告 2010：热带自然资源枯竭拉响警钟》，新浪网，http：//green. sina. com. cn/2010 – 10 – 15/120421282400. shtml，最后访问日期：2014 年 6 月 24 日。

（4）生态足迹具有不完整性特征。这些不完整性主要表现为：一是没有全面考虑到资源消耗项目，并因对污染物的关注程度不够，以至于无法准确地反映人类消费对环境的影响（除了二氧化碳，其他的温室气体并没有计入生态账户之中）。二是对生态足迹存在观念上的误区。虽然生态足迹意味着人类对生态系统的"虚拟"土地需求，但是目前官方（甚至科研人员）把它错误地理解为真实土地占用。三是生态足迹核算缺乏动态性。传统的生态足迹记录的是过去某一时间点上的人类对自然资源的需求，而无法体现未来的可持续发展趋势。但是，实际上，随着科学技术的进步，人们物质生活水平提高，土地利用、资源管理以及人类对自然的需求等都是随时间而发生变化的，因此生态足迹实际上是动态变化的。四是传统生态足迹模型缺乏结构性，没有考虑到产业之间的相互依赖关系。传统生态模型反映的仅仅是直接生态空间占用和区域资源生态影响，无法识别那些生产和消费部门对区域资源生态效益的影响元素。五是缺乏政策实效性。生态产业发展的政策、低碳经济发展的政策、生态环境补偿的政策、资源生态效益提升的政策、生态流域中的生态足迹补偿政策、生态区域生态经济发展政策等一系列生态政策不够明确，或者说不够完善，具有生态政策本身的缺陷性。

二　中国生态足迹研究综述

1. 生态足迹研究的初步成果

目前，国内的生态足迹研究以引入国外足迹核算模型为主，然后根据我国产业部门实际的经济、土地与能源数据对其土地空间占用情况进行实证分析。生态足迹的理论与方法在生态可持续发展定量研究中得到了较为广泛的应用，并取得了显著的成果。杨开光、杨咏等系统地介绍了生态足迹分析法的理论框架、指标体系和计算方法，并通过介绍 52 个国家和地区的生态足迹，具体地阐述生态足迹分析法的应用，并对该方法及其应用前景进行了评价。

近年来，我国对不同城市和区域层次的生态足迹的研究越来越多，运用的方法也越来越多元与丰富。中国科学院寒区旱区环境研究所的陈东景、徐中民等，曾运用生态足迹理论对我国西北干旱地区的新疆 1999 年的发展状况进行了评估。结果发现，新疆 1999 年的人均生态足迹赤字的数值为 0.8863 公顷，总的消费"影子区域"为 15.7 万公顷。作者通过分析该地区的生态足迹后指出，新疆的现状不利于经济可持续发展[1]。

2. 对生态足迹投入产出法的分析

国内利用传统的生态足迹计算方法和时间序列计算方法虽然较多，但是利用投入产出分析计算生态足迹的文献并不多见。国内利用投入产出法分析国家或地区的生态足迹文献，如东北大学的刘建兴博士计算了中国三大产业的生态足迹，结果表明，从产业结构看，第一、二、三产业的生态足迹分别为 0.9626 公顷/人、0.3912 公顷/人、0.1844 公顷/人；从生态占用方式看，直接土地占用为 1.1242 公顷/人（占总量的 73.1%）；其中，第一产业占 83.7%，为 0.958 公顷/人，间接土地占用为 0.4140 公顷/人（占总量的 26.9%）；第二产业占 79.9%，其人均生态足迹为 0.3306 公顷/人[2]。从环境压力承载力的现实矛盾看，各产业均需要控制其生态足迹的增长，考虑生态足迹对环境造成的影响以及与经济发展的关系，产业结构调整的优先顺序依次为第一、二、三产业。

三 生态足迹模型的修正

在传统的生态足迹模型十多年的发展过程中，学者们在对该模

---

① 陈东景、徐中民等：《生态足迹理论在我国干旱区的应用与探索——以新疆为例》，《干旱区地理》2011 年第 4 期。

② 刘建兴：《中国三大产业的生态足迹的投入产出分析》，《生态环境》2007 年第 2 期。

型作出正面评价的同时，也在不断针对模型的不足之处进行修正，以寻求一个标准模型对生态足迹进行核算。但很遗憾的是，到目前为止还没有一种"标准模型"能够准确地计算出人类对生态系统的真实需求。由于生态足迹模型经历了一个由横截面时间数据、固定参数标准、单一情景模拟的研究向霎时间序列数据、多种参数标准、多情景模拟演变的过程，所以根据各类模型的特点可以得出，生态足迹投入产出模型能够充分展现我国物质消费部门的生态空间占用情况以及资源消费状况。因此，对热衷于研究产业生态学的学者来说，生态足迹投入产出分析是一种把经济学与生态学完美结合的资源合并分析工具。

第五节　生态经济学理论及复合生态系统理论

为了从资源生态效益的角度更好地加强对生态文明建设的理解和把握，还需要对生态经济学理论及复合生态系统理论进行必要的介绍，同时也为后面系统地研究生态效益和低碳经济发展提供理论基础和分析框架。

一　生态经济学理论

生态经济学的产生归功于生态学向经济社会问题领域的拓展。其通过对人类社会发展所需要的环境效应产生的一系列资源耗竭、生态退化、环境污染问题的反思，提出经济发展应当根据自然生态原则转变现有的生产和消费模式，使其能够以最低限度的资源、环境代价实现最大限度的经济增长，从而为深入理解和认识产业系统、结构系统、环境系统、产品系统的生态特征与规律提供全新的认识途径和方法，也为在保持经济增长的同时解决资源利用与环境污染问题提供理论和分析策略。生态经济学将人类经济系统视为更大的整体系统的一部分，其研究范围是经济部门与生态部门之间相互作用的效应及效益。其解决的问题，包括环境系统的良性循环、循环经济的良性发展、可持续发展的效应及规模、利益的公平分配和资源的有效配置。

生态经济学以研究生态经济系统的运动发展规律和机理为主要内容，主要包括：经济学中的资源配置理论和分配理论，生态学中的物质循环和能量流动理论；生态平衡与经济平衡，经济规律与生态规律，经济效益与生态效益的相互关系；从应用研究方面，生态经济学主要研究国家尺度、区域尺度、流域尺度、企业尺度和整个地球尺度在遇到种种问题时涉及的各种政策的设计与执行、国家政策与立法、国际组织与协议的制定等。

二 复合生态系统理论

一般系统论又称普通系统论。自路德维希·冯·贝塔朗菲（L. von. Bertalanffy）创始以来，其发展和运用极为迅速，不仅在应用领域显示出其强大的生命力和活力，同时在管理领域（包括环境管理、经济管理、社会管理、流域管理）也显示出其强大的生命力和活力。系统科学是研究系统的一般性质、运动规律、系统方法及其应用的学科，被认为是 20 世纪最伟大的科学革命之一。它的产生和运用弥补了人们由于认识能力有限从而把复杂系统割裂为若干子系统（甚至最基本要素）开展研究而对科学发展所起的阻碍作用，进一步认清了事物之间的相互联系、生态环境之间的相互效应、经济结构之间的相互制约、生态结构与经济结构之间的相互平衡。系统科学的产生和运用，为人们提供了新的认识和处理复杂问题的理论和方法，使对事物进行整体研究成为可能，使经济社会系统相互制约成为现实。

复合生态系统理论就是一般系统论在生态系统的体现和分析运

用。生态系统是由两个以上相互联系的要素组成的，是环境整体功能和综合效益行为的集合。该定义规定了组成生态系统的三个条件：一是组成生态系统的要素必须是两个或两个以上，它反映了生态系统的多样性和差异性，是生态系统不断演化和变迁的重要机制。二是各生态要素之间必须具有关联性，生态环境系统或低碳经济系统中不存在与其他要素无关的孤立要素，它反映了生态环境或低碳经济系统各要素相互作用、相互依赖、相互激励、相互补充、相互制约、相互转化的内在相关性，也是生态系统不断演化的重要机制。三是生态系统的整体功能和行为必须不是生态系统各单个要素所具有的，而是由各生态要素通过相互作用而涌现出来的。

由此可见，对于资源生态效益的综合研究，必须借助于系统科学理论中的复合生态系统理论，基于资源生态效益的视野，从理解低碳经济发展的方法论角度来进行系统研究。

第三章

资源生态效益与可持续发展

可持续发展观是马克思生态经济理论的一个重要方面。它全面地、科学地揭示了资本主义经济关系演变与发展的过程，同时从人类存在和社会生活及其未来发展的高度，对一切人类社会生产和再生产发展的自然环境与生态条件，进行了在当时历史条件下多方面的深入探讨。如今，全球倡导的可持续发展战略，正是针对在传统经济观念下人类的贪婪和对自然资源的疯狂掠夺行为的前提下提出来的，其重要性和紧迫性可想而知。我国的可持续发展战略，得到了党和政府的高度重视，被作为基本国策提出，强调了国民经济要协调健康全面且又好又快地发展。

第一节　可持续发展的概念及理论渊源

可持续发展有着特定的内涵特性，是一种观念形态，是一种科学发展观。马克思的人学思想蕴含了丰富的可持续性发展观；恩格斯从生态学角度批判了人类在历史上所犯的最大错误，就在于急功近利地过分陶醉于眼前利益，而忽视长远的发展，提出了经济可持续发展的一些基本观点。

一　可持续发展的概念及内涵

可持续发展的概念，就是要促进人与自然的和谐，实现经济和人口、资源、环境相协调，坚持走生产发展、生活富裕、生态良好的文明发展道路，着力于一代一代永续发展。可持续发展表现为社会的可持续发展、经济的可持续发展、生态的可持续发展、低碳的可持续发展和环境的可持续优化。这种可持续发展是建立在生态经济发展和低碳经济发展的基础之上的，没有低碳经济和生态经济的发展，就谈不上可持续发展，可持续发展就没有牢固的基础，就没有潜能。

在联合国环境规划署的委托下，世界自然保护联盟（IUCN）于1980年推出了《世界自然保护大纲》，第一次提出了"可持续发展"的概念，将其定义为"改进人类的生活质量，同时不要超过支持发展的生态系统的负荷能力"。在《世界自然保护大纲》的指导下，世界上有80个多国家（其中大多数为世界自然保护联盟成员，包括中国），根据自己的国情制定了本国的自然保护大纲。为了进一步推广可持续发展理念，1992年在巴西里约热内卢召开的"联合国环境与发展大会"，对全人类特别是对70多个国际组织、183个国家和地区达成走可持续发展道路的共识，起到了划时代的作用。该大会通过了《21世纪议程》《里约宣言》《森林问题原则声明》《联合国气候变化框架公约》《联合国生物多样性公约》等重要文件，都是以可持续发展思想为指导而制定的，并第一次把可持续发展在全世界范围内由理论和概念推向了行动，是人类从粗放经营、掠夺型发展模式转向崭新的可持续发展模式的一个里程碑。

二　经典理论对可持续发展的论述

1. 马克思"善待自然"的可持续利用生态经济观

马克思再三要求人类必须自觉地、合理地调节与自然之间的物质变换关系的实质，就是强调人类必须也应当善待自然，对自然资源进行合理利用和有效保护，以保护自然界对人类的生态环境价值。这是因为，人类在与自然界进行物质变换的过程中如果对于自然的必然性缺乏认识和掌握，那么就会使人类的经济活动具有盲目性和反自然性，导致物质变换裂缝。对此，马克思十分重视，他曾以农村为例作了说明："耕作——如果自发地进行，而不是有意识地加以控制（他作为资产者当然想不到这一点）——会导致土地荒芜，像波斯、美索不达米亚等地以及希腊那样。"① 在科学地揭示资本主义农业发展中人与土地之间物质变换裂缝的必然性和现实性之后，就必然会得出一个生态上可持续发展的观念。

2. 马克思人学思想中蕴含的可持续性发展观

融马克思唯物史观和辩证法为一体的发展观，具有显著的人学特征，即人的发展学说。这一发展观非常强调人与外部世界的对象性关系，而人是个体和群体的统一体，因而人是反映个体和"类"的辩证统一关系的概念，这种关系的发展蕴含着深刻的可持续性意义。这突出表现在三个方面：一是马克思一贯强调人是类的存在物，而不是单个个体的存在物。马克思强调人是类的存在物，不仅是指某个特定时空内人的类的存在，即某个地区、某个民族、某个国家内的人类的存在，而且是指全球人类的，即全人类的存在。二是马克思所说的人作为类的存在物都把自己的类同其他物的类当成自己的对象，当然最主要的是把自然界的其他生命物种当成自己的对象，人这个类的存在，要以自然界其他生命物种的存在为前提条件，如果没有自然界和其他动植物类的与类的多样性存在，人类作为自然界的一个物种的存在也不是现实的存在。因此，马克思向我们提出了人作为类的存在物，如何处理好自身的存在与自然界及其他生命

---

① 《马克思恩格斯文集》第10卷，人民出版社，2009，第286页。

物种的类之间的对象性关系，这是直接关系人类自下而上的根本性问题。三是人不仅把自身视为类存在物，而且视为有意识的类存在物。恩格斯指出，人类对自然界的作用表现为"经过事先思考的、有计划的、以事先知道的一定目标为取向的行为的特征"①。可见，人类的本质特征就是有意识地、自觉地、能动地创造对象世界，改变自然界。

3. 认识和运用自然规律来实现近期和长远的发展

按照马克思的观点，人类能够正确认识和运用自然规律、社会规律，并有能力预见和控制自身的社会经济行为可能产生的近期或远期的影响，从而实现经济可持续发展。人作为有意识的类存在物，在自然和社会面前并不是一个被动的存在物，而是一个有目的的、能动的、实践着的存在物。在创造对象世界、改变自然界的实践活动中，表现"人的能动和人的受动"②。这就是说，人类能够正确认识自然规律和社会规律，并通过对这些规律的正确认识来预见、规定和调节自己的社会经济实践活动，避免人类实践活动只顾追求直接的、眼前的发展而忽视间接的、长远的发展。恩格斯从生态学角度批判了人类在历史上所犯的最大错误就在于急功近利，过分陶醉于眼前，而忽视和牺牲长远的发展。因此，恩格斯向人类经济实践活动提出了当今生态经济可持续性发展的两个基本点：一是人类要自觉认识和运用自然规律，不能以牺牲生态环境为代价来谋求人类自身的发展。二是人类要自觉认识和运用客观规律，不能以谋求直接的、眼前的发展而去危害间接的、长远的发展。从这两个方面我们完全可以发现，恩格斯认为，人类经济社会活动不仅要考虑人类自身的发展，还要考虑自然的发展；不仅要考虑近期的发展，还要考虑长远的发展。

---

① 《马克思恩格斯文集》第 9 卷，人民出版社，2009，第 558 页。
② 《马克思恩格斯文集》第 1 卷，人民出版社，2009，第 189 页。

第二节　资源生态效益与保护环境的关系

要实施可持续发展战略，当前和今后必须进一步做好环境资源的保护工作。本节从保护环境与提高资源生态效益关系的视角，分析了保护环境与提高资源效益的合作博弈与非合作博弈关系，揭示了影响资源生态效益的诸多环境因素。

一　环境资源的内涵及特点

1. 环境资源的内涵

（1）环境资源的概念。根据《辞海》的解释，环境是指围绕着人类的外部世界，是人类赖以生存和发展的社会和物质条件的综合体。从合作博弈的角度分析，世界各国的一些环境保护法规往往把环境中应当保护的环境要素或对象称为环境，但环境并不限于这些内容。环境具有宽泛的概念，可泛指大气、水、土地、矿藏、森林、草原、野生动植物、水生生物、名胜古迹、风景游览区、温泉、疗养区、自然保护区和生活居住区等。

（2）环境资源的分类。环境是自然环境和人工环境的统一体。自然环境一般是指环绕着人类社会的自然界。组成自然环境的自然因素主要有大气、水、土壤、矿藏、森林、草原、野生动植物和水生生物等。这些自然因素是人类赖以生存和发展的物质基础，它们始终按照自然规律发展变化。环境资源的很多因素，相互联系，相互制约，相互依存，形成自然生态系统；如果系统中某些因素发生变化，就会引起其他因素的连锁反应，甚至使生态系统失衡，环境发生变化。人工环境是指人类以自然环境为依托，按照自己的生活和生产需要，对自然环境进行加工、改造所形成的环境，也称为环境。例如，疗养区、城市、农村、工矿区等人工环境中的各种物质因素，相互联系，相互制约，相互依存，形成人类的生态系统。人工环境中的一些因素发生变化，也会引起其他因素的连锁反应，甚至使人工生态失衡，丧失人工环境应有的功能。这是人工环境非合作博弈的结果。

（3）环境资源问题。环境资源问题是指构成环境的因素遭到损害，环境质量发生不利于人类生存和发展的甚至给人类造成灾害的变化。如果人类使自然环境剧烈变化，或者给自然界带来的有害物数量过大，超出自然系统的调节能力，超过人体或物质可以忍受的程度，就会破坏生态平衡，使人类或生物受害，因而产生环境资源问题。我国目前存在的主要环境问题表现在以下几个方面。

其一，水环境污染普遍。环境保护部发布的《2011年中国环境状况公报》数据显示，长江、黄河、珠江、松花江、淮河、海河、辽河、浙闽片河流、西南诸河和内陆诸河10大水系469个国控断面中，Ⅰ~Ⅲ类、Ⅳ~Ⅴ类和劣Ⅴ类水质断面的比例分别为61.0%、25.3%和13.7%。在监测的26个湖泊（水库）中，富营养化状态的湖泊（水库）占53.8%，其中，轻度富营养状态和中度富营养状态的湖泊（水库）比的例分别为46.1%和7.7%。在监测的200个城市4727个地下水监测点位中，优良—良好—较好水质的监测点比例为45.0%，较差—极差水质的监测点比例为55.0%。同时，水资源短缺，全国有300多个城市缺水，100多个城市供水矛盾突出，地下水超采严重，部分水源受到污染。

其二，空气污染十分严重。目前我国的大气污染主要是煤烟型污染，构成了对空气质量影响的元素，其中的烟类和酸雨危害最大，污染程度很重。据《2011年中国环境状况公报》显示，我国城市空气中的细颗粒物（PM2.5）污染将逐步凸显，按新的环境空气质量标准评价，多数城市细颗粒物超标，均值为58微克/立方米。国家2012年已发布新的《环境空气质量标准》，现在京津冀、长三角、珠三角等重点区域以及直辖市和省会城市实施空气质量评价新标准，将于 2016 年 1 月 1 日起在全国按新标准进行监测，届时我国城市空气质量达标率将大幅下降。

其三，土地环境形势严峻。2014 年 5 月环境保护部发布的《2013 年中国环境状况公报》显示，我国耕地土壤环境质量堪忧，区域性退化问题较为严重，全国年内净减少耕地面积为 8.02 万公顷；全国现有土壤侵蚀总面积为 2.95 亿公顷，占国土面积的 30.7%。其中，关于土壤污染的部分，全国土壤污染超标率为 16.1%，几乎覆盖了所有经济发达、人口稠密的地区。可以想象，受污染的土壤造成有害物质在农作物中积累，并通过食物链进入人体，引发各种疾病，最终危害人体健康。

2. 环境资源的特点

（1）环境资源具有宏观性。环境资源的宏观性就是指它独立于人的意识之外，不会以人的主观意志为转移。环境资源具有多个方面的合作博弈关系：一是人们面对的环境资源是宏观性的博弈。人们都生活在一定的自然环境中，不管人们喜不喜欢它，不同的人在不同的地方，面对的都是既定的环境资源的静态博弈。例如，在内蒙古，人们面对的是辽阔的大草原；在东南沿海地区，人们更多的是面临大海。这个宏观现实不是随人的意志而转变的博弈客体。二是环境淘汰的变化是客体的博弈。人们爱护环境，如自觉地植树造林、防止污染等，这样自然环境就会日益优美，山会常绿，水会常清，空气亦会常清新。如果人们不注意保护环境，滥伐森林，破坏植被，让污水横流，浓烟滚滚，那么人们将面对的就是光山秃岭、乌烟瘴气的环境资源。有谁愿意生活在这样的环境中呢？谁都会希望改变这样的环境。但是，环境一经变化到这样的程度，人们无论怎样不喜欢它，厌恶它，它都会因此而无奈地改变了。而要使被破坏的环境变好，只能经过较长时间的努力。三是环境资源的规律是客观的。自然环境规律就是自然规律。例如，春、夏、秋、冬，白天夜晚，循环交替，春种秋收等，这些都不以人的意志为转移。自然环境资源的客观性要求人们在与环境相处的过程中爱护环境，尊重环境变化发展的规律。

（2）环境资源的稀缺性。环境资源的稀缺性，以及由此而产生的环境资源的分配和利润问题是环境经济理论研究的出发点和理论基石。持环境资源对经济增长构成约束的传统资源稀缺性观点，以亚当·斯密、马尔萨斯、李嘉图为代表。环境资源稀缺性表现为优质环境资源的稀缺性，由于人类超越自然环境承载力的经济发展，特别是重化工业的发展给人类环境带来了深重的灾难，空气污染、自然生态水污染、土地污染、河流污染、流域污染、区域污染、产品污染、食品污染都与环境的不优质密切相关。资源的相对稀缺性观点认为，资源质量是变化的。持这种观点的以马歇尔、杰文斯、穆勒等为代表，认为不存在环境资源的绝对稀缺，仅有资源质量上的相对稀缺。随着技术的进步，博弈结果是资源的稀缺是相对的；但从环境资源的非合作博弈角度分析，环境资源的稀缺性是绝对的，这是由环境资源的特性决定的。

（3）环境资源具有回报性。环境资源中的各种要素形成了一个有机的整体，在这个整体中，各种要素按照一定的数量和质量相互作用，相互制约，形成一定的平衡关系。当人们的社会经济活动能够维持这种平衡时，环境资源就能在正常的情况下延伸和发展，使生活在其中的人类从中得到益处，这是环境资源给予人类的回报；当环境资源受到破坏，打破应有的平衡，它就会给人类以惩罚。恩格斯在《自然辩证法》一书中指出："我们不要过分陶醉于我们人类对自然界的胜利。对于每一次这样的胜利，自然界都对我们进行报复。每一次胜利，起初确实取得了我们预期的结果，但是往后和再往后却发生完全不同的、出乎预料的影响，常常把最初的结果又消除了。美索不达米亚、希腊、小亚细亚以及其他各地的居民，为了得到耕地，毁灭了森林，但是他们做梦也想不到，这些地方今天竟因此而成为不毛之地。"① 这就是自然给予人类的惩罚。因此，我们需要善待自然，只有这样，我们才能得到回报。这也说明，环境资源博弈的手段和方式要依赖于自然资源的本身，离开了自然规律，博弈就成了无源之水、无本之木。

（4）环境资源的价值性。从合作博弈的角度分析，环境资源具有三类重要的经济功能：一是生态环境资源为工业生产提供了必需的低碳和生态原材料和能源，包括不可再生资源、可再生低碳生态资源、半可再生低碳生态资源。二是环境资源具有吸取、容纳、降解工业生产过程中所排放废弃物的功能，这一功能具有公共特征，存在于市场交换关系之外，低碳和生态环境资源有限的承载力表明这一功能具有稀缺性。三是低碳和生态环境资源向个体和工业系统提供一种自然服务流，这涉及工业过程与低碳和生态环境之间物质和能量的直接物理性交换（生态和气候保护、物质材料的循环和能量的流动等）以及个体直接的福利效益（休闲、健康、美学等）。

（5）环境资源的外部性。从非合作博弈的角度分析，在很多时候，某个人（生产者或消费者）的一项经济活动给社会其他成员带来危害，但他自己却并不为此支付足够抵消这种危害的成本。此时，这个人为某活动付出的私人成本就不如外部经济——根据经济活动主体的不同，可分为生产的外部经济和消费的外部经济。非合作博弈的环境资源的外部性突出表现在以下两个方面：一是生产的外部不经济博弈。当一个生产者采取的行动使他人付出了代价而又未给他人以外部补偿时，便产生了生产的外部不经济。例如，企业排放脏水污染了河流，或者因为排放烟尘而污染了空气，等等。二是消

---

① 《马克思恩格斯文集》第 9 卷，人民出版社，2009，第 559 页。

费的外部不经济博弈。当一个消费者采取的行动使他人付出了代价而又未给他人以补偿时，便产生了消费的外部不经济性博弈。与生产者造成污染的情况类似，消费者也可能造成污染而损害他人。比如，吸烟便是一个明显的例子：吸烟者的行为危害了被动吸烟者的身体健康，但并未为此付出任何东西。此外，还有在公共场所随意丢果皮等。

二　资源生态效益与保护环境的博弈

从环境资源经济发展的博弈角度分析，环境资源是伴随经济活动而出现的，所以，环境资源问题的实质还是经济发展博弈问题。在世界上，可以说如果没有经济的发展，就不会出现环境资源问题。环境资源问题是有社会历史性的，它是生产力水平的反映，也是人类认识自然的一定水平的反映。从合作博弈与非合作博弈的角度分析，保护环境与发展经济存在对立统一的关系。合作博弈使环境资源互为依托，即保护环境的宗旨是保护自然资源，保护生产力，促进经济发展，良性的经济发展又有利于自然环境的保护。从非合作博弈的角度分析，如果发展经济时一味强调高速度、高增长，而不注意环境保护，以牺牲环境去换取暂时的利益，那么就会致使环境受到破坏。因此，合作博弈强调辩证地看待保护环境与发展经济的关系，要从资源生态效益角度出发去认识它们的关系。保护环境与提高资源生态效益既表现为合作博弈关系，也表现为非合作博弈关系。

1. 保护环境与资源生态效益的合作博弈关系

保护环境对资源生态效益影响最大、最直接的是农业。农业的劳动方式是种植和养殖，其对象都是有生命之物，因而直接受到自然条件的影响。

从合作博弈的角度分析，种植业最基本的生产条件是土壤，所以保护好土壤，使其不被流失、沙化、污染以及不使土地肥力下降，不仅直接有利于农产品数量的提高，同时还有利于农产品质量的提高。在种植业产业中，空气同样影响农产品的数量和质量。现在，在一些空气污染严重的地方，种的果树不结果，即使结果有的也是酸涩的。这是因为空气被污染，灰尘、酸雨进入了水果的花蕊中。有明显对比度的是，在湖南炎陵县，有一个面积很大的青年水库，当地盛产猕猴桃，人们发现青年水库附近的猕猴桃对比其他地方的猕猴桃味道更好，甜度更高。这是因为青年水库的水对空气有净化作用，对气候有调节作用。对种植业还有直接影响的是农药。为了防止病虫害和杂草对农作物的影响，以提高农作物的产量，使用农药是必要的，但过多使用，不按要求使用，就会影响农作物的质量，对人体和牲畜带来危害。

从合作博弈的角度分析，自然环境对养殖业影响最大的是水产业，正常的水域不仅有利于水产业的增产，而且有利于提高水产品的质量。水体严重污染后，鱼虾等水产品就会有毒，甚至绝迹，现在不少地方就存在这种情况。即使在污染不太严重的地方，鱼类尚能生存，但因有毒物质已进入它们的肉体，人也不敢食用，吃起来会感到有异味，或是对人的身体健康有危害。

从农产品与工业产品合作博弈角度分析，农产品是工业产品的原料，自然环境对农产品有直接影响，对工业则会产生间接影响：一是农产品的歉收会减少工业产品原材料的供应，如棉花供应不足，纺织业会开工不足。二是农产品减少，供不应求使价格上涨，从而提高工业产品的成本，使其利润减少。三是农产品因环境导致的质量下降会影响工业产品的质量。例如，酸涩的水果会影响加工业，短纤维的棉花会影响纺织产品的质量。

从工业经济效益与生态效益的合作博弈角度分析，环境资源对工业经济效益的直接影响同样是巨大的。一是清新的空气、充足的阳光、适宜的气候、优美的环境，能陶冶人的情操，影响人的情绪，从而使劳动生产率提高并降低产品成本。二是纯净的水质、卫生的空气、适宜的温度，对机器设备的保养、原材料的储存、产成品的保管都会产生重要的作用，对产品成本的降低和利润的增加所起的作用都不可忽视。三是良好的自然资源有利于员工的身体健康，从而可以直接减少医疗、保健等方面的支出，以增加收入。据世界卫生组织估计，在所有的办公大楼中，有30%是不卫生的，主要是由于空气中二氧化碳含量高。四是良好的自然资源会赢得投资者的青睐。凭着良好的自然环境，在投资供过于求的情况下，企业会获得优惠的投资；在投资供不应求的情况下，企业无缺资之忧。如果不是这样，企业不仅在上述方面受到严重影响，同时，为了治理环境污染，企业还将付出沉重的代价。这体现了自然资源与经济效益、生态效益的合作博弈与非合作博弈关系。

2. 保护环境与资源生态效益的非合作博弈关系

从人与社会生产力之间的博弈角度分析，人在社会生产力中是起决定性作用的。在劳动者具有健康体魄的情况下，社会生产力都能较快向前发展，社会才能呈现出繁荣兴旺的景象，人的健康体魄的培养，不仅需要解决好吃、喝、住、穿的问题，同时，还要有良好的生态环境。因为优美的生态环境，会使人心情舒畅，过得舒适。这不仅对发展人的智力体力是必不可少的，同时对陶冶人的情操也是十分有益的。总之，良好的生态环境十分有利于人的身心健康和人的全面发展。这是人与自然环境和谐相处、合作博弈的结果。从非合作博弈角度来看，现实经济生活中，严重的环境污染，使人们的身心健康受到严重威胁。下面仅从水资源和空气质量的角度予以简要说明。

据联合国环境规划署发布的《全球环境展望（4）》综合报告指出，水需求量的日益增长将成为缺水国家无法承担的负担：预计到

2025 年前，发展中国家的淡水使用量还将增长 50%，发达国家将增长 18%。同时，水质的下降趋势仍在继续。该报告强调，就全球范围而言，污染的水源是人类致病、致死的最大单一原因。另外，世界卫生组织的调查也表明，全世界 80% 的疾病是因为饮用被污染的水而造成的，全世界 50% 儿童的死亡是由于饮用水被污染；与工业发达国家相比，发展中国家受害更为严重。

我国七大水系、湖泊、水库，部分地区地下水和近岸海域都受到不同程度的污染。我国城市及其附近河流仍以有机污染为主，主要污染指标是石油类、高锰酸盐指数和氨氮。城市河流污染程度，北方重于南方，特别是工业较发达城镇附近的水域污染突出。在被监测的 426 条城市河段中，绝大多数受到不同程度的污染。从行业来看，旅游开发时水体污染是比较严重的，污水主要来自旅游设施排放的生活污水、粪便垃圾、水中游船泄油和植被破坏造成的水土流失等。主要污染物有各种有机物、油类、固体悬浮物、致病微生物、有毒金属化合物等。这些污染物进入水体中，其一是影响人体健康；其二是改变水生生物和湿地鸟类的生存环境，导致水生生物的死亡和鸟类的绝迹；其三是影响区内经济发展，因为此类水亦为农业生产用水。例如，九华山日排放污水约为 2500 吨，其地面水质现状为劣于 I 类标准，部分河段已近于或超过地面水类标准；武陵源的金鞭溪、黄山逍遥溪等水体均遭到严重污染[①]，已经给当地的旅游业带来影响。

根据国家环保局的规定，目前我国空气质量划分为 5 个级别：优（API 值为 0～50），良（API 值为 51～100），在这两种空气质量状况下居民可正常活动；轻度污染（API 值为 101～200），在这种空

---

① 张学真：《城市化对水文生态系统的影响及对策研究——以西安市为例》，长安大学博士学位论文，生态学专业，2005。

气质量状况下，长期接触，易感人群症状会加剧，健康人群出现刺激症状；中度污染（API 值为 201～300），对敏感体质人群有明显影响，一般人群中可能会提前出现某些疾病；重度污染（API 值大于300），健康人群也会明显感到不适。中国城市大气污染所造成的经济损失每年近 400 亿美元，其中大部分来自身体健康方面。同时也要看到，空气污染是一个世界性的难题，即使是发达国家也不例外。例如，1956～1957 年洛杉矶和伦敦都曾经遭受严重的空气污染困扰；1970～1971 年东京和大阪都因机动车和石油化工厂排放的废气，发生过严重的光化学烟雾事件。

我国空气污染严重，主要污染物是二氧化硫、烟尘和工业粉尘，其排放量居世界第一。比如，2006 年全国废气中二氧化硫排放量为2588.8 万吨，烟尘排放量为 1088.8 万吨，工业粉尘排放量为 808.4万吨[①]。此后随着国家对节能减排问题越来越重视，监督考核越来越严格，其排放量呈下降态势。但是，随着家用车辆的逐步普及，部分大、中城市的机动车尾气污染也随之上升。总的来说，目前我国空气污染依然严重，长期污染带来的后果更严重。据报道，仅 2012年中国空气污染造成的经济损失就已经达到 5640 亿元，相当于国内生产总值的 1.2%；若按占国民生产总值 3.8% 的比例预测计算，2012 年中国因空气污染造成的损失近 2 万亿元[②]。

三　环境破坏对资源生态效益的制约

从合作博弈分析，良好的环境有利于资源的合理利用，资源的效用又会改变人类的生存环境。我国环境遭受破坏的程度难以准确

---

① 《全国环境统计公报（2006 年）》，中国网，http://www.china.com.cn/policy/txt/ 2007 – 09/24/content_ 9252720. htm，最后访问日期：2014 年 6 月 24 日。

② 《视频：2012 年中国空气污染造成经济损失 2 万亿元》，视听深圳，http://v.sznews. com/2013 – 08/05/cms28312article. shtml，最后访问日期：2014 年 6 月 24 日。

估量，造成的经济损失也无法准确估量。有关资料显示，我国环境状况与发达国家环境污染最严重的 20 世纪 60 年代相似。综合世界银行、中国科学院和国家环保总局的测算，我国每年因各类环境污染造成的损失占国内生产总值的 10% 左右[1]。其中，生态环境资源破坏的损失约为 500 亿元，亟须整治和恢复的矿区约为 200 公顷，需要投资 300 多亿元[2]。2000 年以来，我国发生了严重的南方旱涝灾害和北方沙尘暴，2008 年发生的汶川大地震。这些都说明，由于环境资源受到破坏，我国正面临着严峻的自然环境的挑战，对经济和生命财产的威胁正日益严重。

1. 环境对资源生态效益的影响

（1）环境对资源生态效益的制约。在农业方面，由于长期以来滥伐森林，改革开放前到处移山造田，填海造田，改革开放后各地又大搞开发区，致使我国植被遭到严重破坏，水土流失十分严重。水土流失的严重程度影响资源生态效益的提升，土地荒漠化严重影响土地的产出，空气风沙化严重影响森林的培植和生长。这些自然环境的破坏现象都会对资源生态效益产生负面影响，甚至会给人们的正常生活带来灾难。

（2）石油农业对资源生态效益的影响。什么是石油农业？石油农业也叫工业式农业，是将农业视为一个巨大的工厂，通过规模经营和高投入（主要是农药、种子、化肥、机器以及燃料）、高消耗来达到降低成本和高产出的高度工业化农业的总称。在石油农业下，农民的生产目的是根据市场法则，通过选取和投入成本较低的要素组合，在一定时期内获取农产品经济效益的最大化。而在生态农业下，农民的生产目的是在满足人的需求的同时，尽可能提高资源利

---

① 《2007 年节能环保八大举措》，《瞭望新闻周刊》2007 年 3 月 19 日。

② 游达明、董忠云：《基于环境资源的绿色技术创新思考》，《科技进步与对策》2001 年第 8 期。

用效率，实现经济的可持续发展和生态环境的可持续发展，即实现经济发展和生态保护的有机结合。这是农业和生态的合作博弈而产生的生态农业的结果。

（3）生态环境保护的手段对资源生态效益的影响。不同的农业方式有着不同的博弈方式，因而产生不同的农业资源生态效益。农业资源生态效益的表现形态是农业的有机物与农业可降解的有机物，农业的自然条件与农业生产中物质能量转换条件，是一条资源与废弃物的生态链，总是处于发展变化之中；即要么是处于良性发展变化中，要么是处于恶性发展变化之中。与此相对应，农业生产中的物质和能量转换就表现为非使用博弈状态，即要么选择通过减少生产活动来保护环境，要么以牺牲生态环境为代价来增加农业生产活动。在石油农业下，由于采用了通过复杂化学过程生产的农药、化肥、塑料薄膜等生产要素进行大规模生产，产生数量超出自然界净化能力的可降解废弃物和不可降解废弃物；而且往往采用尾端治理的方式处理废弃物，但尾端治理方式成本高，同时对一些废弃物也无法进行治理，所以随着石化农业的大规模发展，生态环境没有好转。在生态农业下，在理论上，通过采用生态经济模式，实施低碳和生态净化，发展低碳经济和生态经济资源得到充分利用，废弃物也得到了资源化，不会对环境造成破坏。在实践中，通过合理组织农业生产的低碳和生态各个环节和安排各个项目的空间分布，合理实现农业物质和能量的低碳和生态转换，能够较好地实现"资源—产品—再生"，达到农业生产低碳和生态系统对外界的废弃物排放最小化，实现农业物质资源和能量转换的合作博弈，并取得良好的生态效益。

（4）农业物质资源和能量的转换对资源生态效益的影响。从农业物质与能量转换合作博弈角度分析，传统农业下物质和能量的转换单向流动模式，必然会排放一些废弃物到生态系统中去，但传统农业下低碳和生态技术水平低，对农产品只经过了简单的生态加工，排放的废弃物一般都可降解；由于当时生态生产力水平低，即使是粪便等废弃物对农业生产来说，也是稀缺的投入要素，因此，很多农业生产低碳和生态经营产出的废弃物都能够简单资源化①。从结果上来看，在生态农业中形成了反馈式的物质和能量生态循环系统，物质和能量得到合理的转换，能够得到最大限度的利用，能够有效减少废弃物的排放，尽可能少影响生态系统，以实现农业物质和能量转换的合作博弈，并取得合作博弈的生态效益。而当农业发展到石化农业的时候，大规模的生产以及复杂的物理和化学加工过程，使得在生产过程中产生了大量不可自然降解的废弃物，这些废弃物对生态系统产生了严重的破坏作用，这种破坏作用在当前农村呈现出日趋严重的态势。

2. 环境灾害对资源生态效益的制约

从非合作博弈角度分析，灾害是指能够对国家、个人或社会财产造成损失的各种自然、社会现象。灾害可以分为自然灾害和人为灾害，这两类灾害各有其自身的特点，但在现代社会中，它们常常又是交织在一起的，即自然灾害具有人为性。例如，环境资源破坏引起的水灾、风灾、沙尘暴等，这些都属于自然灾害。另外，就是人为灾害具有自然性，如山火常由人引起，空难常由人引起，但前者常与干燥的气候有关，后者常与恶劣的环境有关。无论什么灾害，其共同的特点就是必然造成经济上的损失并影响人类自身的生存与发展。

自然灾害造成的经济损失是十分严重的。我国是世界上自然灾害发生最为频繁的国家之一。一般年份，我国受灾人口约为 2 亿人，

① 刘国燕：《生态农业发展战略研究——以武强县为例》，河北工业大学硕士学位论文，数量经济专业，2010。

其中因灾死亡数千人，需转移安置 300 多万人，农作物受灾面积为 4000 多万公顷，成灾为 2000 多万公顷，因灾减产粮食为 100 多亿公斤，倒塌房屋 300 万间左右①。据估算，暴雨、洪涝、干旱、台风、风暴潮、冰雹、低温冻害、森林火灾等大气灾害造成的损失为 500 多亿元；由地震、滑坡、泥石流、水土流失、风沙及沙漠化、地面沉降、海水入侵等大地灾害造成的损失约为 100 亿元；病、虫、草、鼠等生物灾害每年往往也会造成 100 亿元的损失②。

20 世纪 50 年代，我国平均每年森林病虫害发生只有 1500 万亩，进入 90 年代后，发生面积迅速扩大，年均都在 1 亿亩以上，最高年份达到 1.65 亿亩。"十五"期间，我国森林病虫害年均发生面积达 1.2 亿亩，经济损失高达 50 多亿元。每年全国森林病虫害发生面积约相当于森林火灾的 214 倍；森林病虫害造成的损失，也远远超过森林火灾。国家"十一五"科技攻关课题研究结果显示，我国酸雨面积也在迅速扩大，已约占全国面积的 40%。酸雨对我国农作物、森林等影响巨大，仅江苏、浙江等省因酸雨造成农田减产就达约 1.5 亿亩，每年经济损失约为 3.7 亿元；森林受害面积为 128.1 万公顷，年木材损失为 6 亿元，森林生态效益损失约为 54 亿元③。

2012 年 4 月 22 日（第 43 个世界地球日），据国土资源部公开透露，在我国北方地区。65% 的生活用水来自地下水；同时，50% 的工业用水和 33% 的农田浇灌也源自地下水。在全国 657 个城市中，有 400 多个城市以地下水为饮用水源。地下水超采带来的直接后果，就是地下水位下降，形成地下水降落漏斗，引发地面沉降——全国

---

① 董泰：《〈救灾法〉五易其稿》，《国际地震动态》2004 年第 6 期。
② 王丹：《我国森林保险理论及实证研究》，沈阳农业大学硕士学位论文，森林培育专业，2011。
③ 叶建仁：《中国森林病虫害防治现状与展望》，《南京林业大学学报》2000 年第 6 期。

已形成大型地下水降落漏斗 100 多个，面积达 15 万平方公里，主要分布在华北、华东地区。此外，地下水超采还引发了岩溶塌陷、海水入侵、土壤盐渍化等问题；带来了地下水质的下降，尤其是京津冀、长江三角洲、珠江三角洲、淮河流域平原区等地区地下水有机污染增加；西北部分地区由于地下水位下降，出现了植被退化、土地沙化、荒漠化加剧等问题。

第三节　资源生态效益与资源利用的关系

本节就合理利用自然资源与提高资源生态效益的关系展开分析，论证自然资源对资源生态效益的制约因素，提出合理利用自然资源以促进资源生态效益的策略。

一　自然资源的概念及其合理使用

1. 自然资源的概念

自然资源是生产的原料来源和布局场所。联合国环境规划署下的定义是：自然资源是指在一定条件下，能够产生经济价值，以提高人类当前的本来福利的自然环境的总和。《中国大百科全书·环境科学卷》的定义是：自然资源是自然环境的组成部分，它是自然环境中人类可以用于生活和生产的物质。

2. 自然资源的合理使用

从资源与合理使用的合作博弈角度分析，合理使用自然资源，就是指人类为了满足自身需要，在将自然资源转化为劳动产品的过程中必须按照资源节约的原则，依据自然资源的特点，进行适时、适量、适度、适物、充分地使用。具体从以下几个方面考虑：一是节约使用。节约是经济学的一个原则，是经济的永恒主题。由于自然资源供给的有限性和需求的无限性存在矛盾，对自然资源要特别注意节约使用以防止浪费。二是有计划地使用。自然资源有限，要使有限的自然资源适应人类永续发展的需要，当代人绝不能杀鸡取卵，竭泽而渔，而要为子孙后代着想，不仅有节制，而且要有计划地使用自然资源。三是适时使用。根据物质转换的规律性，有的自然资源的使用具有很强的时间性，所以必须根据自然资源的时间特性来使用才能达到最佳效果。比如，甘蔗榨糖只能在每年的冬季进行，才会使糖分最充分；时间早了糖分不够，时间迟了糖分会丧失。四是适度使用。生产任何一种产品，根据其用途不同，对原材料会有不同的质量要求，原材料质量不好，会使产品的质量不符合要求，从而造成损失。五是适量使用。生产一种产品，需要多少原材料就必须投入多少，投入不够，偷工减料，会造成产品达不到要求。比如生产桌子，桌面需要多厚的木材，脚需要多大的方，都必须有相应的材料，达不到要求，使用起来就不会牢固；投入过多，不仅会浪费而且会影响质量。六是适物使用。一种物品常常有多种用途，要根据物品的物理或化学性能选择最佳用途使用物品。一种物品最适合做什么就用于做什么，切忌颠倒使用。例如，以铜代铁、以木代竹、以钢代铁都是浪费。七是充分使用。从物质的多样性分析，许多自然资源有多种用途，要充分利用。例如，家庭用于洗菜、洗衣服的水，可以用来擦地板，然后再用于冲厕所。八是反复使用。有的自然资源可以反复使用。例如水就是这样，使用过的水通过净化处理之后，又可以使用。九是综合使用。有时一种自然资源可以满足多种需要，这就要使其用途多样化，达到综合使用的目的。比如，冬天天气寒冷，湖南、湖北等我国中部地区没有暖气，房间生火只要得到科学处理，就既可以做饭菜，又可以取暖、烧水。十是替代使用。有的自然资源特别稀少、珍贵，而人们对其需要的愿望又很强，为了满足人们的需求，可以使用别的产品予以替代。比如，可以用塑料代替钢材，等等。

71

二 自然资源对资源生态效益的制约因素

1. 土地资源对资源生态效益的制约

从整体上看，地球上只有 1/4 的面积为陆地，约为 1.35 亿平方公里，但有一半以上不能供人类利用。迄今为止，人类已耕种的土地约占地球陆地面积的 8%，放牧地占 15%，其余土地分布在高纬度地区，使用价值低。由于工业、城市和交通的发展，大批的良田沃土被占用，加之自然灾害的影响，使得地球上的耕地面积正日益减少。据联合国环境规划署统计，全世界现有耕地 13.7 亿公顷，但每年损失的耕地为 500 万~700 万公顷。有史以来，人类活动已使全世界损失耕地近 20 亿公顷，这个数字大于目前全世界耕地面积的总和。

在我国，每年仅基本建设占地就达 30 万公顷，固体废弃物和垃圾堆存侵占和污染的农田面积为 90 万公顷；全国各条河流每年冲走泥沙总量达 50 亿吨，等于全国的耕地被剥夺去 1 厘米厚的肥土层，损失的氮、磷、钾肥达 4000 多万吨，相当于全国一年的化肥总产量。新中国成立初期，全国水土流失面积为 11.6 万平方公里，目前已达到 36.7 万平方公里，增加了 2.16 倍，约占国土面积的 38%，全国平均每年新增水土流失面积达 1 万平方公里。

我国现有沙化土地面积占国土总面积的 17.6%，全国沙化土地面积仍以每年 2460 平方公里的速度在增长，相当于一个中等县的面积；新中国成立以来，全国已有 1000 万亩耕地、3525 万亩草地和 9585 万亩林地变成流沙地；草场退化面积占到了沙区草场总面积的 59.6%，耕地退化面积占到沙区耕地总面积的 40.1%，风沙的步步进逼，使成千上万的农牧民被迫迁往他乡，成为"生态难民"①。

---

① 王义堂、李长虹、雷加富：《向沙暴宣战》，《人民日报》2000 年 4 月 20 日，第 12 版。

由国土资源部组织的 2008 年度土地变更调查报告显示，截至 2008 年 12 月 31 日，中国大陆地区耕地总面积约占国土面积的 10.4%，为 18.2574 亿亩，较 2008 年度净减少了 29.0 万亩。人均耕地面积不足 1.35 亩，比世界平均水平低 40% 个百分点。中国要在 2020 年全面实现小康社会，粮食必然要保障自给，因而保护耕地已经是刻不容缓。

土地是人类进行生产活动的最根本的生产资料，是人类生活和进行生产活动的载体。人类的生存离不开土地，无论过去、现在还是将来都是这样。特别是我国人多地少，今天人们不爱惜土地，不仅直接危害到当代人的利益，还将严重危害子孙后代的利益，这种非合作博弈的后果必须引起人们的高度觉醒。

2. 水资源对资源生态效益的制约

长期以来，人们片面地认为，阳光、水、空气是取之不尽、用之不竭的，而且习惯上也不把它们当做资源。实际上，它们不仅是重要的资源，而且也是有限的资源。以下仅以水资源为例加以说明。

从总的预测流量看，中国排在世界第 6 位，但人均预测流量则仅有 2630 立方米，为世界人均量的 1/4，排在第 88 位；加之分布不均匀，区域性和季节性缺水的矛盾十分突出。在我国 668 个城市中，有 400 多个供水不足，生产和生活受到严重影响，缺水使全国工业总产值每年损失 2000 多亿元。尤其是遇上干旱少雨的年份，曾使河道干涸断流，水库蓄水锐减，甚至连泉水也枯竭了。1993～1994 年黄河中下游断流都超过 50 天，1996 年 118 天，1999 年在黄河约 1000 公里的河道里，不见河水的日子有 150 天，真正成了"大河上下，顿失滔滔"。黄河断流造成了巨大的经济损失。严重的水荒给城乡人民生活带来极大的不便，甚至出现恐慌，于是出现了城市用消防车运水，农村用拖拉机、牛车运水的"动人"情景。不得已，国家开始了举世瞩目的"南水北调工程"——在规划的 50 年间，南水北调工程总体规划分 3 个阶段实施，总投资将达 4860 亿元[①]。

不合理的水电开发对自然景观和水体生态造成损害。由于水电站的不断修建，一些原已确定的世界遗产地、国家自然保护区、国家风景名胜地、国家生态功能区等国家政策明令保护的区域，不断遭受蚕食和侵占，带来严重的地质灾害隐患。例如，贡嘎山国家森林公园面临毁灭；被称为"天府之国"母亲河的岷江也面临着生态灾难，可与美国大峡谷相媲美的大渡河大峡谷的自然景观尽失。

大渡河本是四川省西部水资源最丰富的河流之一，但是 2003 年以来，在其干流和支流上进行大规模水电开发，至今已建成龚嘴、铜街子等电站 48 座，目前正在建造瀑布沟等大型水电站，整个大渡河干流及支流规划开发 356 座电站，破坏了大渡河流域的完整性，其壮丽景观也将随之丧失。

岷江上有 2200 多年历史的都江堰水利工程，为人类树立了道法自然、兼利天下、惠而不费的治水哲学和工程思想。然而，在现今经济利益的驱使和改造大自然思想的指导下，一座座水坝在岷江拔地而起，这条母亲河正在遭受无休止的索取与伤害。由于岷江水电的开发方式是梯级开发和涵洞引水式，原来丰沛的地表水流，在水电开发地变成了地下暗流，因而使岷江的多处地段趋于干涸。此地区原来的干旱河谷气候，变得更加干旱，原有的河流生物系统遭到极大的破坏，这是经济效益与生态效益非合作博弈的结果。

3. 矿产资源对资源生态效益的制约

长江流域上游矿产丰富，其中青海省发现的矿产地超过 1500 多处，共有矿产 125 种，已探明储量的有 105 种。四川省已探明矿产 132 种，探明储量的矿产 90 种，仅攀西地区就蕴藏全国 13.3% 的铁、93% 的钛、69% 的钒和 83% 的钴。然而，矿产资源的不合理开采日

---

① 《举世瞩目的中国南水北调工程》，《今日中国》（中文版）1997 年第 7 期。

益严重。矿产资源的总利用率仅有 30%，远远低于国际水平，有的甚至出现采 1 吨浪费掉 5 吨以上矿产储量的情况。而且由于对二次资源的利用重视不够，钢铁和有色金属的二次回收利用率仅为世界水平的 30% ~60%。近年来，长江流域矿产资源的破坏性开采集中表现为：在开发利用过程中，耗损破坏严重；开发综合利用水平低，许多珍贵的有用成分大量流失；乱采滥挖，采富弃贫，掠夺性开采等。已被破坏损失的矿石量占总储量的 14.9%，损失的铅锌金属占总储量的 21%。广西的高峰锡矿被乱采滥挖每年损失矿石量达 60 多万吨，使可采 30 年的 1 条矿体只能开采 3 ~5 年，直接经济损失达 5 亿多元。2010 年，45 种主要矿产中可以满足经济社会发展需要的仅有 21 种，在更大范围内利用国际资源优势势在必行。只有这样，才能取得资源合理利用的生态效益。

4. 森林资源对资源生态效益的制约

森林是为人类提供木材能源的重要基地，而且是维持全球生态平衡的重要因素。在人类历史发展的初期，地球上有 2/3 的陆地披着绿色的外衣，森林面积曾有 76 亿公顷；现在已有近 2/3 的森林从我们的视野中消失了，而且目前正以每年 2 万平方公里的速度消失。特别是全球的热带雨林——地球上"绿色的肺"，在过去短短的 30 年中已被毁去 40%。

我国历史上森林资源非常丰富。在公元前 2000 年左右的黄河流域，森林郁郁葱葱，风调雨顺。先秦以前，我国黄土高原曾是古木参天、森林茂密的地区，有森林 4.8 亿亩，占黄土高原总面积的 53%；其余地区也是水草肥美，土地肥沃。但是，后来随着人口膨胀，战争不断，人们只管砍伐，不管种植，致使森林资源遭受严重破坏。长江上游分布的森林植被是长江流域生态环境的绿色生态屏障和社会经济可持续发展的重要基础，长江上游地区森林覆盖率曾达到 60% ~85%。长期以来，基于自然和人为原因，较少考虑生态效益的最大化，森林毁灭的速度达到令人吃惊的程度，森林覆盖率下降，到 20 世纪一度降到 10% 左右，沿江两岸有些地方只有 5% ~7%。流域内生态环境失调，水土流失严重，农业生产条件恶化，严重阻碍着当地经济的发展，也影响着长江中下游广大平原地区的长治久安①。

据第七次全国森林资源清查统计数字（2008 年），全国森林面积为 19545.22 万公顷，森林覆盖率为 20.36%，只有全球平均水平的 2/3，排在世界第 139 位。人均森林面积为 0.145 公顷，不足世界人均占有量的 1/4；人均森林蓄积为 10.151 立方米，只有世界人均占有量的 1/7。更严重的是，森林资源的消耗量仍大于生产量，而且森林质量下降，尤其是有材林蓄积量大幅度下降，有的地方已濒于枯竭。这是森林资源的经济效益与生态效益之间一种非合作博弈的结果。

5. 海洋资源对资源生态效益的制约

海洋是生命的摇篮、蓝色的国土、资源的宝库，是人类的第二故乡。从面积上看，海洋占了地球表面积的 71%，海水占地球总水量的 97% 以上。海洋中蕴藏着丰富的资源，这些资源种类多、储量大、用途广，海洋是一个资源的宝库。据报道，生活在世界海洋中的生物约为 20 万种，其中海洋动物约为 18 万种，有 2 万种植物，海洋真菌为 456 种。中国是世界上生物多样性最丰富的国家之一。中国海域跨越热带、亚热带、温带三个气候带，优越的海洋自然环境为多种海洋生物的繁衍提供了良好的条件。根据黄宗国研究员 1994 年组织编写的《中国海洋生物种类与分布》一书的记录，我国海域共有海洋生物 20278 种。其中海洋动物为 10682 种，海洋植物为 3004 种，海洋真菌为 189 种，海洋细菌为 79 种。

海底埋藏着许多种黑色金属、有色金属、稀有金属以及各种非金属矿藏，海底的石油资源储量约为 1350 亿吨，天然气约为 140 亿

---

① 章轲：《再造"重庆森林"》，《第一财经日报》2010 年 10 月 20 日。

立方米，约占全球油气资源量的45%。海洋中还蕴藏着巨大的可再生资源等待人类去开发，潮汐能、海浪能、海流能、温差能、盐度差能等可供开发利用的总量在1500亿千瓦以上，相当于目前全世界发电总量的十几倍，这对能源日益显得不足的今天来说，具有十分重要的意义。

从海洋资源的开发与环境污染的角度分析，随着沿海地区经济的迅猛发展，我国面临的海洋生态环境问题越来越突出，已经成为严重制约我国海洋渔业发展的重要因素。21世纪以来，由于陆源污染物入海量的急剧增加和沿岸海域的过度开发，使我国部分沿海地区，特别是渤海湾、长江口和大中城市海域污染面积不断扩大，海洋生态环境遭到了不同程度的破坏。

我国海洋污染源主要由陆源污染向船舶污染、海水养殖污染、海上倾废污染和海上溢油事件污染等发展。陆源污染是海洋污染物的主要来源，占其接纳污染物的80%以上。据统计，我国仅沿海工厂和城市直接排海污水就达100亿吨，主要有害有毒物质为146亿吨，这些对生态十分脆弱的近岸海域造成了巨大冲击。我国海水中的主要污染物是无机氮、活性磷酸盐和铅；海洋污染的总趋势是港湾、河口和沿岸污染较重；严重污染海域主要分布在鸭绿江口、辽东湾、渤海湾、长江口、杭州湾、珠江口等局部水域。特别是渤海湾、长江口、珠江口污染程度大于其他海区。

渤海湾是污染较严重的海域。它背靠首都北京，沿岸大中城市密布，河流纵横，每年通过入海河流、排污河、独立排污口和混合排污口将大量的污染物排入渤海，其接纳的污染物80%以上源于陆域，造成河口和沿岸水域严重污染。渤海每年接纳的陆源污水量达28亿吨，各类污染物质达70余万吨，占全国排放污染物总量的一半。入海污染物的大幅度增加，致使渤海环境质量急剧恶化。渤海湾、辽东湾、莱州湾是污染最严重的海域。往日被称为三大渔场的三湾，已失去了昔日的辉煌。原产对虾 4 万吨的渤海，近年来产量大幅下降；草鱼、小黄鱼曾是渤海的优势渔业资源，年产量都在 2 万吨左右，现在已极为罕见；毛蚶原年产 30 多万吨，由于污染多次发生大批死亡，现已形不成产量。

长江口海域每年排入舟山渔场海域的污水达 20 亿吨，这些污水会有较高浓度的污染物，造成渔场水体中铜、锌、铅、镉等重金属的储量不同程度超标，对海洋生态环境造成破坏，加之过度捕捞的影响，使渔获量连年下降。尤其值得关注的是，水产品中有毒物质残留量增加，正在威胁着人民的身体健康。长江口是我国著名的渔场，由于污染渔业资产衰退。例如，舟山渔场是我国著名的渔场，大黄鱼、小黄鱼、墨鱼、带鱼闻名遐迩。20 世纪 60 年代四大品种的产量占舟山渔业总产量的 80%，如今只占 20%，且总捕捞量的 60% 是当年的幼鱼。

珠江三角洲和广东沿海地区，每年向海洋排放工业废水达 9 亿多吨，生活污水为 7 亿多吨，造成毗邻海域海水严重污染，珠江口、珠海九洲港、深圳湾等海域水含油量分别超标 3 ~ 7 倍，水产资源受到破坏。珠江口栖息的鲷科、石首鱼科及带鱼等几十种经济鱼类出现大批死亡，著名的万山渔场已形不成鱼汛。

海洋给人类带来巨大的恩泽，可是人类却不懂得珍惜这一宝贵的财富，大量地排污、倾废，不合理地开发利用，过度地捕捞，已经给海洋带来了严重的灾难，而最终承受这种灾难的，还是人类自己。

现在，人类已经开始尝到了自己播种的苦果，人们开始反思自己的所作所为。要用自己的实际行动，纠正以往的过失。联合国把 1998 年世界环境日的主题确定为"为了地球上的生命，挽救我的海洋！"这是为了唤醒人们的海洋意识，并且付诸行动。

《中国海洋 21 世纪议程》也明确提出："建设良性循环的海洋生

态系统，形成科学合理的海洋开发体系，促进海洋经济持续发展。"让我们共同努力，积极行动，从国家决策层直到每个平民百姓都切实意识到破坏海洋、污染环境带来的严重后果，真正为拯救我们的地球做一些有意义的事情。只有如此，我们的海洋才有希望。

第四节　实现可持续发展的生态政策

如何实现经济社会的可持续发展？在提高资源生态效益方面，经济政策具有极其重要的作用，政府投资治理是生态流域的重要支撑，绿色经营战略是实现科学发展、生态保护和改善民生的重要途径。

一　海河流域治理的生态政策博弈

1. 海河流域治理的责任主体严重缺位

海河流域综合治理的前提是明确相关利益方的管理责任，而治污责任主体的缺位是海河流域治理的重要病症之一。从地方利益与治污的博弈角度分析，对于流域沿岸的各个地方政府来说，由于缺乏必要的制度保障和监督，地方只顾及自己的行政区域，在经济发展的压力下，在政绩表现的动力下，对下游造成的污染问题常被"高高挂起"。我们仅以淮河流域的治理为例来说明。

1995 年颁布的《淮河流域水污染防治暂行条例》规定，河南、安徽、江苏、山东 4 个省人民政府各对本省淮河流域的环境质量负责，而 4 个省又把这一责任分解到地方城市政府。近 20 年的治污实践证明，对于跨地区的流域治理工程，仅仅由地方城市作为责任主体分而治之是不能解决根本问题的。

从博弈主体分析，淮河流域经 4 个省 200 多个县（市），流域内的任何一个地方城市，都无法超越其余城市流域污染的责任主体，而将所有地方城市共同列为责任主体却又难以明确各自的责任，只会造成当前责任不清、相互推诿的尴尬局面。因此，我们认为，国家必须明确流域的第一责任主体。可行的措施是设立一个流域性行政机构，而省市地方政府将进一步分解为第二、三层的责任主体，再依法强力推进。

2. 流域间协调机制是确保治污成效的必要条件

流域间协调机制是建立水的流域综合管理的核心环节，是加强"两型社会"建设的重要环节。城市是流域的用户节点，城市无法脱离对流域的依靠，无法脱离流域内其他城市对自己的影响和制约。这是由城市的特点决定的。

流域间的生态协调机制涉及流域中区域内不同利益集团的利益主体协调机制、不同利益主体的生态行为协调机制、不同利益主体对生态环境责任和职能的协调机制、不同利益主体的资金投入协调机制、不同利益主体的规划发展协调机制、不同利益主体的分配协调机制。这一系列协调机制构成了流域治污的必要条件。

3. 务实和统一的流域规划是治污的基础

流域规划是水的流域综合管理的核心内容，像其他重点流域一样，淮河流域有国务院批准的水资源和水污染控制规划，但是我们的规划在科学性、可操作性方面存在很大的差距，"长官意志"多于科学分析，主观愿望多于客观实际。因此，不难理解多年来为什么我们的经济规划总是超前完成，而我们的环境治理规划却少有能如期完成的，这是资源的利用与环境治理之间的一种非合作博弈的结果。

生态环境治理规划不仅需要建立在生态科学的基础之上，而且需要建立在各方生态利益协调的基础之上，否则就很难具有真正的生态利益可操作性。城市的生态水资源管理和高碳水污染控制都不是单个城市可以解决的问题，需要进行流域区域的协调统一管理，以取得经济效益与生态效益的统一。综合考虑流域的生态水量水质、生态水工程、高二氧化硫水处理、生态环境保护等诸多问题，制定具有生态科学性和约束性的流域规划，以约束不良的生态经济行为，明确各地方政府的责任，指导各地方政府制定并执行和治理的合作博弈。

二　实施绿色经营战略与管理

1. 绿色经营战略及管理的概念

（1）绿色经营战略的概念。所谓绿色经营战略，就是指企业为了实现利益最大化的目的，自觉按照保护环境和合理利用自然资源的要求，以开发、设计、加工、销售绿色产品为中心的经营战略。绿色经营战略的提出顺应了人的本质和时代发展的要求。人的本性就是人的需要；人的需要不仅有数量需要，而且有质量需要。绿色经营战略是在科学技术高度发达、人们的物质需要在数量上得到较大满足的情况下，从质量上适应需要而提出的。从生态发展的要求来看，由于经济的高度发展，环境遭受了严重破坏，资源被过度消耗，人类正面临环境方面的严重挑战。绿色经营战略在这种情况下应运而生。近20年来，世界经济已产生了绿色观念，绿色浪潮一浪高过一浪，产生了"绿色技术""绿色产品""绿色营销""绿色市场""绿色包装""绿色贸易""绿色产业""绿色标志""绿色企业"等一系列"绿色"概念。"绿色"正成为21世纪的主流色调。"绿色经济"的发展，是对传统治理的严重挑战，更是对企业界的有力冲击，它将成为企业适应生态文明建设要求的通行证，它决定着企业的发展方向和前途，使得企业家们不得不认真对待。

（2）企业绿色管理的概念。为贯彻绿色经济的理念，就要运用技术、经济、法律、行政和教育手段，对损害环境质量的生产经营活动加以限制，正确处理发展生产与保护环境的关系，有效避免企业生产活动中的每个过程，每个环节可能产生的污染以及资源、能源的浪费现象，最大限度地节约能源和各种资源，实现经济效益、社会效益和生态效益的统一。

2. 有效的绿色管理体系

一个有效的绿色管理体系，更能保证使企业从领导到全体职工，在完成生产任务的同时，把环境保护视为最重要的工作之一，齐心协力地把这项工作做好。为了保证绿色管理体系发挥应有的作用，必须由企业的主要负责人亲自抓，才能有效地协调与组织各部门、各级人员的力量，解决工作中的实际困难和矛盾。同时，企业的绿色管理必须建立相应的规章制度。这些企业绿色管理规章制度是对各绿色管理提出的要求和规定，是企业人员的规范和准则。为了实现绿色经营战略，企业必须从发展生产和保护环境相统一的需要出发，建立健全并要求严格执行绿色管理规章制度，以不断提高绿色管理水平。

3. 绿色产品是实施绿色战略的核心

在企业建设中，建设项目的可行性研究、设计、施工、竣工验收都必须注意保护环境和合理利用自然资源。首先，生产过程中的产品开发、技术管理、设备管理、生产调度管理和物资管理等环节都必须贯穿绿色信息，包括法律、法规、标准方面的信息，绿色消费信息，绿化科技信息。其次，开发绿色产品，包括进行绿色设计、配备绿色原料、制成理想的绿色产品、做好绿色包装等。最后，促进绿色销售，发布绿色广告，设立绿色商店或专栏，积极参与环保公益活动，为企业树立绿色形象，实现企业经济效益和生态效益的合作博弈。

第四章

资源生态效益与生态小康社会

党的十六大确立了全面建设小康社会的目标；党的十七大在此基础上提出了加强生态文明建设的新要求，强调以人为本，促进人与自然之间的和谐。特别是党的十八大又进一步明确指出："确保到二〇二〇年实现全面建成小康社会宏伟目标。""把生态文明建设放在突出地位，融入经济建设、政治建设、文化建设、社会建设各方面和全过程，努力建设美丽中国，实现中华民族永续发展。"[①] 这就将生态文明建设与其他四大建设并列，"五位一体"地建设中国特色社会主义，努力走向社会主义生态文明建设的新时代。本章从资源生态效益的视角，论述了生态小康社会的内涵、特征和路径，进而从多个层次和角度论述了如何推进生态小康社会的建设，开创生态文明建设的新时代。

第一节　生态小康的内涵及特征

生态小康建设是一种发展观，是人与自然、社会协同发展的社会状态，是良好生产方式的表达，是生态力的发展。生态小康集中

---

① 胡锦涛:《坚定不移沿着中国特色社会主义道路前进　为全面建成小康社会而奋斗——在中国共产党第十八次全国代表大会上的报告》,人民出版社,2012,第17、39页。

体现在生态美和自然美的统一、"深绿色"理念与生态效益的统一、经济价值与生态价值的统一、经济系统与生态系统的统一。这四种统一集中表达了生态小康的特性。本节着重阐述生态小康的内涵、特征，阐明生态小康与全面小康社会的重要关系。

一 生态小康的内涵

社会主义生态文明建设的新时代指的就是生态小康时代，生态小康是全面小康社会的重要组成部分，从而突出了生态文明和生态效益在整个经济社会发展中的重要地位。生态小康不单指生态发展的情况和生态改善的程度，还指与实践相关的生态在经济社会发展中与社会协同发展的程度。正如恩格斯指出："当我们通过思维来考察自然界或人类历史或我们自己的精神活动的时候，首先呈现在我们眼前的，是一幅由种种联系和相互作用无穷无尽地交织起来的画面。"[1] 经济效益和生态效益是一个相互联系的统一体。生态小康不是生态或者人单方面的发展状态，而是人与自然相互发展的一种关系，一种协调关系，这种协调关系反映了人与自然的相互协调发展的过程。在认识和改造自然的过程中，人总是处于一定的社会发展阶段并结成一定的生产关系，与自然发生联系。不管是在人类社会发展的哪一个历史时期，人与自然的关系都离不开人与社会及人与自身的关系。生态小康在本质上说是从人、自然、社会协同发展的角度来处理人、自然、社会发展之间的问题和矛盾，使自然、社会在对立的基础上通过社会实践、社会发展和经济发展而达到相对统一，在相对统一中促进人、自然、社会的相互促进和互荣共生。所以，生态小康的本质表明，生态小康是人和生态的一种实践关系，一种协调关系，一种发展关系，是人、自然、社会协同发展的社会

---

[1] 《马克思恩格斯文集》第 9 卷，人民出版社，2009，第 23 页。

状态，是良好生产方式的表现，是生态生产力的发展，是建成全面小康社会的重要内容和发展方向。

二 生态小康的特征

1. 生态美和自然美的统一性

生态小康社会的标志是美丽中国，美丽中国的内涵就是生态美和自然美。生态美与自然美在表面上是相似的美，其背后隐藏的是人的不同的哲学思想和不同的生存观念。我们从传统的生态美与自然美的视角分析，从发展的缘起上看有对立的因素，随着人们生态意识的加强，传统的自然美日益受到质疑，两者的发展轨迹和发展过程日渐趋同，大自然的主体地位和本质面目日益得到尊重。生态美和自然美都是一种客观存在，都在于自然事物本身。它们的关系是：生态美和自然美都会影响人类的生活质量。从生活视角分析，生态美影响人的整体生活质量，影响人们的生存环境；自然美影响人的外在感观的精神快乐。自然美既有自然的属性，也与人的社会历史密切相关。从人和自然的视角分析，生态美和自然美都和人的视角有关，都发挥了人的主观能动性。从人与自然的关系入手，两者的结果是不一样的。生态美是一种宏观大气的美，清除人的私欲和外部性，承载自然万物的和谐，是人与自然的和谐发展，协调发展，共生发展。自然美使自然成为人化的自然，为人所用，为人所承载，人化的自然就成为人的生活的一部分，成了人的对象化的自然[1]。

2. "深绿色"理念与生态效益的统一性

"深绿色"理念是在生态危机日益严重的时代背景下，在反思现代工业文明造成的人与自然相对立的矛盾的基础上提出的一种发展

---

[1] 阎丽杰：《论生态美与自然美的关系》，《湖南社会科学》2013 年第 6 期。

理念。"深绿色"理念倡导经济的科学发展和生态发展，以生态学规律为基础，以生态价值观为指导，坚持从物质、制度和思想观念三个层面进行改变，构建资源节约型和环境友好型社会。"深绿色"理念从生态整体主义出发，要求我们对经济发展与环境保护进行整合性思考，并且认为环境问题和生态效益问题已经从社会的边缘问题上升为社会的中心问题。提高生态效益，创造生态文明，需要解决环境问题，需要进行一场划时代的环境革命，人类应该通过这场环境革命来改变和提升自己的命运。因此，"深绿色"的发展理念要求进行生态效益和生态文明建设，必须从物质层面、体制层面、价值层面实行全方位的变革。在物质层面，"深绿色"理念呼吁对现有的物质生存以及物质客体和技术手段进行变革；在体制层面，生态效益和生态文明需要进入政治结构、法律结构和经济结构之中，使得生态效益和环境保护制度化；在价值层面，"深绿色"理念要求人类的价值观念在善待自然、善待后代和善待贫困的关系上发生革命性的变化，进行生态性的变革。

3. 经济价值与生态价值的统一性

经济价值是指经济效益的提升、经济目标的实现，是经济指标等效益、效率及其财富的集中表达和利益的集中反映。生态价值是指生态环境、生态能源、生态产业、生态产品、生态流域、生态区域、生态资源的集合所产生的内在价值以及外在价值。经济价值与生态价值既有矛盾的一面又有统一的一面。不能为追求经济效益和经济利益而破坏生态环境，损害优质的生产和生活环境。经济价值与生态价值的统一性表现在：经济发展的规模应保持在生态系统可持续提供的能力下，如光合作用、气候维持、紫外线过滤、废物再生、空气与水的净化等服务的能力之下。生态价值要求通过重新分配和利用资源这种质的改进而非资源流量的增加来实现经济增长，从而实现生态经济增长方式由不可持续向可持续性转变，由粗放型向集约型转变，由经济结构失衡型向生态结构均衡型转变，由高碳经济型向低碳经济型转变，由忽视环境型向环境友好型转变；同时，推动生态政策的转变。

4. 经济系统与生态系统的统一性

经济系统是指生产发展、生活消费、利益分配、物质流、资金流、信息流系统。生态系统是指生态区域、生态流域、生态产品和生态产业的概括和集合。经济系统与生态系统的统一性表现为：经济活动是生态系统的一个物理子系统。一个子系统不能超越它置身于其中的母系统的发展。生态系统理论坚持认为，经济与人口、资源、环境等诸要素之间存在普遍的共生关系，表现为一个"社会—经济—自然"的人与自然相互依存、共生的复合生态系统，一种相互提供的依存关系。如果有些经济服务子系统自身无法提供，必须依靠母系统提供，那么它就应该避免扩张到与母系统发生冲突的程度，否则就会破坏和削弱母系统继续提供服务的能力。是否把人类经济活动当成整个复合生态系统的开放子系统，是划分传统经济思想和生态经济思想的基本标志。美国著名生态经济学家赫尔曼·戴利（Herman Daly）在《超越增长——可持续发展的经济学》一书中指出，传统发展观的根本错误在于，它的核心理念和分析观念把经济看成不依赖外部环境的孤立系统，因而是可以无限制增长的。他提出了"把经济看成生态系统的子系统"的这一新理论，并且他将这一理论作为可持续发展的核心理念。由于经济系统是生态系统的一个子系统，当增长导致经济不断将母系统中更大的一部分合并到经济自身时，它的经济行为必然同母系统的生态行为越来越近，以表现经济系统与生态系统协调配套的系统发展。

第二节 "两型社会"是生态小康社会的体现

2005 年 10 月,党的十六届五中全会首次提出加快建设资源节约型和环境友好型社会(简称"两型社会")。2007 年 12 月,湖南省长株潭城市群和湖北省武汉城市圈被国务院正式批准为"两型社会"建设试验区。从构思的提出过渡到决策的实施,再到两地的实践探索,彰显了"两型社会"建设的重要性与紧迫性。"两型社会"是生态小康社会的状态表达,它所追求的生态小康社会的发展目标,是人类社会发展的高级形态。

一 资源节约是生态小康的永恒主题

节约是一个古老而又全新的概念。根据有关辞书的解释,节约就是节俭、节省。节约就是把不当用的财物节省下来。概括起来我国古代所说的节约基本是从消费领域立论的,主要指财物的节省;现代指的节约,范围要广泛一些,它既包括了消费领域的节约,也包括了生产领域的节约。节约的对象包括了人、财、物。所谓资源节约,就是以少的资源投入,通过经济与技术手段,获取更大的资源利用效率;或者说,以有效的资源配置生产出更大价值的资源产品,获取更大的资源生态效益。

本书上一章分析了环境问题带来的诸多负面影响,尤其是导致的资源不足,一时不能用科学技术来弥补。只有大力发展生态经济和提升生态效益,才能逐步缓和资源供不应求的状况,为解决资源短缺打下基础,赢得时间。

人类为了生存,必须解决吃、喝、住等问题,即必须满足自身的需要。人的需要既是丰富的也是无限的。凡是现实的人,都会有需要,这是由人的本性决定的。人的这种需要是建立在生态环境有好的基础之上，良好的生态环境为人类的生存和发展创造了良好的环境条件。人类的物质需求只能通过转化物质才能实现，只能通过生态资源转化为资源生态效益来实现。地球上的物质资源都是有限的。在人类早期，地球上的人口极少，资源相对丰富，但当时由于生产力水平低下，人们转化自然资源的能力极其有限，能够满足人们实际需要的资源是有限的。随着人类社会的发展，人口的日益增加，人们转化资源的手段也日益先进，人们的需求也日益丰富，而许多资源都不能再生产，即使能够再生产的资源，也远远赶不上人们的需求，更何况由于人类的贪婪天性，只顾向大自然索取，不注意保护自然环境，这就使得人们需求无限性与资源有限性的矛盾更加突出[①]。这一点，我国唐代诗人白居易早已看到。他写道："天育物有时，地生财有限，而人之欲无极。以有时有限奉无极之欲，而法制不生其间，则必物暴殄而财乏用矣。"白居易在这里所说的"制"就是指的要从制度上限制浪费，实现资源的有效节约，发挥资源的生态效益。

资源节约型社会要求人们在行为方式上厉行节约，包括生产行为的生态化节约、流通领域行为的生态化节约、分配领域行为的生态化节约、消费领域行为的生态化节约。要采取综合性生态化措施，如生态化生活方式、生态化交往方式、生态化行为方式、生态化情感方式、生态化生产方式、生态化消费方式，最大限度地减少资源消耗，从而保障社会经济的可持续发展。

二　环境友好是生态小康的社会状态

"两型社会"作为一种生态小康的社会形态，它遵循科学发展，遵循自然环境规律，以构建资源节约型和环境友好型社会形态为最

---

① 黄铁苗：《节约是经济实践的永恒主题》，《当代经济研究》2002 年第 12 期。

终目标，以环境清洁、优美、舒适、经济、生态协调，持久发展的环境友好型社会为基础。我们所描绘的环境友好型社会是一种人与自然和谐共生的社会形态。其生态核心内涵及其本质在于人类的生产和消费活动与自然生态系统维持协调、可持续发展。在生态系统和经济系统的统一体中，立足于人与自然和谐，综合运用环境友好的技术、经济、管理等多种综合性措施，形成资源消耗少、资源和能源利用率高、废弃物排放少的生产和消费体系，使人类有能力对自然的开发和利用控制在生态、环境可自我更新的范围之内。就生态小康与"两型社会"的关系来说，两者都以人与自然和谐相处为目标、以环境所能承载的经济能力为基础。两者都是以遵循自然客观发展规律为核心，以生态科学技术为动力，坚持保护优先，有序开发，合理划分效益与功能，倡导环境文化与生态文明相结合、相协调。其基本要求是经济社会发展不得以浪费资源为代价。

生态小康与"两型社会""资源节约型"和"环境友好型"相辅相成，相互影响，相互促进，形成生态系统和经济社会系统相互协调发展，注重节约生态资源和经济资源，维持和发展人与环境的和谐关系。而环境友好型理念则是建立在资源节约的实践上。只有深刻领悟了这一理念，才有可能真正做到节约资源，节约能源，自觉改善人与环境的关系。生态小康社会的构建以转变人们的消费方式和经济发展方式为核心，把经济运行过程与资源利用过程、生态环境保护过程、社会运转过程紧密结合，实现经济社会的可持续发展。也只有建设好了生态小康社会和"两型社会"，才能为我国实现全面小康，实现人与自然和谐发展，并最终实现人的全面发展和自由解放提供条件。

第三节　生态小康与资源生态效益的创新发展

资源生态效益是经济形态上的创新，是经济发展方式上的创新，沿袭了经济增长必须是速度与结构、效益相统一的观点，沿袭了既有高速度又有好效益的国民经济发展路子的观点，沿袭了实现生态可持续发展的系统理论，沿袭了把科技进步、提高劳动者素质与经济结构有机结合起来的观点。

一　在经济形态上的创新发展

生态小康社会和资源生态效益强调的是资源与人的和谐，人们能够充分有效地利用自然资源，发挥资源的最大效益。与生态小康相适应的经济形态，包括低碳经济形态、生活经济形态、绿色经济形态和循环经济形态。这类经济形态的发展必须与相应发展方式和思维方式相结合，才能有效解决我国资源存量相对不足与经济加速发展的矛盾。我国已查明石油储量仅占全球的1.8%，铁矿石不足全球的9%，天然气只占全球的0.7%，铜矿只占全球的5%，铝土矿不足全球的2%，且大多数矿产资源人均占有量不到世界平均水平的一半；矿产资源总回收率为60%，比先进国家低20%[①]。同时，我国无时无刻不在消耗有限的自然资源，打破原有的生态平衡，改变自身的生存环境。然而，地球自身资源再生及生态恢复的能力毕竟是有限的，传统的工业化生产和消费方式，使人类对资源的消耗速度和对生态系统的破坏，远远高于其再生和恢复的能力。这时候，人们迫于资源的压力，会追求一种新的经济，或者说一种新的经济形态，这就是绿色经济。而绿色经济是生态小康的经济形态表现。

---

① 孙文盛：《我国人均资源占有量低于世界平均水平》，《经济参考报》2007年4月24日。

1. 绿色经济是世界经济社会发展的大趋势

在当代，绿色经济之所以会引起人们的普遍关注和强调，有其必然性。随着市场经济关系在人们经济生活中占统治地位，世界经济才出现急剧上升的大发展，从根本上改善了人们的生活质量。但是，经济学原理告诉我们，取得这一切成就并不是没有代价的，人类社会的这种经济大发展是以对各种资源包括物质资源的大开发、大利用为前提的。在这一过程中，一方面一些资源本身具有自然再生能力，是本质绿色经济，比如森林；另一方面，在经济过程中一些新的资源也会不断地被人们发现和利用，如石油、天然气等。尽管如此，随着对物质资源大开发、大利用能力的增强，会使人类社会可用的物质资源不断地趋于偏少和紧张。正因为这样，我们看到，在 18 世纪之前，当人类对物质资源的开发利用还没有达到很大的规模时，人与自然之间的矛盾是不明显的，是相对和谐的；然而随着经济发展速度的加快，一方面世界经济的增长呈现出一种线性增长的模式，另一方面人类对自然资源的利用量也保持着一种近似线性增长的模式。这就逐渐使经济资源的可供量与经济发展所要求的自然资源的需求量之间，产生了不匹配的情况，使人与自然之间的关系明显不和谐。随着时间的推移，实践中经济发展所带来的负面影响已经越来越明显了，并对人类自身的生活质量和数量构成了严重威胁。特别是 20 世纪 50 年代以来，由于粮食短缺、能源危机、环境污染等问题相继出现，引发了人们对生活环境质量的忧虑，引发了人们对经济可持续发展问题的关注和思考，并促使人们对绿色经济高度关注和重视起来。因此，绿色经济在人类历史的长河中并不是一种偶然，而是当代世界各国经济社会发展到现阶段的必然趋势。

2. 绿色经济是转变经济增长方式的最佳表达

当我国工业化步入中后期的时候，我们必须看到，我国在持续多年的高增长率的背后，是触目惊心的高能耗、高物耗和对环境的高损害，对人体的高危害。影响我国绿色经济发展的因素很多。从土地来看，荒漠化面积占了总面积的 27.9%；从废水排放量来看，年废水排放量达 439.5 亿吨；从水质量来看，V 类水质达到 40.9%，3.6 亿农村人口喝不上达标的水。如此严重的生态环境严重地影响了资源生态效益的提升，影响生态和经济的可持续发展。实践证明，能源高消耗和资源紧张，倒逼我们选择一种新的经济发展方式和新的发展模式，打造新的经济形式，而绿色经济就是一种最佳表达[①]。

3. 绿色生态效益是经济效益与社会效益的升华

我国已经具备发展绿色经济的条件：一是已经具备了创建绿色经济的体制机制的条件。我国经过 30 多年的改革开放，已经初步建立了社会主义市场经济体制，以及比较完善的社会主义市场经济的机制，市场作用的发挥越来越充分。二是已具备了构建完整工业体系的科学技术水平。目前的绿色经济发展受到科学技术水平的限制，尤其是受企业成本效益比的限制，不能覆盖所有的生产和消费领域，但可以大大推动污染治理的积极性和深化污染治理的程度，逐步实现主动地、不要监管地"边污染，边治理"，从而缩短先污染的过程，降低先污染的危害，取得好的生态效益。三是已具备了创建绿色经济的社会管理水平。我国通过长株潭地区和武汉城市圈"两型社会"试验区的试点，已经初步掌握了创建绿色经济区和绿色经济城市的规律，并积累和取得了一些经验，具有绿色经济发展的社会管理水平，能够避免西方国家早期"边发展，边污染"的危害，开创出一条"低投入、高产出、高效益、少污染"的新路，实现经济效益与生态效益的统一。

由此可见，绿色经济本身就是可持续发展经济、生态经济、节

---

① 《赖小民：发展绿色经济是转变经济发展方式重要途径》，凤凰网，http://finance.ifeng.com/money/special/hrxj/20111010/4766539.shtml，最后访问日期：2014 年 6 月 24 日。

约型经济。绿色生态效益是经济效益与社会效益的升华，因而它符合我们时代的主题，即符合科学发展观的要求，符合人与自然相协调的要求，符合资源节约型社会的要求，也符合构建社会主义和谐社会的要求。正因为如此，绿色经济已经成为我国经济发展中一种新型的经济形态，一种经济的发展方向，一条现代化建设的道路。

二　经济发展方式的创新发展

1. 经济发展方式的本质内涵

党的十四届五中全会强调指出，要实现"经济增长方式由粗放型向集约型转变"[①]。于是，我国一些学者根据当今经济发展的实践认为，外延与内涵、粗放与集约，这两对概念并不是完全一样的，虽然没有本质的区别，但在现实经济中是有差别的，应当加以区别。对此，有的学者认为，"集约经营"和"粗放经营"，不同于马克思扩大再生产理论中的内涵扩大再生产和外延扩大再生产。最重要的区别是，不论是集约经营还是粗放经营，都是针对全部投入要素而言，而不是仅仅针对某一种生产要素而言的。此外，有些学者还根据我国经济运行过程中的问题提出了一些新概念，如速度型与效益型、数量型与质量型、资源型与节约型等。通过对这些概念含义上的比较可以看出，除在某些方面有交叉之外，还有新的内涵，这些新内涵对于分析我国经济增长的情况是很有针对性的。

从 20 世纪 90 年代中期以来，我国经济学界一直在探讨经济增长方式问题，对它的本质内涵进行解释，具有代表性的观点至少有五种：一是从外延型为主向内涵型为主转变，二是从粗放型向集约型转变，三是从数量型向质量型转变，四是从质量型向效益型转变，

---

① 中共中央文献研究室编《十四大以来重要文献选编》（下卷），人民出版社，1999，第 2495 页。

五是外延的粗放型向内涵的集约型转变。通过对这五种转变的分析，学术界得出了两种意见。

第一种意见认为，从粗放型向集约型转变，从外延型向内涵型转变，着眼于生产要素的分配和使用，因而可以较为准确地反映经济增长方式的本质要求。第二种意见认为，区分为外延型和内涵型、粗放型和集约型，这些提法没有本质上的区别，我们应当统一使用党的十四届五中全会的提法，即实现经济增长方式由粗放型向集约型转变。

在笔者看来，上述两种意见大同小异，在理论界无原则性分歧，只是在实践上按照不同情况要协调好。转变经济增长方式、提高经济效益的问题已得到党和国家高度重视，并多次写入党和国家的重要文件里。例如，国务院发布的《中国 21 世纪议程——中国 21 世纪人口、环境与发展白皮书》指出："目前，中国的经济发展基本上仍然沿袭着大量消耗资源能源和粗放经营为主的传统发展模式，不仅造成对生态环境的极大损害，而且使经济增长本身难以持续。"这就表明我们党、国家和政府，要求改善生态环境以及经济发展模式方面存在的根本弊端，转向集约型经济增长方式与经济发展模式。可见，有关"粗放经营"、"集约经营"、增长方式与发展模式转变观念的提出和理论的形成，不仅是对马克思扩大再生产理论的继承和发展，而且是对马克思生态经济可持续性发展思想的继承和发展，而资源生态效益观点正是沿袭了这一理论。

2. 生态小康体现了经济发展方式上的创新

（1）生态小康要求经济增长必须具备速度与结构、效益相统一的观点。资源生态效益这一理论的立足点有二：一是强调从资源生态效益的视角讲求资源、速度、结构、效益的辩证统一。合理利用资源，以少的资源耗费创造一定的经济发展速度；追求资源的合理利用，调整不合理的经济结构；从资源综观效益的视角，强调经济效益和生态效益相统一。二是资源生态效益以社会全面进步为立足点。社会的全面进步不仅体现在经济结构上，而且体现在经济效益、社会效益、生态效益、环境效益上，不仅体现在物质文明上，而且体现在精神文明和生态文明上。

（2）要实现经济增长方式的转变，关键在于走出一条既有高速度又有较好效益的国民经济发展的新路子。早在 2000 年 12 月，国务院在《全国生态环境保护纲要》中就强调指出："改变粗放生产经营方式，走生态经济型发展道路，对已经破坏的重要生态系统，尽快遏制生态环境恶化趋势。"① 对于国民经济发展方式的转变，胡锦涛同志在党的十八大报告中再一次作了全面深刻的论述："以科学发展为主题，以加快转变经济发展方式为主线，是关系我国发展全局的战略抉择。""使经济发展更多依靠内需特别是消费需求拉动，更多依靠现代服务业和战略性新兴产业带动，更多依靠科技进步、劳动者素质提高、管理创新驱动，更多依靠节约资源和循环经济推动，更多依靠城乡区域发展协调互动，不断增强长期发展后劲。"② 也就是说，今后国民经济的发展要走一条经济效益、社会效益和生态效益相统一的生态小康发展之路。

用资源生态效益新的观点来看，以上论述有着丰富的内涵：一是人们在考虑自然资源时，不仅要把它视为可利用的资源，而且要把它视为需要维持良性运行的生态系统。二是在考虑科学技术时，不仅要考虑其对自然的开发能力，而且要充分考虑到它对生态系统的维系和修复能力，使之成为有益于环境的技术。三是在考虑人自身的发展时，要考虑人对自然的改造能力，更要重视人与自然和谐相处的能力，以促进人的全面发展。四是在考虑资源生态效益时，

---

① 《全国生态环境保护纲要》，《人民日报》2000 年 12 月 22 日，第 5 版。
② 胡锦涛：《坚定不移沿着中国特色社会主义道路前进　为全面建成小康社会而奋斗——在中国共产党第十八次全国代表大会上的报告》，人民出版社，2012，第 20 页。

要强调经济效益、社会效益和生态效益的共同提高，协调发展。

（3）资源生态效益沿袭了转变经济增长方式是实现生态可持续发展的系统论观点。我们党和国家近几届领导人，都不同程度地从理论上批判了粗放型经济增长方式与传统经济发展模式的弊端和危害，指明了它是造成环境污染与生态破坏的根本原因，从而成为实现可持续发展的严重阻碍。因此，不能再走过去那种高投入、高消耗、高污染、低效益的增长方式，这样不仅浪费资源，污染环境，最后危及民族生存与发展。那么，出路在哪里？就是走实现生态可持续发展之路——在经济发展方式和社会建设的关系上，要彻底转变粗放型的经济增长方式，使经济增长建立在提高人口素质、高效利用资源、减少环境污染、注重质量效益的基础上，努力建设资源节约型、环境友好型社会。

资源生态效益在实现生态经济可持续发展新的经济发展观中的体现如下：一是资源生态效益是对经济效益在质上的升华，强调的是经济发展和生态发展的质量。这是生态效益观的根本立足点，是它的本质内涵。二是一切经济活动要在生态效益的范围内进行。超过资源承载能力的经济发展就不是可持续发展。我们不能再像传统的思维那样，仅仅考虑有效需求问题。按照生态效益论的观点，只有在资源承载能力之内的经济效益才能体现真正的生态效益，才能使生态系统平衡发展。三是在生态效益上发展经济，就要求人们必须按照清洁生产和环保要求来从事生产。也就是说，要在生产的源头和过程中充分利用资源，使每个企业在生产过程中少投入，少排放，高利用，以达到废弃物最小化、资源化、无害化。用生态链条，把工业与农业、生产与消费、城区与郊区、行业与行业有机结合起来，从而实现可持续生产，逐步建成资源节约型社会。

（4）资源生态效益沿袭了转变经济增长方式与科技进步协调发展的思路。一是从资源综观视角来看，社会经济和生态经济都是由人、自然资源和科学技术等要素构成的大系统。这就要求人类在生产和消费时，不能把自身置于这个大系统之外，而是应将自己作为这个大系统的一部分，来研究符合客观规律的经济原则。二是要从资源综观经济的大系统出发，对物质转化的全过程采取战略性、综合性、预防性措施，降低经济活动对资源环境的过度使用及对人类所造成的负面影响，使人类经济社会与自然生态发展更好地联合起来，实现区域的物质流、能量流、资金流的系统优化配置，这是资源生态效益的根本要求，也是资源效益博弈的实质所在①。因此，只有采用新的生产技术替代旧技术，寻找和形成新的共生链接技术以及废旧资源利用技术，实现"零排放"技术，才能最终支撑生态经济的形成和发展。生态经济不再是传统的低水平物质循环利用方式下的经济，因而要求人们必须在支撑技术体系上下功夫，见成效。

综上所述，资源生态效益理论架构是建立在马克思主义生态经济学基础之上，彰显出马克思主义经济学应当是研究人的发展的科学，用今天的话来说，就是"以人为本"的经济学。资源生态效益的概念确证了人的解放与自由全面发展的理论客观性和实践合理性，表示对人的生存和发展条件的关注，把它作为研究经济运行与发展的出发点与终极目的。我们用"以生态为本"的综观生态效益确证了自然的解放与多样性而高度发展的理论合理性与实践合理性，表示对自然生态利益的关注，对人的生存环境的关注。这种资源生态效益也正是生态马克思主义的最新价值与最高原则的具体体现，这种价值和原则为资源生态效益理论奠定了最终合法性和科学性的基础。

三 小结

资源生态效益理论围绕人的解放与发展之间相互关系这个中心，

---

① 黄铁苗：《节约是经济实践的永恒主题》，《当代经济研究》2002 年第 12 期。

研究人的可持续生存发展问题同自然的可持续生存与发展问题之间的矛盾运动，及其过程中发生的生态经济问题和所体现的生态经济关系这个主题，阐明产生它们的生态经济社会原因及其解决办法的理论原则，从而提出人的解放与发展和自然的解放与发展有机统一运动的发展规律，旨在协调人的可持续生存与自由而全面发展的经济活动，同自然的可持续生存与多样性高度发展深化的发展关系，进而寻求实现经济社会与生态自然"双赢"的发展目标。

第四节　构建生态小康社会的路径选择

本节在前面分析生态小康的内涵及特征、"两型社会"的生态小康体现，以及生态小康与资源生态效益的创新发展的基础上，提出构建生态小康社会的基本路径选择。下面从空间开发格局、资源利用方式、环境空气质量和体制机制创新几个方面加以简单说明。

一　不断优化空间生态开发格局

其基本战略如下：一是坚定不移地实施生态主体功能区战略。严格按照主体功能区定位推动生态主体经济发展，完善与生态效益相适应的生态流域、生态区域、生态主体功能区的法规和政策。二是大力提高城镇化集约智能绿色低碳水平。城镇是消耗能源资源、排放温室气体的主体。因此，实行严格的用地、用水、用能等资源节约管理，加强环境污染防治，发展低碳能源、低碳资源、低碳产业、低碳产品，是智能绿色低碳水平提升的重要因素。三是积极推进建设海洋强国。中国是一个陆地大国，又是一个海洋大国，实际管辖海域约为 300 万平方公里。因此，保护海洋、建设海洋强国是生态小康社会的重要组成部分，这不仅涉及我国发展空间，也涉及国家战略安全。

二　加快资源利用方式的转变

节约资源是保护生态环境的根本之策。提高资源生态效益，建设生态强国，必须在全社会、全领域、全过程都加强节约，采取有力措施，切实降低能源资源消耗程度。其主要路径如下：一是实施最严格的水资源管理制度，大力发展节水农业，着力提高工业用水生态效率和循环经济效益，重点推进高用水行业的生态改造，积极推进污水资源化处理，提高再生水利用水平。二是矿产资源的节约利用。目前的矿产资源回收利用比国际先进水平低 20 个百分点左右。要竭尽全力采用先进技术选矿冶炼、废弃尾矿利用过程的激励约束机制，倡导生态政策，促进低碳经济和生态经济的发展，引导所有环节的生产企业自觉节约利用各种资源，进一步提高生态开采回采率、选矿回收率、综合利用率，切实提高废弃物的资源化水平。三是土地节约集约利用。众所周知，我国依靠占世界 7% 的耕地养活了世界 22% 的人口；人均耕地资源严重不足，必须死守 18 亿亩的耕地红线，有效集约利用，充分发挥土地资源的生态效益。发展和利用土地资源，必须严格按照控制总量、严控增量、盘活存量的原则，推进土地节约集约利用，以发挥国土的生产效益；进一步盘活存量建设用地，加大力度清理闲置土地，强化用地节地责任考核，切实做到节约每一寸土地。

三　切实提高环境空气质量

空气环境质量是实现资源生态效益的重要条件，是生态经济发展和低碳经济发展的重要内容和目标。空气环境质量优化，是人类获得优质的生存条件和实现人的全面发展的重要前提条件。因此，加大区域环境治理力度，是各级政府和各种经济实体义不容辞的责任。2012 年，我国已全面实施新的环境空气质量标准，增设了细颗粒物平均浓度限值等，此举深受人民群众欢迎。如何大力改善环境空气质量，提高人民群众生活品质？要综合利用目前国内外对大气污染物的防治措施：严格执行大气污染物总量控制制度，即"控增量"；强化工业企业及建筑扬尘的治理监管，即"管存量"；全力推进能源结构调整，即"调能源"；全力推进机动车大气污染防治，即"治尾气"；加强城镇绿化及"生态带"的建设，即"增绿化"；等等。

四 创新生态小康建设的体制机制

良好的体制机制是建设生态小康社会的重要条件，而不良的体制机制构成了生态小康发展的"隐性障碍"和"显性障碍"，其表现为生态思维方式的落后、生态的生产方式落后、生态的消费方式落后、生态的发展体制不适应生态环境生产力提升的客观要求，以及不适应科学发展的要求，以至于现行的体制机制构成了影响资源生态效益提升的"隐性障碍"因素和"显性障碍"因素。这就需要建立完善一系列现代体制机制，包括完善的产权制度、完善的生态流域管理制度、完善的区域生态管理制度、生态效益指标考核制度，形成有效的市场运行机制和碳汇交易机制。

第五章

资源生态效益与节能减排

自从第一次工业革命以来，人类对自然资源进行大规模、高强度的开发利用和无限索取，虽然创造了前所未有的物质财富和社会繁荣，创造了灿烂的工业文明，但同时也给人类带来了困顿与反思，带来了自人类有史以来最为严重的人与自然的矛盾与冲突。特别是面对资源日趋匮乏、环境日渐恶化、生态系统不断退化的严峻形势，我们必须回应生态文明建设的时代呼唤，响应党的号召，尽快行动起来，全面深入地理解和执行节能减排发展战略，为建设美丽中国，实现中华民族的永续发展作出贡献。可以说，节能减排已经成为实现资源生态效益博弈的核心，是保持我国国民经济持续、稳定发展的重要战略举措。

第一节　节能减排的重要性和紧迫性

节能减排是现阶段我国经济发展和能源战略最主要的部分，也是国民经济又好又快发展的内在要求，还是转变经济发展方式的重要举措。《国民经济和社会发展第十一个五年规划纲要》明确提出，"十一五"期间单位国内生产总值能耗降低 20% 左右，主要污染物排放总量减少 10% 。据此，各相关企业围绕节能、节材、节水、节地和污染物排放等总体要求，进一步增强了节约资源和保护环境的意识，建立健全组织体系和管理体系，落实节能减排的经验，开展生产经营业务，使其能耗、水耗、污染物的排放等指标不断达标。

一　节能减排的重要性

1. 节能减排是中国经济发展的内在要求

中国经济发展具有其内在质的规定性和量的规定性。改革开放 30 多年后，我国下一步经济的发展是继续走靠拼资源、高能耗、高资源、高污染之路，还是走合理利用自然资源、低投入、低排放、低污染、高产出之路，是衡量经济发展方式是否转变的重要标准，也是衡量生态效益高低的重要标准。我国拥有庞大的人口基数，能源消费量巨大，当前的城市化和工业化进程又使得我国能源需求量呈刚性增长，如何兼顾增长和节约成为我国在经济可持续发展方面需要解决的重要问题。据《中华人民共和国 2013 年国民经济和社会发展统计公报》，2013 年我国能源消费总量为 37.5 亿吨标准煤，比上年增长 3.7% ；原油消费量增长 3.4% ；天然气消费量增长 13% ；电力消费量增长 7.5% ；全国万元国内生产总值能耗下降 3.7% 。因此，必须切实改变长期以来形成的以近期利益为重的高碳发展，以个体利益为重的高碳低水平发展，以牺牲生态环境为代价的粗放式发展和超越发展；坚持节能减排就是为了实现低碳经济和生态经济发展，经济由粗放发展向集约发展，由单纯经济效益向社会效益、生态效益并存发展①。

2. 节能减排是提高人们生活质量的内在要求

人们生活质量的高低取决于生态环境的优劣，而生态环境的优

---

① 《国务院关于印发节能减排"十二五"规划的通知》（国发〔2012〕40 号），2012 年 8 月 6 日。

劣在于节能减排水平的高低，也就是说，整体的节能减排水平提高，就能为人们提供优雅的生态环境。这是因为，环境负的外部性要通过正的内部性来解决，正的内部性的程度和水平决定着负的外部性的程度和水平。人们的生态思维方式转变了，就会产生正的内部性的能量，人们生活质量水平的提高依赖于生态环境的改善和节能减排水平的提高。近年来，由于人类过多使用高碳能源，导致环境恶劣，像地震、海啸、泥石流、高温干旱、沙尘暴、强台风等给人类生活带来严重灾害。为了实现人类与自然和谐共生的生存目标，我们必须改变现有的生活方式，节约能源，保护生态，迎接低碳时代的到来。

3. 节能减排是投入要素发挥作用的内在要求

投入要素包括人力资本、金融资本、原材料要素等。节能减排要求原材料及中间产品的投入是符合低碳标准的，只有这种中间产品的低碳化，才能最终生产出符合节能减排要求的产品。因此，国家必须加大中央预算内投资和中央节能减排专项资金的支持力度，支持企业实施节能减排项目；地方各级人民政府也要进一步加大对节能减排的投入，创新投入机制，发挥多层次资本市场融资功能，多渠道引导企业、社会资金积极投入节能减排；支持各行业重点企业的节能改造项目；完善财政补贴方式和资金管理办法，强化财政资金的安全性和有效性，提高财政资金的使用效率。

综上所述，节能减排具有多方博弈的效应。中国老百姓、学者、政策制定者，以及企业（在较小的程度上）关注资源生态效益，集中地反映在2012年国务院印发的关于节能减排的"十二五"规划中，强调了节能减排对我国经济发展方式转变的重要性，不仅要求从投入驱动型经济增长转向生产率驱动型经济增长，还对节能减排提出了硬性约束标准，成为经济发展的"基本决策"依据。

二　节能减排问题的紧迫性

1. 能源和环境问题的出现

1973 年以来，三次国际能源危机相继爆发，每一次都导致世界经济的严重衰退。特别是 2005 年以来，国际石油价格的持续上涨对各国经济发展造成了广泛而深远的影响。同时，对资源的过度开发和滥用又带来了环境污染和全球气候变暖等一系列环境问题，带来了生态经济发展和资源生态效益提升的负面效应问题。在此背景下，人们开始认识到能源和环境问题对经济发展和资源生态效益的重要性，相关研究文献也开始大量涌现。

2. 高能耗和高排放的确认

中国经济发展的实践证明，工业的高增长是以高能耗和高污染排放为代价的，这种高碳型经济直接构成了工业产品的高碳成本，导致的结果是能源成本大幅度提高，资源数量急剧减少，环境质量急剧恶化，而如何影响以及程度如何则离不开深入的研究和分析。这种碳能源结构和以重化工业为主的工业结构给生态经济发展和人民生活质量的提高带来了严重的障碍。通过前面的分析我们看到，中国政府已经深刻地认识到节能减排对经济持续健康发展的重大意义，并着手采取强硬措施改变这种状况。自 20 世纪 90 年代中后期以来，中国就开始着手关闭大量的小煤矿、小火电等企业，淘汰水泥、钢铁等行业的落后产能，各地大力兴建城市污水厂，太阳能、风能、核电蓬勃发展，加快社会主义新农村建设等。此外，还着手构建碳汇交易市场，围绕碳减排的"增量"和"排量"展开博弈和交换——这涉及非常复杂的专业技术问题和生态价值问题，需要通过碳技术和生态技术的综合运用才可能得以实现。同时，碳信用指标和碳信用额的交易又是一种财产关系和利益关系的转移，不仅仅是一种碳量的确认，还是一种权属的确认，是一种占有权、经营权和使用权的确认。

第二节 能源资源现状与生态效益分析

从能源资源方面来看，我国是世界上能源资源丰富的国家之一，储量丰富，分布广泛，质量较好，勘探开发条件也不差。这为能源可持续发展战略提供了重要的物质基础，为国民经济的又好又快发展提供了不竭的动力支撑。但是，从品种或品位以及人均等因素分析，中国不仅是一个能源资源贫国，还是一个能源资源的消费大国和生态弱国。这就决定了我们必须高效利用能源资源，实现低排放和资源生态效益。

一 能源资源的储量为生态效益创造条件

1. 煤炭的储量与分布

我国煤炭的蕴藏量十分丰富，但人均占有量不多，资源分布不均衡，具有既广泛又集中的特点。煤炭资源分布不均衡，在全国2300多县市中1458个有煤炭储存。但是，90%的储量分布在秦岭—淮河以北地区，尤其是晋陕蒙3个省区，占全国总量的63.5%。从东西方向看，煤炭资源比较贫乏的大区中有相对较富的省份，如东北地区的黑龙江、华东地区的安徽，华中地区的河南；从各省探明的储量看，超过1000亿吨的有山西、陕西、内蒙古；200亿～1000亿吨的有新疆、贵州、宁夏、安徽、云南和河南6个省区，占全国的25.3%[①]。

第二次全国煤田预测的总资源量为50592亿吨。埋深1000米内

---

① 《中国煤炭资源储量及分布》，豆丁网，http://www.docin.com/p - 755052147.html，最后访问日期：2014年6月24日。

的为 26704 亿吨，占 52.8%。1995 年来，经勘探计算的保有量为 10008 亿吨，如果按每年开采 20 亿吨，开采率按 50% 计（与西方发达国家有较大距离），可开采 250 年，若每年开采 30 亿吨，也可开采 166 年[1]。

由于长期以来地质勘探费用不足，造成勘探程度低，目前中国可供开发利用的煤炭精查储量严重不足。在现有精查储量中，生产矿井和在建矿井已占 68.37%，尚未利用的占 31.63%，扣除交通不便，开采条件很差，受地下水威胁和需要补充勘探等因素暂不能利用，以及只能供地方小矿开采的以外，可供建设的重点煤矿的储量只有 220 多亿吨[2]。

目前我国煤炭探明可采储量居于世界第三位：美国占 25%、原苏联地区占 23%、中国占 12%。但是，人均占有资源量和矿井可采储量却远不及世界平均水平，世界人均煤炭资源占有量为 2786 吨，我国为 1913 吨；世界人均煤炭真实储量为 435 吨，而我国仅为 103 吨；世界人均可采储量为 173 吨，而我国仅为 52 吨[3]。

2. 油气资源的储量与分布

1994 年底全国 152 个盆地和地区的第二次油气资源评价结果显示，全国总油气当量为 1320 亿吨，油气总量比为 1 : 4。到 1998 年，在中国 31 个省份中，已有 24 个发现了油气资源。到 2004 年，累计探明石油地质储量为 248 亿吨，可采量为 67.3 亿吨，天然气地质资源量为 35 万亿立方米，可采资源量为 22 万亿立方米；到 2011 年底，中国剩余的石油可采储量为 32.4 亿吨，天然气为 4.02 万亿立方米。

---

[1] 《中国煤炭资源储量及分布》，豆丁网，http：//www.docin.com/p - 755052147.html，最后访问日期：2014 年 6 月 24 日。

[2] 《中国煤炭资源储量及分布》，豆丁网，http：//www.docin.com/p - 755052147.html，最后访问日期：2014 年 6 月 24 日。

[3] 《中国煤炭资源储量及分布》，豆丁网，http：//www.docin.com/p - 755052147.html，最后访问日期：2014 年 6 月 24 日。

据国务院办公厅 2012 年发布的《能源发展"十二五"规划》显示，我国油气人均剩余可采储量仅为世界平均水平的 6%，石油年产量仅能维持在 2 亿吨左右，常规天然气新增产量仅能满足新增需求的30% 左右。天然气资源主要分布在中国的中部和西部，中、西部资源之和占陆上天然气总资源的 76.7%；2001～2010 年预测新增天然气探明储量为 15350 亿～19000 亿立方米，最可能实现值为 16000 亿立方米；要加快塔里木、鄂尔多斯、柴达木和四川盆地天然气的开发。下一步还要加强我国海域油气资源的勘探和开发，以南海为主，其次为东海。

从全球来看，据第 14 届世界石油大会资料，全球石油资源量为3113 万亿吨，其中一半左右为探明可采储量，石油探明储量最多的国家都在中东地区，首位是沙特阿拉伯，其探明储量占世界总储量的 1/4 以上；其次是伊拉克、科威特、阿联酋和伊朗，分别占世界总储量的 9.84%、9.62%、9.18% 和 8.68%。与石油相比，世界天然气资源的保证程度更高一些，每年勘探储量的增加都高于消费的增长，中东地区天然气的可采年限高达 305 年，而西半球（包括北美、中南美）的可采年限为 18 年[①]。

二 资源困境对资源生态效益的制约

1. 资源供求矛盾突出

20 世纪 90 年代以来，我国已成为资源进口大国。据国际能源署发布的《世界能源展望 2011》报告预测，在 2035 年的时候中国将占到全球能源需求的 50% 以上，同年中国将超过美国和欧盟成为世界上最大的石油消耗国，这就意味着中国每天将进口 1200 万桶石油。

[①] 沈镭：《美伊战争对世界及亚太地区石油市场的影响与合作情景》，《中国矿业》2003年第 10 期。

尽管如此，中国的人均能源消费也不到美国的一半。当前，我国正处于工业化发展的关键时期，能源供求矛盾更加突出。

客观地说，中国经济快速增长是导致能源出现紧缺的根本原因。目前中国已进入重工业化时代，石化、冶金等高耗能行业快速增长，经济结构超重，第二产业的发展速度高于其他产业，作为能源消耗大户的重化工产业加速发展，高能耗产品生产出现过热，加剧了能源短缺的局面。随着中国经济的快速发展，今后的能源缺口会逐年增大。以电力行业为例，据统计数据显示，早在 2000 年全国就有 21 个省份出现不同程度的拉闸限电；进入 2004 年，电力紧张的状况并没有改善，2004 年中国有 24 个省份拉闸限电；2008 年世界经济危机后，国家加大电力投资力度，使装机容量迅速增长，产能不足现象得到缓解。2013 年末全国发电装机容量达 124738 万千瓦，比上年增长 9.3%。其中，火电装机容量达 86238 万千瓦，增长 5.7%；水电装机容量达 28002 万千瓦，增长 12.3%；核电装机容量达 1461 万千瓦，增长 16.2%；并网风电装机容量达 7548 万千瓦，增长 24.5%；并网太阳能发电装机容量达 1479 万千瓦，增长 3.4 倍。能源专家指出，大部分发达国家在人均国内生产总值为 3000~10000 美元的阶段经历了人均能源消费量快速增长和能源结构快速变化（石油需求比例上升）的过程，中国正向着小康目标迈进，未来 20 年中国依然面临严峻的能源问题。

2. 能源效率低，浪费现象严重

"十一五"期间，我们国家国内生产总值年均增长 11.2%，能源消费年均增长 6.6%，能源消费的弹性系数有比较大的回落，在"十五"期间弹性系数还在 1.04 以上，到了"十一五"降到了 0.59，单位国内生产总值能耗也在实际下降。但是，目前我国单位国内生产总值能耗是世界平均水平 2.5 倍，美国的 3.3 倍，也高于巴西、墨西哥等发展中国家。能源利用率低主要表现在两个方面：

一是单位产品能耗高。2007 年我国电力、钢铁、有色、石化、建材、化工、轻工、纺织 8 个行业主要产品单位能耗平均比国际先进水平高 40%，如火电供电煤耗高 22.5%，大中型钢铁企业吨钢可比能耗高 21.4%，铜冶炼综合能耗高 65%，水泥综合能耗高 45.3%，大型合成氨综合能耗高 31.2%，纸和底板综合能耗高 120%。二是单位产值能耗高。我国的单位产值能耗是世界上较高的国家之一，2012 年我国单位产值能耗是日本的 7.45 倍、印度的 1.32 倍、世界平均水平的 3.25 倍[1]。

长期以来，中国经济粗放经营，造成能源效率低和经济效益差。目前，能源效率约为 29%，比世界先进水平约低 10 个百分点；终端利用效率约为 41%，比世界先进水平低 10 个百分点以上。我国能源系统的总效率非常低，只有 9.3%，也就是说，每天采 100 吨能源储量，变成终端能用的不到 10 吨。我国在能源的开发、转换、利用过程中损失和浪费严重，工业创造单位国民生产总值所需的能源大大高于发达国家，大约是美国的 5 倍、日本的 9 倍。我国吨钢的能耗为 1034 公斤标准煤，是国际先进水平的 2 倍。为了尽快扭转我国对化石能源的严重依赖，根据国务院"十二五"节能减排综合性工作方案要求，将调整能源消费结构，到 2015 年非石化能源占一次能源消费总量比重达 11.4%[2]。

3. 能源结构不合理，对资源生态效益形成制约

我国能源消费的总体结构仍然处在相当不合理的状态，与世界的差距很大。目前世界的能源消费结构大致如下：石油约为 40%，煤炭约为 25%，天然气约为 25%，核电和水电约为 10%；说明西方

---

[1] 《我国能源利用率偏低，节能减排仍需加强》，前瞻网，http://www.qianzhan.com/industry/detail/174/20120604–42d0baf83f668d71.html，最后访问日期：2014 年 6 月 24 日。

[2] 《国务院关于印发节能减排"十二五"规划的通知》（国发〔2012〕40 号），2012 年 8 月 6 日。

主要国家已经由以煤为主的能源系统逐步演变为清洁高效、低碳的能源系统。而到 2009 年，我国能源消费结构为：煤炭消费占 70.3%，石油占 18%，天然气占 3.9%，核电、水电和风电共占 7.8%，说明我国的能源消费构成与世界的差距还非常大。

从能源的消耗与环境治理的博弈分析，由于大量使用燃煤并缺乏有效治理，造成了严重的环境污染。我国 85% 的二氧化碳、90% 的二氧化硫和 73% 的烟尘排放都是由燃煤排放的。我国的二氧化碳排放量居世界第二位，占全世界的 13%。大量使用矿物燃料产生的二氧化碳会使全球气候变暖，能源结构不合理不仅影响经济发展，也影响我们赖以生存的环境。目前，我国一次能源消费量达到 16.8 亿吨标准煤，是世界第二大能源消费国。其中石油消费量仅次于美国，居世界第二位，煤炭消费量居世界第一位，远高于其他国家。中国虽然是能源消费大国，但优质能源和清洁能源的消费比重却远低于世界平均水平。随着经济发展、人民生活水平提高以及环境压力的增大，对优质能源消费的需求矛盾日益突出，资源生态效益的要求日益迫切。

三　能源问题对资源生态效益的制约

我国作为一个能源消费大国，优质能源和清洁能源的消费比重却远低于世界平均水平，而且能源转换效率低，单位产值能耗高，因此而引起的能源问题已经成为制约资源生态效益的关键因素。

1. 煤炭环境污染对资源生态效益的制约

我国特殊的能源结构，构成了以煤炭为主的能源消费格局。2012 年，中国煤炭消费量占全球的比重首次超过 50%，达到 50.2%，继续成为世界上最大的煤炭消费国。而且煤炭的生产和消费均占一次能源的 75% 左右，其中大约 80% 的煤炭是直接燃烧的。以燃煤为主的能源结构是我国大气污染的主要问题。如前所说，我国城市大气污染中有 73% 的烟尘、90% 的二氧化硫、85% 的矿物天然料排放的二氧化碳均来自燃煤。煤炭在燃烧过程中产生的大量悬浮颗粒和二氧化硫、二氧化碳等气体，已使我国成为世界上污染气体排放和温室效应"贡献"较大的国家之一[①]。

据环境保护部发布的《2012 年中国环境状况公报》显示，2012 年二氧化硫排放为 3455.8 万吨，其中工业排放量为 2155.8 万吨，生活排放量为 330 万吨；烟尘排放量为 970 万吨。2012 年，全国 450 个市（县）降水的年均 pH 酸碱度为 4.06 ~ 9.3。出现酸雨的城市有 278 个，占统计城市的 50.5%。降水年均 pH 酸碱度小于 5.6 的城市有 212 个，占统计城市的 40.5%。而且在煤炭的开采和生产过程也产生了土地破坏，洗煤水与矿井排水污染、煤矸石污染等问题，严重破坏了生态环境，损害了资源生态效益的环境基础，我国面临的环境压力巨大。

2. 能源终端消费对资源生态效益的制约

能源消费有两种形式：一种是一次性直接消费，又称终端消费；另一种是加工转换消费，又称中间消费。终端消费是对中间消费而言的，是指能源不用于中间加工转换，而是直接投入各种加热、动力等设备，用于生产和非生产活动的消费。能源终端消费对资源生态效益的制约作用，在此仅以汽车消费为例加以说明。

汽车消费已经成为我国城乡居民耐用消费品，近几年加速进入城市居民家庭。调查资料显示，1995 年以前，我国城镇居民平均每百户家庭拥有汽车还不到 1 辆，1999 年仅为 0.34 辆，到 2004 年已达到 2.2 辆，2009 年达到 4.5 辆，2013 年达到 19 辆。一些大城市的汽车销售量以年均 30% 以上的速度递增，其速度不亚于一些家用电

[①] 徐茂森、张新生：《我国能源消费结构的现状及其优化》，《河南科学》2012 年第 8 期。

器的普及速度。随着我国交通运输业的发展，对各种油品的需求急剧上升，由此所产生的车辆尾气污染也越来越引起人们的重视。在我国目前实行的汽油标准中，烯烃和芳烃的比例为 35% 和 40%，明显高于发达国家的水平。由于两者的比例过高，导致沉积物大量增加，进而增加污染物的排放①。我国所生产的各类油品燃烧后的污染指数均是发达国家相应指数的若干倍，车辆尾气所造成的污染在我国大中城市尤为严重，已经严重地制约了资源生态效益的增长。今后应该向欧盟标准看齐，大幅度降低烯烃和芳烃的比例。

3. 资源开发利用对资源生态效益的制约

改革开放 30 多年来，我国年均国内生产总值增长率达 9.5% 以上。但必须清醒地认识到，我国经济的高速增长是建立在过度消耗资源和破坏环境基础上的。特别是在资源开发方面存在不少问题：一是资源消耗大、利用水平低。主要表现在资源利用效率低、效益差，与国际先进水平相比仍存在很大差距。二是资源浪费惊人。我国矿产资源总回收率仅为 30%，小型煤矿的煤炭资源回收率只有10% ~ 15%，资源浪费现象比比皆是，开发区等非农业用地侵占和浪费耕地、破坏土地资源现象十分严重。三是再生资源的资源化水平低，大量可利用的资源被作为废弃物白白浪费掉，没有得到充分利用。发达国家再生有色金属的产量一般占其有色金属总产量的30% ~ 40%，而我国仅为 15% ~ 20%。我国每年约有 500 万吨废钢铁、20 万吨废有色金属、1400 万吨的废纸及大量的废塑料、废玻璃等没有回收利用②。

由于我国是最大的煤炭消费国，其开采过程中存在的问题更不容忽视。例如，资源有效利用率低，综合利用差；一些煤炭开采企

---

① 李润亮：《我国城乡居民耐用消费品的消费结构差异分析》，《财经界》2009 年第 6 期。
② 翟青：《节约资源：可持续发展的保障》，《学习时报》2010 年 3 月 12 日。

业在开采过程中"采肥弃瘦",采用落后的采煤方法,进行掠夺式开采,不利于可持续性开采,生态环境脆弱,采矿与环境保护的矛盾突出。导致矛盾和问题的主要因素是,煤炭企业长期低价运行,安全投入严重不足,安全欠账多,基础差,设备老化落后,事故频发等。这些都严重地制约了资源生态效益的增长。

第三节　节能减排的市场杠杆

面对中国经济如此落后的重化工业结构,环境如今已成为在生态经济发展和生态效益提升方面必须要考虑的重要因素。而作为目前世界上最大的二氧化碳排放国,中国环境治理面临的挑战更加严峻,承担的压力也更加巨大,因此,采取更加有力的措施、实施更严格的节能减排措施、执行更有效的环境保护政策,也就成了中国牢牢把握未来经济增长点和占据新技术制高点的必由之路。实践证明,我国必须坚持依靠市场机制,运用市场经济杠杆的作用来推动节能减排工作。

一　环境税的由来及其运用

环境税也称为生态税和绿色税,其要达到的目标,就是把环境污染和生态破坏的社会成本,纳入生产成本和市场价格,再通过市场机制来分配环境资源,以实现生态经济的发展和资源生态效益的提升。目前学术界对环境税的定义并不统一,从广义的角度分析,只要具备环境保护功能的税收即可以被认为是环境税,比如能源税、资源税和碳排放税。英国著名经济学家和福利经济学的创始人阿瑟·塞西尔·庇古(Arthur Cecil Pigou),在其1920年出版的著作《福利经济学》中最早提出了环境税这个概念,其目的是由政府征税来调节环境资源的负外部性,它的大小应该等于自然资源的边际耗竭成本。20世纪90年代中期至今为环境税迅速发展时期，北欧等国家进行了以环境税"双赢"效应为目标的综合的环境税制改革。发达国家所征收的环境税主要有能源税、大气污染税、水污染税、噪声税和固体废物税等。

那么，中国征收碳税的最适宜的税率如何确定？事实上，碳税税率大小的确定始终是环境税改革的一大难题，其原因是不存在环境污染的市场定价，对其成本进行经济评估一直是生态和环境经济学最基础的问题之一。其运作的效果，最优税率应等于污染排放的边际减排成本或影子价格。我们对环境税的研究表明，如果能够度量出环境污染影子价格，不仅可以用于低碳税税率设定以及作为污染排放权交易的参考价值，而且也使得依赖价格信息的传统生产率指数计算成为可能。因此，影子价格已成为生态和环境经济学这门新兴学科的重要概念，以及运算的重要方法，对影子价格进行准确的估计就显得特别重要。

二　污染排放权的市场交易

空气中的二氧化碳和二氧化硫"增量"与"排量"是一种矛盾运动体，经济要发展就必然产生二氧化碳和二氧化硫的，而其排放必然对生态环境产生破坏作用，也严重影响人们的身体健康。对碳排放者要有惩罚措施，对减排者要有激励机制。解决碳增量与碳排量、硫增量与硫排量之间的办法，就是碳汇和硫汇的交易，以碳市场的形势实现碳排放惩罚机制和碳减排激励机制。并且，两者都以权利责任的维度出现，其排放量大所承担的责任和履行的义务就大，否则就相反。

排污权交易是在政府确定的交易机构内进行的，严禁场外交易。转让方拟转让排污指标，应在完成相关环保验收或转产、破产、关闭后进行排污权交易申报，并提交企业基本情况、生产状况、排污许可证以及能够证明主要污染物削减量的相关资料。需求方拟购买排污指标，应在环境影响评价文件编制过程中进行排污权交易申报，并提交企业基本情况、建设项目环境影响评价文件或其他有关总量指标需求分析的材料。一般在交易过程中，环境保护行政主管部门及排污权交易管理机构不收取任何费用；交易服务费由交易机构按照物价、财政、环保行政主管部门制定的标准据实收取。目前，国内比较有名的排放权交易所主要有天津排放权交易所、北京环境交易所、上海环境能源交易所和深圳碳排放权交易所等。

三　建立健全环保价费体系

1. 环保价费体系的分类

按照环保价费政策功能及其发挥的作用，环保价费体系可以分为三种类型：一是激励型环保价费体系。其主要目的和功能是，鼓励各类经济主体和生态价值主体使用清洁能源，包括脱硫电价政策、成品油清洁剂加价政策、可再生资源发电的价格政策等。二是补偿型环保价费体系。其主要目的和功能是，对各类排污者实行强制性收费，包括排污费、生活垃圾和危险废物处置费等。三是约束型环保价费体系。其主要目的和功能是，抑制污染物排放，促进近期和远期减排目标的实现，包括制定小火电上网电价政策、分时电价政策，以及阶梯式水价、阶梯式电价、差别排污收费政策等。

2. 环保价费体系的构成

环保价费体系由三种价格要素构成，即环保使用价格、环境损害价格和污染物处理价格。三种要素的构成都有不同的控制指标，有污染排放总量指标和产业分类指标，有环境资源排放污染的容量规定和数量规定，有废弃物产出和品种类型规定，有"污染者付费"的理念和原则规定。

3. 与环保价费体系相适应的制度体系

这一制度体系主要包括环保价费指标的考核制度、排污费公布制度、水处理费市价制度。其主要目的和功能是，确保价费政策的执行力，确保污染物的处置率，确保碳减排的实现率，确保所收费用的效用率，确保资源生态效益的实现。

第四节　环境保护投资与资源生态效益

生态环境保护是功在当代、惠及子孙的伟大事业和宏伟工程。坚持不懈地搞好生态环境保护是保证经济社会健康发展、实现中华民族伟大复兴的需要。早在 2000 年发布的《全国生态环境保护纲要》，就全国生态环境的保护工作作出了全面的规划与部署；2006年国务院又发布了《关于落实科学发展观加强环境保护的决定》，提出要把环境保护摆上更加重要的战略位置，经济发展必须与环境保护相协调。如今，环保工作已取得了诸多成绩，但也存在不少问题。所以，要继续加强我国环保投资的力度，实现产业结构、经济结构和生态效益的内在统一。

一　环境保护投资的概念及分类

1. 环保投资的概念

所谓环保投资就是指用于环境资源的恢复和增值、保护和治理污染的费用。环境保护投资还可以表述为："环保投资就是指社会中各有关的投资主体，从社会积累资金或补偿资金中拿出一定的份额，用于防治环境污染，保护自然生态环境，维持生态平衡的资金。"[1]

2. 环保投资的分类

根据《全国生态环境保护纲要》规定，环保投资分为不同的主

---

[1]　张坤民：《中国环境保护投资报告》，清华大学出版社，1992。

体，有国家主体、地方政府主体、企业主体、自然资源保护区主体、环境管理服务主体五个类别。其投资方向有城市公用设施、植树造林、水土保护、节能减排产业和项目。这些投资项目有利于资源生态效益的提升。

二 环境保护投资的特点

1. 投资主体具有多元性

要保护和改善环境，节能减排，单靠国家投资是不够的，必须进行多元投资。目前，我国的环保投资的主体主要如下：一是国家主体。这是最重要的主体，即国家通过预算下拨的环保、节能减排的投资，主要用于重点污染源治理、区域污染防治，以及环保、节能减排科研等方面。二是地方政府主体。地方政府（省、地、市、县等）进行的环保投资，主要用于解决区域内节能减排等环境问题。三是企业主体。企业为解决自身或周围环境问题，需要对节能减排进行投资。四是个人主体。主要是个人通过招标投资的方式，对某个节能减排项目进行投资。五是国外投资主体。主要是对于技术水平要求高、攻关难度大的节能减排方面的国际合作项目进行投资。随着国际环保合作的加强，我国利用外资进行环境保护工作，将会进一步增强。

2. 投资效益具有共享性

经过十几年的环保投资，我国的生态环境工作得到了保护和改善：植树造林、水土保持、草原建设和国土整治等重点生态工程取得进展，长江、黄河上中游水土保持重点防治工程全面实施，重点地区天然林资源保护和退耕还林还草工程全面启动，建立了一批不同类型的自然保护区、风景名胜区和森林公园，生态农业试点示范、生态示范区建设稳步发展。这些地方生态环境的改善和恢复，给当地带来了良好的社会效益、生态效益和经济效益。仅以城市污水处理为例，兴建污水处理厂及其配套设施，需要大量投资，建成后，每年还需要大量的管理费用、设施运行费、维修费等。一旦污水处理厂投入生产，使用水环境质量得到提高，周围环境质量得到改善，这种生态效益和社会效益就会十分明显，该区域的居民更能感同身受。资料显示，2013 年我国城市污水处理厂日处理能力达 12246 万立方米，比上年增长 4.4%；城市污水处理率达到 87.9%，比上年提高 0.6 个百分点[①]。

3. 投资效益具有长期性

人是环境的产物，人的生存和发展离不开优美的环境。我国环境污染的长期性和严重性，也决定了环保投资效益的长期性。美国、英国等发达国家在 20 世纪都经历过空气污染非常严重的时期，花了四五十年才取得成效；我国的空气质量要达到欧美现有的水平，没有几十年是达不到的。所以，这是投资和效益的双重长期性。因为从根本上来说，环保投资和节能减排带来的主要是生态效益。例如，处理了污水、进行了绿化、美化了环境、保护了资源，这些都会在较长时间内给人类带来好处，很多方面的工作还将涉及子孙后代。

三　环境保护投资的现状

1972 年联合国人类环境会议后，我国开始注意环境保护工作并进行投资。“六五”期间环保投资为 166.23 亿元，占国民生产总值的 0.5%；“七五”期间增长到 476.42 亿元，占国民生产总值的 0.69%；“八五”期间增长到 1306 亿元，占国民生产总值的 0.73%；“九五”期间投入 3460 亿元，占国民生产总值的比例大约为 0.9%。2000 年，全国环境治理投资为 1060.7 亿元，占国民生产总值的比例大约为 1.2%。近年来环保和基础设施投资有了较快的发展，2013

---

① 《中华人民共和国 2013 年国民经济和社会发展统计公报》，国家统计局网站，http://www.stats.gov.cn/tjsj/zxfb/201402/t20140224_ 514970.html，最后访问日期：2014 年 6 月 24 日。

年我国水利、环境和公共设施管理业投资达 37598 亿元，比上年增长 26.9%。

工业发达国家环保投资占国民生产总值的比重早在 20 世纪 70 年代就已经达到和大大超过我国"九五"期间的水平。例如，美国 1971~1980 年环保投资占国民生产总值的比重为 2%，日本 1972 年为 1.8%，1975 年为 2.9%；联邦德国 1971~1975 年为 1.8%，1975~1979 年为 2.1%；美国 1971~1980 年为 2.4%；加拿大 1974~1980 年为 2%；意大利 1976~1980 年为 1.3%；荷兰 1976~1980 年为 1.3%[1]。目前，我国一些地区生态环境恶化的趋势还没有得到有效遏制，生态环境破坏的范围在扩大，程度在加剧，危害在加重。与工业发达国家比较起来，我国在环保投资方面的总量太少，因此政府要加大环保投资力度。在这个方面，不仅政府要作出更大的努力，企业也同样要增加投入；同时，要用好环保投资。我国节能减排任务十分艰巨，而投资又极其有限，所以要用十分有限的环保投资创造资源生态效益，实现投资与生态效益的合作博弈。

四 环保投资结构的改善

目前，我国投资结构的最大问题是产业结构不合理，高新技术产业发展不足，占工业增加值的比重小，目前只占我国工业增加值的 10.3%；第三产业发展不足，只占工业增加值的 1%，而耗能和耗资源的第二产业比重较大，这种投资结构和产出结构不利于经济协调发展。所以，当前要解决或缓解能源供求矛盾，提高资源生态效益，必须调整投资结构。只有投资结构调整了，才能改善和调整经济结构，推动能耗低、污染少的服务业快速发展，遏

---

[1] 《联合国人类环境会议》，百度百科，http://baike.baidu.com/view/933981.htm? fr = aladdin，最后访问日期：2014 年 6 月 24 日。

制高耗能行业过快增长，实现投资结构、经济结构与资源生态效益的内在统一。

第五节　节能减排的路径选择

能源结构和工业结构以及能源强度是影响工业碳减排的主要因素，未来的经济发展、生态经济发展和资源生态效益的提升，应该紧紧围绕这些影响因素来实施合理的节能减排政策，特别是执行能够切实提高能源资源生态效益的措施，为我国未来碳强度约束性指标的成功实现和生态小康社会建设提供充分的政策保障。我国的节能减排路径选择如下。

一　加快建立能源价格形成机制

适时开征必要的环境税，运用价格杠杆和市场机制来促成节能减排效应的提高。虽然我国煤炭价格早已放开，2009 年初也开始征收燃油税，但是我国资源市场的价格形成机制和资源生态效益还未合理建成，能源低价格管制反而刺激了能源密集型和资源性产业及产品的发展，也部分导致了近几年来的重化工业发展和污染物排放的增加。因此，只有当要素市场真正建立起来，当能源价格和资源价格能够充分反映资源稀缺程度和环境治理成本，才能在各个市场主体传递正确的价格信号和倡导正确的减排政策，从根本上促进节能减排和能源强度的下降。

二　建立产学研相结合的技术创新体系

应该建立以企业为主体、以市场为导向、产学研相结合的科研开发和技术创新体系，着力突破能源发展的技术瓶颈，依靠技术进步来提高能源生产率，重点部署和超前发展先进能源技术。比如，加强风能、生物能源和可再生能源等新技术研究，引进和吸收国际先进技术，引领能源产业和能源技术实现跨越发展。煤炭是我国的主要能源之一，开展诸如洁净煤技术的研究十分必要，增强能源科技的自主创新能力。要把节能技术作为优先研发方向，重点攻克高耗能领域的节能关键技术，大力提高一次能源和终端能源利用效率。要围绕高端技术和国家重点能源，提高关键技术和重大装备制造水平。同时，进一步优化外商投资环境，吸引外资发展新能源，注重提升引进技术的再创新能力。

三 重点抓好重化工行业的节能减排

重化工行业是我国能源消耗的大户，其节能减排任务繁重。现阶段重化工行业的节能减排的潜力远远大于轻工行业，其技术装备水平和管理水平提升空间很大，基础性作用明显，运用先进技术淘汰落后产能，必须依靠绿色技术革命，使重化工业能够以最小的资源和环境代价实现自身的快速发展。同时，以信息化推动节能减排，优化工业内部结构，早日实现中国工业发展方式由传统重工业向集约式中工业，由重工业化向高度加工化和技术集约化的集约型发展方式转变。

四 全面推进产业结构的转型升级

根据维基百科给出的 2012 年各国国内生产总值排名资料，几个西方发达国家的第一、二、三产业结构情况如下：欧盟（5.3%、22.9%、71.8%）、美国（1.2%、19.1%、79.7%）、日本（1.2%、27.5%、71.4%）、德国（0.8%、28.1%、71.1%）等。可见，发达国家第一产业占国内生产总值份额都很低，第二产业占国内生产总值的份额在 25% 左右，第三产业占国内生产总值的份额都较高，达 70% 以上。发达国家的产业结构表明，其农业比例持续下降，工

业结构也经历了先上升后下降的驼峰形态，而服务业比重正在持续
增加①。

　　据国家统计局 2014 年 1 月 8 日发布的《关于 2012 年 GDP 最终
核实的公告》显示，2012 年我国国内生产总值为 519470 亿元，第
一、二、三产业占国内生产总值的份额分别为 10.1%、45.3%、
44.6%。与西方发达国家相比，我国未来应该通过大力发展现代服
务业，特别是生产性服务业来进一步优化产业结构，推动中国三次
产业结构的升级，那么我国节能减排的水平必将得到根本提高。低
碳经济模式的实质就是要提高节能减排水平，核心就是技术创新和
体制机制创新，实现发展观的转变，以及资源生态效益的提升和生
态经济的发展。中国的节能减排政策已经取得很好的成绩，只要我
们能够持续并重点关注那些与减排息息相关的主要影响因素，只要
我们能够合理采纳并严格执行节能减排政策和措施，又何愁中国未
来的节能减排约束性指标不能够实现呢？

---

① 《2012 年各国三大产业 GDP 排名：中国排名最恐怖》，军事观察室，http://www.
51junshi.com/bbs2/201302/thread_ 86443_ 1. html，最后访问日期：2014 年 6 月 24
日。

第六章

资源生态效益与产品创新

创新是一个国家和民族的灵魂，是一个企业和个人发展的动力。尤其是产品创新不仅决定着企业的生死，也推动着经济社会的发展。20世纪中叶，一代产品通常需要20年的时间来开发；而到90年代，一代产品的概念不超过7年；生命周期最短的是计算机产品，根据摩尔定律，计算机芯片的处理速度每18个月就要提高1倍，而芯片的价格却以每年25%的速度下降。这一切促使企业为了自身的生存与发展，不断地开发新产品，以迎合市场的快速变化。本章着重分析产品创新与资源生态效益之间的博弈关系。

第一节　资源生态效益与产品创新的内在联系

一种产品是否适应社会的需要，是否有市场，是否适应生态效益的要求，是衡量一种产品好坏的重要标志。因此，开发新产品，能够改变人们的生活，促进人与自然的和谐相处，促进生态小康社会的建设。在市场经济条件下，产品是否符合社会的需要，对生产者来说，是能否获取生态效益的关键。新产品的产需矛盾与资源生态效益博弈关系体现为总量矛盾与资源生态效益之间的博弈，体现为结构矛盾与资源生态效益之间的博弈。

一　创新理论的提出

创新理论的提出源于人们在认识和分析科学技术在现代工业的成长和发展过程中所起的重要作用，真正从理论上提出问题并阐明分析方法的是美籍奥地利经济学家熊彼特（Joseph A. Schumpeter）。他在 1912 年出版的成名作《经济发展理论》一书中，明确地将经济发展与创新视同一物，称"经济发展可以定义为执行新的组合"，包括以下五种情况：一是一种生态新产品或者一种低碳产品的一种新的特性；二是采用一种低碳或者生态的生产方法；三是开辟一个低碳或者生态产品的市场；四是低碳或者生态原材料的一种新的供应源；五是实现一种工业的低碳和生物组合。

应该承认，在这里熊彼特也没有给我们提供一个精致的创新理论概念，关于政府政策对于技术创新的影响也没有相关的论述。然而，他有关经济发展是一个以创新为核心的演进过程的观点，的确可以作为我们制定有效的创新政策战略的有关指南，作为分析资源生态效益条件下产品创新的理论基础。在熊彼特看来，创新是一个社会过程，而不仅仅是一种技术的或者经济的现象。尽管对决定这一进程的速度和方向的因素认识仍然不足，但我们已经清楚地了解到技术创新的主体是个人（企业家）和企业，也就是产品创新的博弈主体是个人和企业，而其创新的成败与否主要依赖于它们所活动于其中的社会经济环境。产品创新的主要目标是创造一个有利的创新环境，而不仅仅是资助科学家的基础研究和政府对于私人企业的创新产品和研究开发活动的补贴。同时，值得赞赏的是，熊彼特把发明、创造和创新区别来看，认为企业设计、开发、生产、销售一种新产品的能力与发展活动并不一致，两者也不必然共存于同一组织之中。

二 产品创新的内涵及特征

1. 产品创新的内涵

产品创新的内涵，就是该产品的内在价值具有新的使用价值、新的交换价值，它能够改变人们的生存环境和生产环境。

随着经济社会的发展，人们的物质文化生活水平不断提高，人们的生存环境需求不断得到改善，人们的生活质量不断得到提升，人们的生活预期会越来越大，前景会越来越美好，这种优美的环境和美好的生活就需要通过产品的不断创新来改变。

2. 新产品需求的特征

（1）新产品需求的多样性特征。由于社会需要是多种多样的，适应这些多种多样的需要必须有多种多样的创新产品，社会生产有生产资料生产和消费资料生产，各种不同的生产以其产品的不同性质、规格、型号等，会对生产资料提出千差万别的要求。人们对消费资料的要求虽然可以基本归结为吃、喝、住、穿、行的需要，但不同的气候、不同的地域、不同的民族、不同的经济条件都会对消费资料有不同的要求。社会需要的多样性应该得到肯定。马克思说："人以其需要的无限性和广泛性区别于其他一切动物。"[①] 他还说："人的需要的丰富性"的意义在于它是"人的本质力量的新的证明和人的本质的新的充实"[②]。由此，新产品的价值构成，既体现自然生态的价值，又把人的生存与自然的发展联系在一起；既考虑合理利用自然资源，又认为需要维持良性循环的生态系统；在人的自身发展时，既考虑人对自然的改造能力，也要重视人与自然和谐相处的能力，以促进人的全面发展；在发挥新产品的价值时，既发挥产

---

① 《马克思恩格斯全集》第 49 卷，人民出版社，1982，第 130 页。
② 《马克思恩格斯全集》第 3 卷，人民出版社，2002，第 339 页。

品本身自有的价值，又体现产品本身的生态价值和社会价值。

（2）新产品的需求性特征。新产品价值的实质就是满足人的需要，而人的需要不仅具有多样性，同时还具有层次性。美国著名心理学家马斯洛（A. H. Maslow），在其《动机与人格》这部著作中提出了许多精彩的理论。其中，需要层次论是马斯洛心理学中影响最大的理论之一，至今仍在多个学科领域和实际工作中发挥着巨大的影响力。他认为，人的需要虽然多种多样，但是有重要性差别和实现的先后差别。根据需要对个体的重要性程度，马斯洛把需要分为五个层次：生理需要、安全需要、社会需要、尊重需要和自我实现需要。与这些不同层次需要相适应的是开发新产品。对于生理和安全的需要，就是开发一般性的满足人们生存的吃、住、穿、性的需要，例如有安全的住所、无公害食品、御寒的衣物和性的满足；对于社会和尊重的需要，就需要开发和提供满足人们交流与共事，能融入个人与集体生活的产品，比如各类实用型新产品、文体活动、日常交往等；对于自我实现的需要，与之相配套的产品要求更高，这种高端产品不仅能够显著提高人们的生活水平，改变人们的生存环境，还能极大地解放自己，实现自己的价值，比如成长为各行各业的优秀人才。

（3）新产品的趋势性特征。人类社会总是从低级向高级发展，从低速向高速发展，从低级形态向高级形态发展。因此，人类社会的生产是不断向前发展的，这种发展不仅有数量的要求，而且有质量的要求。社会生产的发展不仅使劳动者的收入增加，还会提供丰富的新的供给以满足消费者新的需要。随着社会生产的发展，产品的创新不断得到提升，也就是说，产品的创新，人们的生活水平的提高是不断由低级向高级发展的，自然资源的转换是不断由低级向高级转换，自然条件的改善是不断地从较恶劣环境向优质的环境发展。随着科学技术的发展，这种发展总趋势是向好的，前景是美好的。

三 新产品的供需矛盾与资源生态效益

新产品的供需矛盾包括总量矛盾和结构矛盾。在经济发展过程中，这两类矛盾都会存在，它们会从不同的角度对资源生态效益产生影响。

1. 总量矛盾与资源生态效益的博弈

按照马克思的经济理论，一般形态的总量是指社会总供给和社会总需求的矛盾。经济总量矛盾包括两种状态，即总供给小于总需求，或者总供给大于总需求。前一种状态是供给短缺，满足不了需要；后一种状态是供给过剩，有效需求不足。这种供给和需求博弈反映在产品上，就是创新产品与老产品的矛盾，是老产品产能过剩、新产品供给不足。在总量矛盾中，无论供小于求还是供大于求，都体现为一种新产品与老产品之间的合作博弈与非合作博弈的关系。

首先，当供给小于需求时，即短缺经济，利润不能实现，贷款不能归还，租金不能支付，工资不能发放，卖出去的产品还需花费保管费用和支付利息。企业不能开工，机器设备会被闲置起来。因此，只有生产质量过硬的能够适应社会需要的新产品，才是能够实现价值的产品。

其次，当供给大于需求时，即过剩产能，有效需求不足，造成产品大量积压，卖不出去的产品同样还需要花费保管费用和支付利息，企业利润同样不能实现，工资不能及时发放，上下游企业资金链断裂，"三角债"越滚越大，企业之间的生产关系遭到破坏，一旦发生金融危机后果更加不堪设想。因此，新老产品之间也有一个博弈过程，如果老产品不能根据市场的需要，及时转换为质量过硬的新产品，那么会因总量矛盾而导致非合作博弈的关系。

2. 结构矛盾与资源生态效益的博弈

在供求结构这一对矛盾中，供给结构是矛盾的主要方面，它影响和制约着需求结构。供求结构与需求结构的博弈关系表现在以下几个方面。

首先，供给结构与社会需要之间的博弈关系。这种状况表现为大量需要的新产品生产不够，社会不需要的产品大量过剩。在这种情况下，对经济发展造成的危害有两个方面：一方面不为社会所需要的产品卖不出去，使用价值或迟或早会丧失，生产者为此要付出沉重的代价。另一方面社会所需要的产品得不到满足。如果生产资料得不到满足，生产不能照常进行；如果消费资料得不到满足，同样影响社会生产的正常进行。这是一种非合作博弈的结果。

其次，供给结构超前与社会需要之间的博弈关系。供给结构超前是指生产的产品超过了当时社会需要的水平，即超过了消费者有支付能力的需求。例如，大量的高档商品房、高档电器产品、高级小轿车等卖不出去。这些产品虽然消费者希望得到，但没有钱去购买，只能"望货兴叹"，这也会使产品积压，对生产者造成损失。这是一种供给与生产之间非合作博弈的结果。

最后，供给结构滞后与社会需要之间的博弈关系。这种状况表现为消费者的有支付能力的需求很旺，希望能够购买到款式新颖、功能齐全的中高档商品，但社会生产没跟上，产品创新不够。这种情况同样会使生产者生产的产品卖不出去，造成经济损失。这也是生产与社会需要的一种非合作博弈的结果。

第二节　新能源产品开发与资源生态效益

新能源又称非常规能源，指传统能源之外的各种能源形式，主要有太阳能、风能、生物能、核能、地热能、海洋能等。这些新能源已经得到了不同程度的开发和利用。新能源的开发有利于资源生态效益的实现和提升，新能源在人们的生产和生活中发挥着越来越重要的经济效益和生态作用。

一　太阳能的资源生态效益

1. 太阳能的概念及特征

太阳能就是利用太阳的光能，把太阳的光能转化为电能。太阳能清洁环保，无任何污染，利用价值高，太阳能更没有能源短缺这一说法，种种优点决定了其在能源更替中的不可取代的地位。如今太阳能已广泛用于人们的生产和生活，充分发挥了资源生态效益。它具有以下特征。

（1）太阳能的可再生性。从太阳能与物质转换的博弈角度分析，丰富的可再生能源，因其分布广泛，取之不尽，用之不竭，且无污染，被公认为人类社会可持续发展的重要清洁能源，以其独有的优势而成为人们重视的重要能源产品。随着科技的发展，太阳能发电的成本将进一步降低，太阳能电力将成为电力的重要来源。

（2）太阳能利用的广阔性。从太阳能与技术开发的博弈角度分析，太阳表面温度高达6000℃，内部不断进行核聚变反应，并且以辐射方法向宇宙空间发射出巨大的能量。据估算，地球上每年接收的太阳能，相当于地球上每年燃烧其他燃料所获能量的300倍。太阳能的利用空间极其广阔，其技术含量高，推广价值大，是21世纪的高新技术。主要利用形式是太阳能热水器和太阳能发电。

（3）太阳能的清洁特性。从能源与清洁的博弈角度分析，太阳能光伏发电是一种零排放的清洁能源，是一种能够规模应用的新能源产品。在过去30年中，光伏行业保持了平均20%的增速；而在最近5年，年均增速高达35%。欧洲光伏发电产业协会（EPIA）发布的数据显示，截至2012年底，全球光伏发电累计装机容量达到1.02亿千瓦，比上一年增加44%。在截至2012年底的全球累计装机容量中，欧洲占 70%，其中德国（31%）和意大利（16%）加在一起占全球的接近一半；其次是中国（8%）、美国（7%）和日本（7%）①。这种清洁能源的快速发展，为资源生态效益的发挥奠定了基础。

（4）太阳能的能量转换特性。太阳能的能量转换载体采用太阳能光伏电池（简称光伏电池），用于把太阳的光能直接转化为电能。太阳能光伏发电系统主要分为离网发电系统和并网发电系统。离网（独立）发电系统主要应用于无电地区的供电，并网发电系统所发电力不需经过存储，直接经过控制，变换系统送入电网，因其省去了存储环节，系统成本和效率都大幅改善，更加符合市场化和产业化的要求，具有广阔的市场发展前景。

2. 中国太阳能的开发利用

从太阳能利用与转换的博弈角度分析，中国有较丰富的太阳能资源。全国的日照时数每年都大于 2000 小时，太阳能理论储量达 17000 亿吨标准煤。每年陆地面积接受的太阳辐射能相当于 2.4 亿吨标准煤，约等于上万个三峡工程发电量的总和，故开发和利用太阳能是实现中国可持续发展战略的有效措施之一。中国 2006 年正式发布实施《可再生能源法》，承诺到 2010 年太阳能达到 30 万千瓦，太阳能热水器总集热面积达 1.5 亿平方米。根据国家"十二五"规划目标，至 2015 年，我国太阳能光伏发电装机容量将达到 1500 万千瓦。

（1）太阳能光伏电池与资源生态效益博弈。由于太阳能利用技术的发展，太阳能博弈的生态效益越来越高。2005 年底，全国光伏发电总量约为 6.7 万千瓦，主要为偏远地区居民及交通、通信等领域供电，屋顶并网光伏发电。未来中国太阳能光伏市场主要为：边远电网未覆盖地区的离网供电；大规模荒漠电站；分布电网系统，

---

① 《中国光伏发电装机容量已超美国　位居世界第三》，中国经济网，http：//intl. ce. cn/specials/zxxx/201305/13/t20130513_ 24376916. shtml，最后访问日期：2014 年 6 月 24 日。

即屋顶并网系统和建筑光伏一体化系统；采用光伏发电技术用于城市道路；小区照明。"中国光明工程"到 2010 年利用光伏发电技术解决 2300 万边远地区人口的用电问题，以取得良好的资源生态效益。

（2）近年来，太阳能光伏电池的应用在中国西部地区逐渐扩大。国家电力总公司在西藏无水利资源的地区先后建设了 10 座光伏电站，解决了 7 个无电县的工业和生活用电，1.2 万余人从中受益；另外，西藏还建立了众多的太阳能道班、学校、边防哨所、气象站和广播电视微小中转站①。截至 2006 年 11 月，西藏已建成大小 400 座太阳能光伏电站，装机总容量居中国第一，使 50 万农牧民受益；青海及周边地区的 6 万余无电散居户，利用便携式小功率光伏系统解决了家庭生活用电问题，还在电网无法延伸也无水利资源的地区建成了 10 个太阳能光伏电站；新疆则在亚欧光缆、南北疆光缆等工程必经之地的无电地区，安装了 100 多座无人值站的光伏电源。

2008 年中国电力投资集团公司在西安投资 50 亿元建设的年产能 1000 兆瓦太阳能光伏电池项目，不仅是国内太阳能电池生产厂家中的"巨无霸"，而且在国际上也占有重要的地位。

二 风能的资源生态效益

1. 风能的概念与特征

所谓风能，就是因空气流做功而提供给人类的一种可利用的能量，即利用风力发电，将风力转换为电力，是一种绿色能源。在各类绿色能源中，风能是潜力巨大的可再生资源之一，风力发电技术相对比较成熟，并且最具有商业开发条件；成本也相对较低。与其他能源相比，风能有其明显的特征。

（1）风能资源巨大特征。风能蕴藏量巨大，取之不尽，用之不

---

① 《我国太阳能光伏电池发展前景广阔》，人民网，http://www.people.com.cn/GB/channel1/15/20001019/277791.html，最后访问日期：2014 年 6 月 24 日。

竭，可以再生，分布广泛。全球风资源蕴藏量巨大，约达 27.4 亿兆瓦，比地球上可开发利用的水能总量还要大 10 倍。到 2008 年为止，全世界以风力产生的电力约有 9410 万千瓦，供应的电力已超过全世界用量的 1%。

（2）风力发电无公害特征。风力发电不会产生辐射或二氧化碳公害，不仅有良好的生态效益，而且还有良好的经济效益。风力仪器比太阳能仪器要便宜九成多。合理利用风能，既可减少环境污染，又可减轻越来越大的能源短缺的压力。所以，发展风能发电日益受到关注，并展现出宽广的成长空间，其在减少温室气体排放，遏制全球气候变暖，减少矿物燃料的进口，增加能源安全，保护国家的自然资源等方面，有着巨大的资源生态效益。

2. 中国风能的开发

我国风能技术和风能产品得到了长足发展。这是因为我国风能资源丰富，主要分布在东南沿海及附近岛屿以及北部地区，海上风能资源丰富，沿海地区经济发达，沿海及其岛屿是我国风能丰富区，风电场接入系统方便，与水电具有较好的季节互补性。

在国家发改委的规划指导下，我国风力发电得到快速发展，装机容量从 1990 年的 2 万千瓦增长到 1999 年的 26.8 万千瓦。2006 年底，全国已建成约 80 个风电场，装机总容量达到 230 万千瓦，成为继欧洲、美国和印度之后发展风力发电的主要市场之一。2007 年以来，中国风电产业规模延续暴发式增长态势。2010 年我国风力发电装机容量达到 400 万千瓦，预计 2020 年可达 800 万~1000 万千瓦。其中，仅 2012 年就新增装机容量 300 多万千瓦，增长率超过 85%。内蒙古、新疆、辽宁、山东、广东等地风能资源丰富，风电产业发展较快[①]。

---

① 《我国风能利用的现状与展望》，豆丁网，http://www.docin.com/p-686126144.html，最后访问日期：2014 年 6 月 24 日。

三 生物质能的资源生态效益

1. 生物质能的概念及特征

生物质是指利用大气、水、土地等通过光合作用而产生的各种有机体,即一切有生命的可以生长的有机物质通称为生物质;它包括植物、动物和微生物。所谓生物质能,就是太阳能以化学能形式储存在生物质中的能量形式,即以生物质为载体的能量,是一种以物质形态转换的生物能量。

(1)生物的可再生能源特征。生物质能直接或间接地来源于绿色植物的光合作用,可转化为常规的固态、液态和气态燃料,取之不尽、用之不竭,是一种可再生能源,同时也是唯一一种可再生的碳源。它不仅可用于取热和发电,而且可以用于生产生物燃料。

(2)具有抑制温室气体排放特征。生物质能是一种生物能源,属于清洁能源,是以生物质为载体的能量,通常包括木材及森林废弃物、农作物残渣、水生植物、城市和工业有机废弃物、动物粪便、油料植物等,是生物资源与技术合作博弈而产生的生态效益。比如,人们用玉米为原料加工成汽车燃料乙醇,动物粪便可以生产清洁燃料沼气等。

(3)用途的广泛性。生物质能是仅次于煤炭、石油和天然气而居于世界能源总量第四位的能源。据预计,到 21 世纪中期,采用新技术生产的各种生物替代燃料将占全球总能耗的 40% 以上。目前,国外对生物质的利用侧重于把生物质转化成电力和优质燃料。自然界每年储存的生物质能相当于世界主要燃料的 10 倍,而现在全世界能源的利用量还不到其总量的 1%。目前,人们较为关注的生物质燃料有三大类:一是通过利用生物转化技术,将生物质气化,使生物质转化成各种化工产品和车用燃料;二是通过发酵途径生产生物乙醇;三是生产生物种油。

中国工程院汪燮卿院士指出，地球上每年生物体产生的生物质总量约 1700 亿吨，目前被人类利用的生物质只有约 60 亿吨，仅占总量的 3.5%。其中 37 亿吨作为人类的食物，20 亿吨的木材用于材料和能源，3 亿吨被用于满足人类其他需求。纤维素、半纤维素和淀粉是生物质中最主要的元素，它们占生物质的 65%～85%，也是地球上储量最大的物质。

2. 中国生物质资源的开发利用

（1）中国生物质资源为取得生态效益提供了重要物质基础。中国生物质资源十分丰富，主要有每年 7 亿吨农作物秸秆和相当于 1.3 亿吨石油能量的林业采伐及加工剩余物。另外，中国尚有 1 亿多公顷（稍少于现有耕地面积）不宜垦为农田，可种植高抗逆性能源植物的边际性土地。此外，中国已拥有一批可产业化生产的能源植物，如南方的木薯、苇席和甘蔗，北方的甜高粱和旱生灌木，中国广大地区还可发展木本油料等油脂植物，这些都为取得生态效益提供了基础和条件。

（2）中国农业物质生产技术的开发与资源生态效益博弈。从生物质开发利用与技术的合作博弈角度分析，农业生物质开发利用是当前国内外关注的重大课题，既涉及农业和农村经济发展，又关系能源安全。农业物质能源开发的潜能的发挥有着广阔的空间。要全面推进生物质工程科技创新、生物产品创新、农业物质能源转化和材料利用等方面达到国际先进水平，部分技术达到国际领先水平，增强中国农业生物质产业的国际竞争力；提高生物质能源和产品在能源消耗中的比重，通过利用生物质解决农村生产和生活燃料短缺，切实提高农村的生态环境质量和农民的生活质量，切实解决农村环境污染问题；基本实现农业废弃物的资源化利用和生态化利用，促进中国生态环境保护和社会经济的可持续发展。在未来 15 年内，中国生物质资源的开发将达到 15 亿吨标准煤/年，如果将其中的 40%

用来生产乙醇、生物柴油、二甲醚等液体燃料，每年可向市场提供 3 亿吨的石油替代品。因此，充分合理开发使用生物质能，对改善中国尤其是农村的能源利用环境，加大生物质能源的高比例利用具有重要的资源生态效益。

（3）中国生物燃料发展与资源生态效益博弈。至今中国已连续多个"五年计划"将生物质能源技术开发和应用列为重点。生物质燃料乙醇和柴油是中国技术比较成熟且产业化程度较高的两个品种。截至 2006 年上半年，全国已有 200 多家生物质燃料乙醇企业，年产量为 400 多万吨；以油料植物、餐饮业废油为原料制生物柴油的企业有数十家，年产量超过 10 万吨；到 2013 年中国生物柴油生产能力已突破 400 万吨，2020 年将达到 1500 万吨，生物质的生态效益将得到充分发挥。

根据国家发改委的规划，我国生物燃料产业阶段发展的统筹安排是："十一五"实现技术产业化，"十二五"实现产业规模化，2015 年以后大发展；预计到 2020 年，中国生物燃料消费量将占到全部交通燃料的 15% 左右，建立起具有国际竞争力的生物燃料产业。为实现"三步走"目标，国家发改委要求开展四项工作：一是开展可利用土地资源调查评估和能源作物种植规划，二是建设规模化非粮食生物燃料试点示范项目，三是建立健全生物燃料收购流通体系和相关政策，四是加强生物燃料技术研究和开发体系建设。

2013 年，中国生物质发电量、沼气产量、固体成型燃料、非粮食液体燃料分别达到 1100 万千瓦时、240 亿立方米、1000 万吨和 300 万吨；到 2020 年，这 4 项指标将分别提升至 3000 万千瓦时、440 亿立方米、5000 万吨和 1000 万吨。达到此目标，则能够在 2020 年以前，把中国对石油的对外依存度控制在 50% 以下，中国原料充足，这一目标可望实现。以薯类为原料生产乙醇为例，利用现有荒草地的 1/20，即可满足 1000 万吨的乙醇原料需求。

虽然发展生物质能源利于环保,但目前的生产成本还比较高。对此,中国将以补贴和税收优惠的形式来支持相关企业,加快生物质能源的发展。当生物质能源产品销售价格低于盈亏平衡点时,中央财政将给予补贴。中央财政还将对开发利用荒草地等未利用土地,用于建立生物质能源原料基地的企业给予一次性补助。对于不是定点企业,但获得生物质能源示范资格的企业也将给予奖励。这些财政税收政策的扶持将有利于生物质能源的快速发展,以及生物质燃料产业的形成,以取得资源生态效益。

从世界范围来看,在生物质能源产业化建设中,政府是博弈的主体。因此,必须充分发挥政府在生物质产业化形成中的主导作用。进入 21 世纪以后,由于石油价格不断上涨,生物能源在全球发展很快,许多粮食大国,甚至一些粮食进口国也纷纷开始用粮食提炼生物能源。目前,世界上有美国等 41 个国家的政府鼓励使用生物燃料以减少石油消耗,其中乙醇最受关注。2007 年美国 30% 的谷物农作物用于生产乙醇,是 2006 年的 2 倍、2000 年的 3 倍。目前,美国已有上百家企业生产乙醇燃料,预计 2014 年这些企业将耗费大约 1.5 亿吨玉米,相当于全美玉米产量的一半。美国玉米产量和出口量分别占到世界的 40% 和 70%,可见玉米用于生产乙醇的数量之大。

四 核能的资源生态效益

1. 核能的生态效益特征

所谓核能,是利用来自核反应堆中可裂变材料(核燃料)进行裂变反应所释放的裂变能。裂变反应指铀 – 235、钍 – 239、铀 – 233 等重元素在中子作用下分裂为两个碎片,同时放出中子和大量能量的过程。核能发电,简称"核电",是高技术的产业,核电发展涉及材料、冶金、化工、机械、电子、食品制造等众多行业;由于核电的特殊性,对这些行业提出了技术水准很高的要求。发展核电,有利于推动这些行业的技术改进，提高技术水平和管理水平。

（1）核能体积小能量大，运行成本低。相比较而言，核能比化学能大几百万倍；1000 克铀释放的能量相当于 2400 吨标准煤释放的能量；一座 100 万千瓦的大型烧煤电站，每年需原煤 300 万～400 万吨，运这些煤需要 2760 列火车，相当于每天 8 列火车，还要运走 400 万吨煤灰渣，其运行成本高。同功率的压水堆核电站，一年仅耗铀储量为 3% 的低浓缩铀燃料 28 吨；每镑铀的成本，约为 20 美元，换算成 1 千瓦发电经费是 0.001 美元左右，这和目前的传统发电成本比较，便宜许多，运行成本低廉特点显著。

（2）环境污染少，生态效益强。从电力与环境博弈的角度分析，火电站不断地向大气里排放二氧化硫和一氧化氮等有害物质，核电不消耗氧气，不排放二氧化碳，不会加剧地球的温室效应，更不会产生粉尘、二氧化碳这类环境污染物，只要处理好核废料，就是一种极干净的能源。

（3）安全性强，技术性高。核电业具有高技术含量。据介绍，聚变能给人类创造能源在科学可行性上已经得到证实。原子核产生聚变反应的条件是非常苛刻的，必须在 1 亿度以上的高温下才能实现"受控热核聚变"。中国现在的装置只能达到 1000 万度，加上各种辅助加热可达到几千万度的水平，中国正在改进核能技术难关。包括中国在内的七方代表参加的"国际热核聚变实验反应堆（ITER）计划"，于 2006 年 11 月 21 日在法国巴黎签署联合实验协定及相关文件，全面启动了开发新能源的宏伟核能计划。这七方代表分别来自欧盟、美国、中国、日本、印度、俄罗斯、韩国，涉及 30 多个国家。这些国家将联手建设一个世界最先进的热核聚变反应堆，期望凭借这一实验性的项目，探索在石油、煤炭资源枯竭的将来为人类提供廉价、充足能源的途径。国际热核聚变实验反应堆计划预计耗资 100 亿欧元，欧盟出资 40%，其他参与国各 10%；这个实验反应堆现建在法国南部城市马赛附近的卡达拉希。

2013 年 1 月 5 日，中国科学院合肥物质研究院宣布，"人造太阳"实验装置辅助加热工程的中性束注入系统在综合测试平台上成功实现 100 秒长脉冲氢中性束引出。预计国际热核聚变实验反应堆将于 2016 年前建成，首座核聚变发电厂于 2030 年建设，地点很可能是日本。核能专家认为，到 21 世纪末核聚变发电站将占人类所需电力的很大一部分，将尝试提供取之不尽的电力源泉，取得很好的资源生态效益。

2. 中国核电开发的基本现状

中国目前是世界上最具核电发展潜力的国家。中国核电经过 20 多年的发展，目前形成了浙江秦山、广东大亚湾和江苏田湾 3 个核电基地。2005 年底，共有 11 台核电机组已投入商业运行，装机容量约为 870 万千瓦，占全国电力装机总容量的 20% 左右。2013 年我国核电量为 1106.3 亿千瓦时，比上年增长 13.6%。中国已建和在建的有 19 座核电站，总装机容量约为 1600 万千瓦。

大亚湾核电站位于中国广东省深圳市大鹏新区，是中国大陆建成的第二座核电站，也是大陆首座使用国外技术和资金建设的核电站。此后，在大亚湾核电站之侧又建设了岭澳核电站，两者共同组成一个大型核电基地。大亚湾核电站是国内首座大型商业核电站，在 1994 年 5 月 6 日全面建成投入商业运行，拥有 2 台装机容量为 98.4 万千瓦的压水堆核电机组，年发电能力近 150 亿千瓦时，其电力 70% 销往香港，30% 销往广东。广东岭澳核电站一期以大亚湾核电站为参照，对其中 52 项专项技术进行改进，于 2003 年 1 月 8 日提前 66 天全面建成投产，节省投资 3.81 亿美元，比国家批准的预算节约近 10%；岭澳一期国产化率为 30%，岭澳二期国产化率将达 70%。截至 2012 年 7 月底，2 个电站已发电 6376 亿千瓦时。相关的原子能机构对此评价说："岭澳核电站一期的大部分措施都可以与新国防安全标准媲美，其业绩将成为全球核工业界的参照。"

田湾核电站位于江苏省连云港市，是中俄两国最大的技术合作项目之一，由中国核工业集团公司控股建设，俄罗斯核电建设出品股份公司是俄方总承包商。建设 2 台单机容量 106 万千瓦的俄罗斯AES－91 型压水堆核电站机组，设计寿命为 40 年，年发电量达 140亿千瓦时，总投资约为 265.27 亿元。田湾核电站 1 号机组是中国单机容量最大的核电站，2007 年 1 月实施全面发电，2 号机组也于 8月启用，标志着田湾核电站一期工程已正式完工；2 台机组投入商业运行后，为华东电网新增 212 万千瓦的发电能力，使中国核电装机总容量提高了 30%。

山东海阳核电站与美国西屋公司合作，明确 AP1000 技术路线；首期工程于 2006 年底开工，此工程预计总投资超过 1000 亿元；海阳核电站建成后每年将有 600 万千瓦时电能，是中国最大的核电发电项目。一期工程规划建设 2 台 125 万千瓦 AP1000 核电机组；计划于 2014 年底建成投入商业运营，年发电量达到 175 亿千瓦时。

福建宁德核电有限公司由中国广东核电集团有限公司和中国大唐集团公司分别以 51% 和 49% 的比例投资组建。一期工程采用中广核集团具有自主品牌的 CPR1000 技术，建设 4 台百万千瓦级压水堆核电机组，于 2006 年 9 月初已由国家发改委正式批准开工，规划建设 6 台百万千瓦级核电机组，分 2~3 期建设。首台机组已于 2012 年投入商业运行，此后 3 年每年均有 1 台机组投产；项目建成后，4 台机组年发电量预计将达到约 300 亿千瓦时。

四川首个核电项目通过初步评审，站址选定在南充市蓬安县三坝乡境内。核电站拟建 4 台计划能力分别为 100 万千瓦的机组，总投资为 500 多亿元。2010 年主体工程开工，预计 2014 年核电站投入使用，2019 年 8 月投入商业运行。电站建成后，将起到有效降低四川境内火电工业污染、改善部分地区用电紧张状况、合理改变四川能源结构等多重作用。

　　所谓快堆核电站，即由快中子引起链式裂变反应所释放出来的热能转换为电能的核电站。快堆在运行中既消耗裂变材料，又生产新裂变材料，而且所产可多于所耗，能实现核裂变材料的增值。快堆核电站有可能在 30 年后进入中国核电市场，中国将争取在 2035 年前后使快堆核能系统达到商用水平而开始进入核能市场，在 2050 年以后得到稳步发展并逐步成为核能主力。核裂变能的可持续发展依赖于铀资源的充分利用和核废物的最少化。目前世界上正在运行的热堆核电站，其铀资源的利用率不到 1%。只有在快堆中多次循环，将大部分铀 –238 燃烧掉，才能使铀资源利用率提高 60 倍左右，实现铀资源利用的最优化。

　　今天，由于国内外的气候变化，节能减排的压力是不断增加的，以传统和守旧的观念看待一种高能效、技术可靠、世界通行的供能方式，既不符合市场经济原则，也不符合国家利益，更不利于实现承诺的减排义务。只要我们改变守旧观念，以积极的态度，借鉴各国丰富的经验，依托分布式能源成熟的技术，根据我国的经济发展水平和不同应用领域的需要，冲破传统思想的束缚，就能克服发展道路上的技术和行业监管障碍，探索出一条符合中国国情的分布式新能源发展道路，为提高能效和节能减排贡献自己的力量，为资源生态效益提供基础和条件。这是新能源与经济发展合作博弈的结果。

　　除了以上这些新能源产品外，还有地热能、海洋能、氢能等，这类新能源在西方发达国家得到了不同程度的发展。同样，我国也在开发这类能源技术和新能源产品，并且已经取得一定成效。这里不再详细介绍。

第三节　产品可持续创新与资源生态效益

如前所述，根据美籍奥地利经济学家熊彼特首先提出的"创新"的概念，只有新技术、新发明在生产中被首次应用，并在生产体系中通过新的生产要素重新组合，才能创造出新产品。我国自党的十六届五中全会开始，就把提高自主创新能力上升为国家战略，强调致力于建设创新型国家，其目的就是要提高国家的竞争能力，为经济社会发展提供技术保障。而实行国家自主创新战略，企业是主体，产品是载体。

一　产品创新类型

产品创新类别分为模仿类产品创新、改进型产品创新、换代型产品创新和全新型产品创新。实现产品创新，需要提供相应的技术环境、政策环境和文化环境。

1. 模仿创新

模仿创新，即通过模仿而进行的创新活动，具体包括两种方式：第一种是完全模仿创新，第二种是模仿后再创新。模仿创新的优势在于可节约大量研发及市场培育方面的费用，降低投资风险，也回避了市场成长初期的不稳定性，降低了市场开发的风险，但同时难免在技术上受制于人，而且新技术也并不总是能够轻易被模仿的。随着人们知识产权保护意识不断增强，专利制度不断完善，要获得效益显著的技术显然更不容易了。

2. 改进型产品创新

改进型产品创新是指产品在技术含量上的改进和产品质量上的改进，其改进的程度和水平取决于技术含量的高低和产品质量水平的高低。如果技术上没有质的进步，性能上没有质的飞跃，生态效益就没有明显提高。

3. 换代型产品创新

换代型产品创新是指一代产品的发展和运用已经到了终点，或者说这一代产品已经没有市场，确实需要进行更新，这种更新不仅是产品外形的更新，也是产品技术含量的提升、产品性能的提升、产品用途的提升和产品效益的提升。

4. 全新型产品创新

全新型产品创新是指该产品在技术上有所突破，在性能上有所创新，在品质上有所创造，在品牌上有所超越，在使用上有所跨越。也就是说，只有在核心技术上创新，才可能实现全新型产品的创新。例如，新能源汽车的使用，对于空气环境的净化，对于人们生活质量的提升都具有重要影响。

二　创新能力是国家和企业的核心竞争力

一个国家的创新能力体现的是国家科学技术发展的能力、科技运用的能力、产业结构调整的能力、经济质量提升的能力、新兴产业发展的能力和产业转型升级的能力。这类能力的运用和发展取决于国家发展战略，取决于科学技术重视的程度，取决于技术管理创新的水平。在当今世界，为了适应环境的迅速变化，以及科学技术发展的要求，具备自主创新能力就显得特别重要，它是一种科技进步与落后、社会进步与落后的博弈关系。

我们要实现中华民族的伟大复兴，就必须走自主创新之路。中华民族是富有创新精神的民族。党的十八大作出了实施创新驱动发展战略的重大部署，强调科技创新是提高社会生产力和综合国力的战略支撑，必须摆在国家发展的核心位置。这是党中央综合分析国内外大势、立足我国发展全局作出的重大战略抉择。国与国之间的博弈，表面上是经济实力的博弈，其实经济实力靠的是科技实力，科技实力的核心是人才实力，人才实力的关键是人才和创新能力。如果我国没有能实现技术创新、管理创新和制度创新的人才，就肯定会落后。

企业的创新能力表现为企业对新技术、新材料、新工艺、新设备的运用能力、企业对新产品开发的能力、企业对新文化运用的能力等。这类企业能力的运用水平的高低，又取决于企业领导层的现代化管理水平的高低，取决于企业投资方向的决策水平，取决于对现代管理手段的运用水平，取决于思维方式的转变水平。

比如，比尔·盖茨常说："微软永远离破产只有 18 个月。"他不断以此告诫员工，要想继续滋润地生存下去，就必须学会创新，把创新当成企业发展的原动力和核心竞争力。正是这个理念已经内化为微软的企业文化，每个微软员工立足岗位努力创新，才让微软产品引领世界潮流。

三 产品创新与资源生态效益环境的博弈

产品的持续创新能够满足人们物质文化生活需求不断增长的需要，全新的产品能够开辟广阔的市场，全新的产品能够优化环境，净化空气，提升资源生态效益。但是，产品创新与资源生态效益总是处于矛盾运动之中，有的新产品虽然有市场，有消费群体，但不一定有生态效益。比如，一些新化工产品，虽然有其价廉物美的一面，但其负面效应也明显。主要表现在该产品虽然经济效益很高，但对生态环境的破坏，对空气的污染，对水质的破坏，对人们健康的损害，其资源生态效益水平很低，是以一种以破坏环境为代价的经济效益。

如何处理好产品创新与资源生态效益环境的博弈关系？首先，要营造有利于创新的法律和政策环境。在立法和制定政策时，都要考虑资源综观生态效益，对于适应生态效益的创新在法律政策上要给予支持，对于违背生态效益的创新在法律政策上要给予禁止。其次，要推进风险投资，实现金融资本和技术创新项目的结合。要想使一个创新真正能变成技术，变成产品，变成生产力，取得资源综观经济生态效益，没有金融资本的支持是不可能的。最后，要营造有利于产品创新的法律和政策环境。在立法和制定政策时，都要考虑资源生态效益，对于适应生态效益的创新在法律政策上要给予支持，对于违背生态效益的创新在法律政策上要给予禁止。

第七章

资源生态效益与低碳经济发展

如今在我国，人们对"低碳经济""低碳技术""低碳生活方式""低碳社会""低碳城市"之类的词语已不再陌生，党政机关、企事业单位按照"低碳"要求开展工作和生活不仅是"必须的"，也变得越来越具有自觉性。党的十八届三中全会通过的《中共中央关于全面深化改革若干重大问题的决定》，已把坚持经济结构战略性调整作为加快转变经济发展方式的主攻方向，必将为我国带来经济发展方式和价值观念的大变革，必将极大地促进我国国民经济的全面协调可持续发展——彻底摒弃20世纪及以前的那种高能耗、高污染、低产出的传统经济增长模式，直接应用21世纪的创新技术与创新机制，通过低碳经济模式与低碳生活方式，加快生态文明建设，实现经济发展与生态环境保护的"双赢"，为建设"美丽中国"开辟一条新路。

第一节　低碳经济及其发展红利

从工业革命发展的历史可以看出，每一次经济危机都会带来产业结构大洗牌和大调整，都会淘汰一大批落后产业和产能，催生一批新兴产业和企业，并诱发工业发展模式的转型。无可否认，在全球气候变暖和产业升级的背景下，低能耗、低污染、低排放的"低碳发展"理念和方式，也几乎冲击了全球所有国家和全球所有的企业。本节顺应时代发展的新要求和我国产业转型升级的需要，对低碳经济及其发展红利作出系统的说明。

一　低碳经济的内涵与外延

1. 低碳经济概念辨析

低碳经济是以低能耗、低污染、低排放为基础的经济模式和发展方式，是通过低碳经济和生态经济发展，以更少的自然资源消耗和更少的环境污染，获得更多的经济产出和生态经济价值。低碳经济从善待自然的角度出发，以降低对生态自然资源依赖为目标，以能源低碳可持续利用为支撑，以资源生态效益为生态力，在发展的过程中注重生态环境的保护，创造更高的经济质量和生活质量，是可持续发展的经济。所以笔者认为，要准确理解低碳经济的含义，应着重把握以下两个方面。

第一，低碳经济作为一种全新的经济发展模式，不同于一般的环保理念，它所涉及的是经济发展模式问题。低碳概念的提出，是基于过去由于石化经济带来的严重后果，造成气候变化—温室效应的结果所致。所以，低碳经济的本质，就是为改善和保护气候环境，各种经济活动在二氧化碳排放量显著降低条件下所运用的经济模式。

第二，低碳经济所确立的是一种在可持续发展前提下解决气候变化问题的基本框架和基本思路。其立足点在于节能减排，其目标在于减少二氧化碳和二氧化硫的排放，其手段在于开发和运用低碳技术和生态技术改造传统产业和产品结构，其思维方式在于由高碳产业和产品向低碳产业和产品转变，其发展方式在于由粗放型经营向集约型经营转变，其行为方式在于对生态环境的损害行为向对生态环境的优化行为转变，其效益形态在于从追求单纯的经济效益向追求生态效益、社会效益和经济效益"共赢"转变。

总体来看，低碳经济是关于经济发展方式、资源生态效益、能源消费方式以及人类生活方式的新变革。从这个角度出发，本书采用如下定义：低碳经济是指在可持续发展理念指导下，通过资源生态发展的低碳技术创新、低碳制度创新、产业低碳转型、低碳和生态新资源和新能源开发等多种手段，尽可能地减少煤炭、石油等高碳能源消耗，减少温室气体排放，达到经济社会发展和生态效益提升"双赢"的一种经济发展形态。

2. 低碳经济的内涵与外延

二氧化碳等温室气体的影响具有全球性和长期性以及生态性特征，与经济发展、生态发展之间存在密切关系，与能源生产力和生态生产力有着不可分割的关系，所以二氧化碳减排不仅是环境问题、科学问题，而且是能源问题、经济问题和政治问题。发展低碳经济，倡导资源生态效益，建设生态强国是一场涉及生产方式、生活方式、消费方式、价值取向和国家权益的全球性革命，其内涵十分丰富。同时，低碳经济也是一个经济系统与生态系统交织在一起的综合性的系统，因此，我们应理解低碳经济的内涵及外延的意义。

（1）低碳经济是发展模式和发展理念的整合体。发展模式和发展理念是一种相互变换的关系。好的发展模式需要好的发展理念来支撑，好的经济发展模式的衡量标准也是好的发展理念的衡量标准。这些标准包括：产业和产品是"深绿色"还是"浅绿色"，生存条件是生态系统的优化还是恶化，技术手段是先进还是落后，物质层面是绿色产品还是环境恶化产品，价值层面是善待自然还是恶化自然，是善待后代还是损害后代，是善待贫困还是恶化贫困。

（2）低碳经济是一个科学问题和政治问题的整合体。发展低碳经济的目标是经济质量的提升，效益形态的转变，产业结构的升级，产品结构的换代，这些都需要通过科学技术的发展来解决。低碳经

148

济又是一个严肃的政治问题，国际话语权、分配排放权、环境容量空间、生态发展空间等都是政治问题的集中体现，都是国际外交缩影的集中体现，都是必须解决的政治问题。

（3）低碳经济是经济系统和生态系统的整合体。经济系统是生态系统的一个子系统，是生态系统的重要组成部分。衡量低碳经济发展的标准是经济系统与生态系统是否协调一致。当经济发展、产业发展、产品开发有利于生态环境优化时，就表现为经济系统与生态系统协调一致；当经济发展、产业发展、产品开发破坏生态环境生产力和自然生产力时，人类对能源资源的需求大大超过能源和环境的承载能力，就表现为经济系统与生态系统不协调，甚至充满了矛盾和问题。因此，改善能源和资源结构，调整产业和产品结构，优化经济效益和生态效益结构，是实现经济系统和生态系统协调发展与利益整合的有效途径。

（4）发展低碳经济是国际义务和国家权益的整合体。发展低碳经济是低碳发展的道路，倡导资源生态效益。建设生态强国是应对气候变化过程中降低温室气体排放的重要措施。《联合国气候变化框架公约》制定了"共同分担但有区别的责任"原则，明确了降低温室气体排放、节能减排、优化环境的国际义务。同时，面对全球的温室气体的上升而必须采取经济结构转型的战略措施，有效实施节能减排，这既是一种国际义务，又是一种国家权益，是国际义务和国家权益的统一，既是发达国家的权益和义务，也是发展中国家的权益和义务。与这种权益和义务相适应，我国必须履行责任，制定相应的政策措施。我国2009年11月26日正式对外宣布控制温室气体排放的行动目标，确定2020年碳减排比2005年下降40%～45%，用实际行动迎接低碳时代①。

---

① 杨洁：《低碳经济发展中资源性产品价格改革探讨》，《经济纵横》2012年第1期。

二 低碳经济的核心要素

资源禀赋、技术进步、消费模式构成了低碳经济的核心要素，这三种核心要素相互促进、相互转化、相互作用，促进了低碳经济的发展。

1. 资源禀赋

资源具有其内在的本质独特性，资源这种独特性表现为一种固量和变量。其固量资源是国土资源、煤炭资源、矿产资源等，其变量资源包括技术资源、可再生能源、碳变量和硫变量等。资源的固量和变量是辩证统一体，可以相互作用和相互转化，如生态能源就是一种变量能源，太阳能和风能的资源巨大且丰富，取之不竭，用之不尽。通过科技发展，固量可转化成变量，如煤炭可以转化成煤气，可以转化为汽油使用，其用途发生了变化。

2. 技术进步

技术对低碳经济发展具有不可忽视的重要作用。技术进步对低碳经济发展的作用是，低碳技术能够改变高碳产业结构和高碳产品结构；生态技术能够改变物质能量，提升物质正能量；高端技术能够制造高端产品和发展高端产业，航空技术能够发现航空资源，为研究航空领域提供技术支撑，海洋技术能够研究海洋资源，优化海洋资源结构。这些技术领域的发展能够提供和创造优雅的生态环境，提供多种资源生态效益。

3. 消费模式

从生态环境的视角分析，消费模式可以分为固化的消费模式和变量的消费模式。固化的生态消费模式表现为自然生态条件、生活方式、行为方式及情感方式，交往方式固化在一定程度和水平。变量的生态消费模式，包括生产方式、发展方式及行为方式通过一定的技术过程、发展过程、转化过程、形成过程等，总是处于一种变化状态，不断地净化生态环境，不断地优化人们的生存环境，为人们创造低碳的消费模式和生态的消费模式，并成为一种发展趋势。

三　低碳经济发展对经济转型的红利

1978 年改革开放后，我国工业发展战略由此前的重工业优先发展转向能够反映比较优势的劳动密集型的轻工业，这种转向带来了我国工业的高速增长和生产率的不断提高。1993 年后，由于技术进步和经济结构调整，全要素生产率（简称 TFP），即总产量与全部要素投入量之比的增长超过了投入要素的增长，这似乎意味着中国经济正在从传统经济结构向低碳经济结构发展，由粗放型发展向集约型发展转变，但是这种发展和转变还是不稳定的或者说不是可持续的。随着 21 世纪以来工业再次重型化，要素配置效率随之急剧下降，全要素生产率对工业增长的贡献反而下降了。这种经济结构、环境结构和产品结构效应急速衰退，使得低碳经济发展失去了可持续的推动力、作用力、贡献力。要扭转这种趋势，必须加强投入要素对低碳经济发展的影响。

直接投入要素渠道指通过数量效应，如资本积累和能源消耗，对低碳经济造成影响；间接投入要素渠道则是通过结构调整，使得要素从效益低和能源排放密集型行业向效益高和低能耗低排放的行业流动，通过这种要素配置效率的提高来推动工业和低碳经济的发展，这是一种结构效应和质量效应。增长结构显示，这种间接的要素配置效应对中国工业和低碳经济发展起到了实实在在的推动作用。总体来看，技术进步和结构调整对工业和低碳经济发展的贡献最大，其次是资本和能源，劳动的贡献最小。

第二节　低碳经济与企业生态效益

近年来，随着温室气体排放和气候变暖问题的日益严重，越来越多的政治家、科学家和经济管理学家认识到，发展低碳经济是解决气候变化与经济发展、低碳发展之间矛盾的最终出路。这是因为，低碳经济和低碳技术可以减少二氧化碳的排放，有效应对气候变化，同时，通过对低碳新技术的投入和发展低碳经济，可以增加就业，促进经济增长。增强企业生态生产力，转变企业管理模式，必将对我国企业的发展产生深远的影响。

一　低碳经济与企业生态生产力

要研究和发展低碳经济，实现资源生态效益，就必须对企业生态、生产力的概念有一个全新的了解。

1. 企业生态生产力的概念

生态生产力是与社会生产力相对应的概念，与马克思生产力理论中的自然生产力相似，即指自然生态系统本身所具有的物质变换能力。企业生态生产力是指企业依赖资源、运用资源，发挥资源生态效益的能力和水平，是一种潜在的能力和生产力；主要表现为企业的生态质量、生态活力和生态效益的提升。企业生态生产力决定了企业发展的可能性和发展方向。它是企业在市场竞争中由小到大、由弱变强、不断实现企业生态发展规模的过程。比如，企业在资产规模增长的同时，资产生态结构和资产生态质量得到改善，企业生态赢利能力相应增强了，就认为企业生态生产力得到了发展；相反，如果资产规模增长了，生态资产结构和生态资产质量却出现了下降，企业生态能力削弱了，那么就不能认为企业生产力提高了。如果企业的生态素质、生态活力和生态能力没有增强，任何规模的扩张，销售收入的增加或市场占有率的提升都是没有生态意义的。

2. 企业生态生产力的内容

企业生态生产力总体来说受到两股驱动力量的影响，即各不相谋的外生力量和生态内生力量。外生力量是企业面临的生态宏观环境和行业环境，如生态需求增长或变动、生态规模经济性、生态政策要求等；生态内生力量为企业的生态规模扩张和质量提升。企业生态生产力的关键还在于自身内在的力量，这种力量同时也体现在对生态环境的驾驭能力和把握外在生态力的能力。因此，企业生态生产力主要包括以下内容。

（1）生态环境驾驭力。生态环境驾驭力可细分为生态环境分析能力和生态环境预测能力。生态环境分析能力表现在对生态政治、生态经济、生态文化、生态技术等生态宏观环境和行业竞争态势微观环境的分析，从而识别生态环境机会，为企业生态产品和市场的开拓指明方向；生态环境预测能力主要是在分析现有生态环境的基础上，研究把握生态产品市场规律，预测市场变化趋势，从而制定相应的生态产品开发措施。

（2）生态决策力。生态决策力可细分为生态战略决策能力和生态策略决策能力。生态战略决策能力表现在企业对生态发展目标市场判断的正确性，能否为生态企业的成长和生态效益的提升带来广阔的空间，同时体现生态企业自身优势，为生态企业赢得市场竞争优势；生态战略决策能力可以从生态产品、价格、渠道和促销策略四个角度进行评估，如企业的生态产品是否迎合消费者需求，是否能创造生态需求，生态产品价格是否有竞争优势，在获得利润的同时，能否为生态企业带来更大的生态市场份额，顾客能否便利地获得生态产品。

（3）生态资源力。企业生态资源能力主要体现在企业对生态资源的获取和利用，获取生态优质资源是生态企业生产力提升的基本保证。而生态企业生产力的关键在于企业对生态资源的开发和运用能力，体现在单位生态资源创造的生态价值和资源生态效益。

（4）生态执行力。执行者能力主要指企业中层、基层管理人员和一线作业人员的生态素质及能力，如生产人员能否按时按质完成生态产品生产任务，营销人员能否完成销售任务，生态产业结构的设计是否符合组织规模、生态发展战略的需要，组织结构的层次、幅度以及权利分配是否能调动员工的积极性，从而促进生态产品的开发、生产和销售。

（5）生态创新力。生态企业的生态创新力体现在生态产品开发和市场创新能力。生态产品创新的结果表现在企业生态产品功能、生态性能和生态质量等的提高，这与生态企业的硬性投入、生态研发能力以及生态技术转化率等密切相关；生态产品市场创新最终体现在生态现有市场的挖掘和生态全新市场的开发；生态产品市场的挖掘开发首先应具备先进的"深绿色"市场理念，以生态需求为导向去开拓和占领新的生存空间。

二　企业生态生产力的可持续发展

企业要创造最大生态价值并获取企业持续发展和生态发展，以一定的生态资源为基础，持续获取生态价值。企业生态生产力与企业可持续发展力有着紧密的联系。

1. 目标的一致性

企业生态生产力的提升是一个生态规模扩张和生态产品结构升级的生态互动过程。生态企业可持续发展是指在可预见的未来，企业能够支配更大规模的生态资源，谋求更大的生态产品市场份额，不断战胜和超越自我，从而取得良好的生态发展势头和资源生态效益前景。因此，两者追求的目标是一致的。

2. 过程的统一性

企业生态生产力包括企业产品的开发、生态技术的创新、市场份额的提高、企业经营及管理水平由高碳向低碳转化等。企业可持续发展就是在追求长盛不衰的过程中不断变革，以适应不断变化的生态环境和经济社会环境，并与之建立和维持和谐的生态公共关系，实现生态企业由小到大、由生态弱势到生态强势转变的过程。两者的实施过程也极为相似，都表现为企业生态生产可持续发展的力量。

3. 相互的影响性

企业生态生产力是企业在与内外生态环境的动态匹配中，不断优化生态资源配置，持续提供生态产品，实现生态可持续发展的能力。企业可持续发展是以企业生态生产力为基础的，企业生态生产力强的企业，可以带来企业的生态和低碳发展，创造资源生态效益。在我国经济体制转型的过程中，诞生和成长起一大批新兴的企业，特别是发展起了一批有重要影响的大型生态企业，这些企业尤其是那些大型名牌生态企业，具有较强的生态生产能力。从生态发展来看，生态企业生命周期可以不断延续，保持了生态发展和低碳发展势头，为企业的可持续发展战略的建立和实施，奠定了坚定的生态和低碳基础，成为生态企业可持续发展的原动力。

不管是从企业生态生产力的角度，还是从我国生态经济发展中的生态效益角度来看，要研究企业的生态和低碳发展，如何将资源生态效益深植于企业发展的生态决策和生态发展中，创新与再造相应的企业管理理论和方法，在可持续发展和低碳发展战略框架下谋求企业的生态价值，将是一个具有深远意义的重要课题。

第三节　低碳经济的管理模式

企业要实现低碳经济的发展和生态效益的提升，首先应加强其内部管理，对企业内部关系进行规划设计和整理，为实现资源生态效益奠定坚实的基础。本节对企业低碳生产管理模式、企业低碳营销管理模式、企业低碳成本管理模式、低碳企业文化等方面的构建进行设计与探讨。

一 低碳生产管理模式

所谓低碳生产，是指在资源生态效益理念指导下通过生态技术创新、生态产业创新、生态制度创新，对企业的生态创新能力、生态新技术和现有生态资源进行开发利用，尽可能减少煤炭等高碳能源的消耗，减少温室气体的排放，达到低碳发展与生态环境"双赢"的目标。如何加强企业低碳生产管理？下面着重从低碳产品设计、低碳采购战略等几个方面进行分析。

1. 低碳产品设计

随着社会的进步，人类社会越来越关注自身生存的环境质量，对产品的生态期望值和环保要求也越来越高，市场期盼并乐于接受低碳产品。低碳产品源自低碳设计方案，只有广泛采用低碳产品设计模式、广泛运用低碳技术，才能大量生产和推广低碳产品，从源头上解决产品低碳开发和生态发展问题，因此，低碳产品首先要注重低碳设计。

在低碳产品的研发阶段，生态企业要重点研究以下问题：什么是低碳产品？企业如何确定其生态核心技术？在现有的生态产品生产过程中，可不可以降低环境负荷，减少污染排放？在组织内部如何建立环境保护系统？

那么，如何进行低碳产品设计呢？低碳产品设计最根本的目标是提高资源生态效益和减少环境污染量。据统计，对同类型产品进行低碳产品设计方案评估发现，在资源节约方面，结构设计的贡献率为 63% ~ 68%，材料选择的贡献率为 21% ~ 27%，其他方面的贡献率仅占 12% 左右；在减少环境污染度方面，结构设计的贡献率为 21% ~ 26%，材料选择的贡献率为 48% ~ 53%，其他方面的贡献率仅占 27% 左右。

从以上统计分析结果可以看出，好的产品设计，既能减少环境污染，节约材料和能源，又便于加工装备，降低产品成本。低碳设计主要有低碳结构和低碳包装简化设计、生态产品结构模块化设计、资源再循环再利用设计。

低碳产品设计虽然近几年来得到了越来越广泛的重视，发展速度较快，但作为一种全新的生态设计手段，其生态模式和生态设计工具尚有待进一步优化，生态设计理论有待进一步完善。总的来说，低碳产品设计和生态产品开发还处于发展阶段，要使它成为一种全面系统而广泛应用的生态设计方法，尚需要相关人员进一步探索。

2. 低碳采购战略

采购是生态企业生产经营的重要环节，低碳采购是当代企业向低碳发展的必然趋势。低碳采购是指企业在采购行为中充分考虑环境因素和生态因素，实现资源的循环利用，尽量减少固体废物和气体污染物的排放量，以保护自然资源和优化生态环境。实施低碳采购战略不仅能够优化自然资源，减少废物和污染物的排放量，而且会对企业的综合竞争力产生一些影响。低碳企业采购的材料和科学技术在企业生产系统中的各个阶段均会对降碳产生重要影响，低碳型采购可以被视为减少环境问题和提升资源生态效益的起点与根源，企业从源头上遵循低碳理念，实行低碳管理，就能为其他各个阶段的低碳流程奠定坚实的基础，因此，低碳采购管理可以促进企业低碳技术的传播，这是企业实现低碳发展和生态发展的有效途径。

企业在制定低碳采购战略的过程中，应采用低碳的采购方式，选择低碳的供应商，购买低碳和生态的产品，选择低碳的物流运输方式，从而实现低碳和生态的采购目标。企业在购买所需要的原材料、部件、产品及服务时，不仅要考虑产品质量、交货期、品种多样性等，环境和生态效益也成为企业考虑的因素，生态企业应关注材料本身的先进性、生产过程的安全性、材料使用的合理性和生态性，尽可能使用绿色材料，包括选用可回收材料、可再生材料、可降解材料、易处理材料和生物降解材料等。

总之，实施低碳采购战略不仅能够保护自然环境，同时也能够产生资源生态效益。因此，在低碳经济背景下，企业为了能够在激烈的市场竞争中站稳脚跟，促进低碳发展和生态发展，应该积极地实施低碳采购战略，通过低碳采购来提升资源生态效益。

二 低碳营销管理模式

企业作为社会的重要经济主体，是促进低碳发展和生态发展的关键。在提倡低碳经济和生态发展的背景下，企业应立足于资源生态效益，改变传统营销模式，这将促进企业资源生态效益的提升，促进企业经济效益和生态效益的统一，促进消费者需求和环境利益的统一。

1. 企业低碳营销的创新与发展

自人类社会步入 21 世纪以来，由于全球变暖、环境恶化、资源弱化，以及自然灾害频繁发生，人们越来越关注现实生产生活中二氧化碳的排放量，越来越重视环境和生态资源对人类造成的影响，低碳消费模式和低碳消费意识得到了各国消费者的认同。

"低碳营销模式"是对传统营销与现代营销模式的又一次改变，它重视自然资源在经营活动中的作用，强调社会经济发展必须同环境相协调。它以"低碳发展，生态发展"为核心，以"资源生态效益"为中心，是一种科学的营销模式。在经济全球化的今天，国内外很多企业都倡导低碳营销模式，发展低碳生产，提出企业自身生产与环境相协调，以低碳营销和低碳发展领先于其他企业，抢占更多商机。

2. 企业低碳营销的主要因素

对企业低碳营销的因素，应着重分析该因素对低碳经济和生态经济发展的影响。采取低碳营销策略，有利于营销渠道的低碳化，着力于营销理念低碳化，着重于营销方式低碳化，注重于营销行为低碳化。影响企业低碳营销的因素，主要包括政府机构的低碳激励约束机制、企业的低碳经营理念、社会群体的低碳消费模式。要综合运用法律、政策手段，为低碳经济发展提供法律制度保障，完善评估机制，对法律、政策的制定、执行、实施等各个方面进行监督和评估，以促进企业的低碳营销。

企业是低碳经济的生产主体，是低碳发展和生态发展的主要力量。企业首先应该树立社会责任意识，不仅追求经济效益，也要注意资源生态效益和社会效益。当前企业可以大胆利用财政、信贷等方面的扶持政策，积极开发利用低碳和生态新技术、新能源，大力投资资源节约型和环境友好型的低碳产业与生态产品的开发，抓住机遇发展自己、壮大自己。

企业发展低碳经济，实现低碳营销不能忽视社会力量。这种社会力量主要是指社会组织和人民大众，他们的低碳理念和"深绿色"理念至关重要。"小政府、大社会"是我国行政体制改革的重要理念和方向之一。随着政府的逐步放权，社会环保组织的低碳理念和低碳协调能力，以及低碳活动能力和低碳宣传能力必将成为不可忽视的重要力量。人民大众作为低碳产品和生态产品的接受者及消费者，他们的低碳消费方式和低碳消费行为对企业的低碳营销有着直接的影响。因此，政府、企业和社会组织三者共同构成低碳营销主体，共同形成低碳营销体系。

3. 企业低碳营销管理模式的构建路径

企业要结合自身的资源优势和产品优势，选择一种适合自身的低碳发展及生态发展模式，保证企业健康蓬勃发展。其构建低碳营销管理的路径是：借助政府力量打造企业低碳营销体系，利用环保组织构建企业低碳品牌形象；完善管理机制，实施低碳营销策略。在低碳发展和生态发展过程中，企业可以利用环保组织宣传低碳理念，建立良好的绿色信誉，帮助消费者消除疑虑，增进彼此之间的了解和信任，取得消费者的认可。

在低碳经济背景下，企业应该注重把消费者利益、企业利益和环境利益三者有机结合起来，这种结合主要体现在企业价格策略上，因为价格在营销组合中是最敏感、最重要的因素，企业应根据目标市场消费者需求情况、生态产品成本、生态产品市场竞争等因素及其变化趋势，采取相应的生态产品定价策略。一个合适的生态产品价格定位也有利于企业生态形象的树立，使消费者和企业达到"双赢"的局面。因此，在生态产品价格策略上，企业应主动为消费者争取一个合理的分担比例，以取得消费者的最终认可。

三 低碳成本管理模式

企业成本问题是低碳经济和生态经济发展方面的一个重要问题，从低碳和生态的角度审视企业的成本，以降低能源和资源消耗，加强企业的成本管理和分析，意义十分重大。

1. 企业低碳发展的成本优化

企业发展低碳经济要注重低碳成本的优化，主要是采用低碳先进技术对产品进行脱硫处理，这就需要购置先进的脱硫设备，并做好污水处理、工业用水循环利用，采用低碳能源和低碳资源，以优化企业的成本结构，减少二氧化硫和二氧化碳的排放。

2. 企业低碳发展的成本管理

（1）低碳发展的成本管理概述。在发展低碳经济的过程中提升资源生态效益，就是要将企业发展战略与成本管理相结合，将低碳成本因素同低碳的竞争地位相联系，实施新能源管理战略，实施低碳新材料战略，实施低碳设备战略。要树立低碳理念，整合低碳资源，提升资源生态效益。

（2）低碳成本动因分析。低碳技术创新有助于促进企业生态产品的开发，可提升企业的资源利用水平和资源生态效益。低碳经济发展制度的创新为低碳技术的实施提供了条件和保障。另外，对相关低碳企业进行产业整合与产品整合，使低碳企业发挥"低碳产业集成，低碳投资集中，低碳资源集约，资源生态效益集聚"的低碳发展整体优势，也是企业低碳成本动因的重要因素之一，还是资源生态效益产生的必备要素。

四　构建低碳企业文化

低碳企业文化就是按照低碳经济要求和生态产品开发的需要来进行企业的生产、经营和管理活动，低碳成为企业文化的核心内容之一。此外，从在低碳发展过程中履行社会责任的角度出发，这种低碳企业文化会对低碳企业员工乃至整个生产、流通、分配、消费过程产生正向积极的引导作用，使企业朝低碳和生态的健康方向发展。

1. 低碳企业文化的核心内涵

低碳企业文化的核心就是低碳企业价值观，这种价值观是企业经济效益、社会效益与生态效益三者有机结合的整体。在低碳经济来临之际，树立低碳价值观和生态价值观，是企业形成低碳价值观和生态价值观的关键所在，是企业取得长足低碳发展和推行低碳经营管理的关键所在，是低碳企业文化的实质所在。

2. 低碳企业文化构建思路和策略

低碳企业文化属于企业文化的范畴，而构建低碳企业文化是一项系统和巨大的低碳发展与生态发展工程，所以构建低碳企业文化也不是一年两年的事情，这需要企业员工和企业管理者共同努力，来构建一种符合企业自身发展需要的低碳企业文化。

低碳企业文化的构建必须从宏观层面和微观层面两个层面入手，明确企业的低碳愿景和生态使命，在促进企业经济效益提升的同时兼顾社会效益和生态效益。其主要路径和策略如下：一是将低碳理念融入企业低碳价值中。低碳企业文化具有较大的挑战性，因为企业都存在一定的文化惯性，低碳企业文化也是如此，不少宗旨有"文化基因"之说，这客观上说明了企业文化具有生态遗传性和低碳稳定性，变革的阻力比较大，而且存在"文化变异"的不确定性。这就要求低碳企业在推进文化创新的过程中，必须紧扣市场主题，围绕低碳发展和生态发展的核心价值，以适应生态产品市场变化和培养低碳市场竞争力的要求。二是塑造企业低碳品牌文化。企业需要通过打造具有个性的低碳品牌文化，表达企业生态产品的差异化品质，以保持独特的低碳竞争优势。三是加强企业管理者创新。企业管理者是低碳文化变革的推动者，是企业文化的培育者和倡导者。管理者卓越的低碳创新和低碳战略规划能力，是企业保持核心竞争优势的重要保证。

第四节 低碳经济转型的资源生态效益

经济的高速增长一直是中国转型经济的突出亮点，也是推动低碳发展和生态发展以及取得资源生态效益的根本保障。在转型深化期，经济发展方式的转变和资源生态效益的提升成了一个更加紧迫的难题。长期以来，高投入、低产出、高耗能等成为中国经济增长的典型特征，中国经济转型期的增长问题，不仅仅表现为对经济增长速度的追求，更突出地表现为经济增长方式转变和经济结构协调的政策调整。从高碳到低碳，从粗放到集约，从速度到效益，从产量到质量，这是中国的经济转型区别于其他经济体的转型最为突出的特征之一。

一　工业结构优化与资源生态效益

传统的发展观又称为增长观，它把社会发展等同于经济发展，把追求经济增长作为评判经济发展的首要标准，甚至是唯一标准。这种追求产量和产值的工业结构与产品结构，这种效益观被异化为经济增长的工具和手段。传统的效益观认为，经济发展了，社会生活其他方面就会自动发生有利变化。在这样的效益观指导下，低碳经济发展、生态产品开发、生态环境优化等方面都处于弱势地位，不得不向处于强势地位的经济作出牺牲和让步，从而导致整个社会片面发展、单向发展，形成经济效益的单一性，也造成了人与自然的不和谐。在传统效益观指导下的经济发展模式坚持以工业化为核心，使工业文明和产业结构建立在对不可再生资源的大规模开发和自然生态、环境容量不断被破坏的基础之上。这种工业结构片面强调经济发展的速度和数量，忽视资源生态效益，忽视经济与自然生态环境的关系。这种工业结构和效益观最终导致人类经济发展的行为方式越来越脱离人类与社会自然的协调发展。

自工业革命以来，人类的生存和发展往往以利益的获取为驱动，以征服与改造对象为动机，以经济效益为中心，忽视资源生态效益，并从三层关系上形成对立的结构：其一，为了企业自身能够获得"优先化"的生存和发展，人们片面追求经济活动的经济价值而忽视资源生态效益和生态价值；其二，在产业发展和产品开发中，主张经济价值的高附加值，忽视生态附加值；其三，现代产业体系和结构体系都追求良好的资源生态效益。因为资源生态效益关系人类生存发展的根本利益和长远利益。由于只追求经济效益，忽视遵循生态规律，不重视资源生态效益，致使生态系统失去平衡，生态环境遭受破坏，给人类社会带来了很多灾难，低碳发展和生态发展受到阻碍。这种客观现实要求人们树立资源生态效益观。资源生态效益的基础是生态平衡和生态系统的良性、高效循环。

低碳工业结构离不开更加环保节能的生态体系。一个地区工业结构的好坏不仅影响到当地经济发展的速度和规模，而且对当地的生态环境有一定影响。实践证明，一种合理的工业结构可以使经济资源、环境持续协调发展，而不合理的工业结构不仅会造成人力、物力、财力的巨大浪费，而且会使生态环境恶化，从而危害人们的身心健康，危害生态的优化和健康发展，危害经济质量的提升[①]。在现代经济系统与生态系统协调发展的过程中，只有与区域生态环境和生存环境相适应，并发挥出自然资源与生态环境优势的工业结构，才能具有较强的低碳生命力与生态产品市场竞争力，才能取得良好的资源生态效益。如果拥有良好的生态环境，那么工业结构的优化和产品结构的优化以及产业经济的低碳发展，就拥有优越的环境条件和自然资源的物质基础，从而使工业结构得到不断优化升级，并对经济的可持续发展带来有利的影响，对低碳发展和生态发展产生很好的效应[②]。如果生态环境遭到破坏，并且不断恶化，那么工业结构调整和升级将缺乏生态环境的支持，并对区域生态经济的发展产生不利的影响。低碳经济的工业结构特点如下：首先，企业实行低碳清洁生产，不断采取改进设计，使用低碳的生态能源和原料，采用低碳先进的工艺和低碳技术设备，改善低碳管理，从源头削减污染，提高资源的低碳利用和生态利用效率。其次，在区域上实行生态工业园区建设，按照生态系统的"食物链"原则组织生产，实现物料的闭合循环和能量的梯级使用。生态服务是指服务设施、服务手段、服务渠道等方面充分体现生态理念和生态效益，在服务过程中无害于生态环境，使消费者在接受服务的过程中树立并强化生态

① 赵海霞、曲福田、诸培新：《江苏工业结构调整的环境效应实证分析》，《南京农业大学学报》（社会科学版）2005 年第 2 期。
② 邓峙：《当前经济转型与环境保护刍议》，《当代经济》2013 年第 21 期。

意识和生态效益理念。最后，针对我国传统产业的能源消耗及污染物排放问题，通过对信息技术的低碳和生态利用，实现降低能耗、节约资源，对低碳经济发展和工业结构优化有重要作用。

二　低碳经济系统与资源生态效益

根据经济结构理论，低碳经济结构体现为要素维度的层次性，整个低碳经济系统是一个有序的多层次结构的统一体，其多样性和统一性通过要素的层次性表现出来。低碳经济结构优化与资源生态效益的关系表现在以下几个方面。

1. 低碳经济系统的地域性结构关系

低碳经济系统在不同地域表现出不同的要素矛盾和系统低碳结构，具有明显的地域分异性的低碳结构特征。位于不同区位的低碳经济主体功能区系统，迫切需要解决的资源生态效益问题不尽相同。要素及其参数之间的复杂的非线性相互作用系统，使资源生态效益具有地域分异性，其资源生态效益的程度和作用也不尽相同，但低碳经济区域作用的发挥为资源生态效益奠定了物质和动力基础。

2. 低碳经济系统的依存性结构关系

由于低碳经济价值性结构和要素层次性所表现出的不同特点，为了维护资源生态效益的稳定增长和低碳经济的有序发展，低碳经济承担和承载了各异的效益功能。低碳经济与资源生态效益功能结构上的相互依存，保证了更高尺度低碳经济系统的自组织与自适应，有助于对外部资源生态效益扰动的抗击和对内生资源生态效益的提升吸纳。

3. 低碳经济系统的环境价值结构关系

生态环境的价值在漫长的学术研究史中曾经成为盲区，因而导致如今纷繁的环境问题。低碳经济体现的以环境为内涵的环境产品，其使用价值和非使用价值已经被逐步揭示与证明。我们选择边际效用理论来分析低碳经济系统的环境价值结构。某种物品的价值来自它的效用，针对低碳经济是低碳效用，针对生态经济是生态效用，把边际效用定义为价值。我们分析的环境效用是由环境的稀缺性和有用性决定的，表现环境的低碳价值和环境的生态价值。有学者认为，自然生态资产与社会经济资产虽有质的区别，但它们之间可以相互转化，都是社会总资产的组成部分，而只是表现和体现的价值形态不同。无论从劳动价值论还是从边际效用论分析，从资源生态效用的视角看，环境的价值都是存在的，而且其有效使用低碳价值和生态价值，随着污染和生态破坏加剧而越来越小，人类为了维护生态发展的再生环境资源而付出的劳动和代价就越来越高。

从资源生态效益视角分析，生态产品可以分成四种类型：一是人类维持基本生存发展所必需的空间生态产品，如洁净的大气、可饮用的淡水以及无污染的土地等；二是为了保证人类在一定温饱问题解决之后提高生活质量而消费的符合环保和生态标准的物质生态产品，如绿色蔬菜、无公害水果、非转基因食品等；三是环境优化要素，如旅游休闲产品、健康疗养环境等；四是针对那些为了满足人类区域开发活动而产生的负面高碳效应进行治理的生态产品。

随着经济的发展和生态的发展，人们的收入水平逐步提高。人们越来越低碳化生产和生态化消费，当其他不变而消费者的收入条件发生变化时，消费者低碳消费和生态消费最大化的均衡位置就会发生变化。对于消费者而言，低碳产品的开发和生态产品的消费量会随收入水平的提高而提高，人们的生活质量将会得到进一步提升。

第八章

资源生态效益与绿色知识经济

在当今的 21 世纪，世界正处于由工业经济向绿色知识经济的演变过程中。绿色知识经济作为一种新的经济形态，蕴含了"深绿色"的发展理念，是传统知识与现代绿色知识博弈的结果，双方围绕着经济效益、生态效益和社会效益而广泛深入地展开博弈。人们追求的将不再是传统的狭隘的自私的经济利益和生态效益，而是广义的全方位的综合的经济利益和生态效益。所以，发展绿色知识经济是时代发展的客观要求，是提高资源生态效益的客观需要，是经济社会发展的总趋势，是全面建设我国小康社会的重要内容。

第一节　绿色知识经济的内涵及特征

绿色知识经济既是指具体的一个微观单位的经济，又是指一个国家的国民经济，甚至是全球范围的经济。绿色知识经济是以绿色知识为基础的经济，其实质和灵魂是人类的绿色知识、绿色产业、绿色产品、绿色金融、绿色建筑，是人类的知识智慧结晶，因此具有独特的内涵和特征。

一　绿色知识经济的内涵

绿色知识经济的基本含义是：人类社会是作为一个连续的状态

而发展的；当今世代的社会成员作为一个整体共同拥有地球的自然资源，共同享有适宜生存的环境；这种环境符合绿色要求，符合人类的生存需要。在特定时期，当代人既是未来地球环境的管理人和委托人，同时也是以前世代遗留的资源和成果的受益人；这赋予了当代人发展绿色知识经济的义务，同时也给予了当代人享用地球资源与环境的权利。也就是说，绿色知识经济意味着既要满足当代人的需要，又不对后代人满足需要的能力构成危害。健康的经济发展应建立在生态可持续能力、社会公正和人民积极参与自身发展决策的基础之上。它追求的目标是既要使人类的各种需要得到满足、个人得到充分发展，又要保护资源和生态环境，不对后代人的生存发展构成威胁①。

从绿色知识适应性系统的视角来看，绿色知识系统可被视为一个多层次的复杂适应性系统。首先，绿色知识系统是由多个系统组成的，如绿色产业引发的绿色知识、绿色产品引发的绿色知识、绿色经济带引发的绿色知识、绿色食品引发的绿色知识、绿色技术引发的绿色知识、绿色流通引发的绿色知识等。其次，在绿色资源配置方面，绿色知识影响着制度的效率，影响着由制度约束的经济结构，不同绿色制度安排的效率对其他的制度有影响，不同的绿色制度交往或交易有可能直接导致各主体受益或受损。这种受益或受损，有可能对资源配置产生影响，或者对资源生态效益产生影响，对低碳经济和生态经济的发展产生影响。

二　绿色知识经济的特征

绿色知识经济作为一种新的经济产业形态，有着区别于传统经济形态的种种特征，有的已经显示出来，有的还在萌芽状态，将对

---

① 成伟：《论资源与环境代际正义的实现》，《求索》2009 年第 5 期。

人类社会的发展产生重大而深远的影响。下面就绿色知识经济的基本特征谈几点看法。

1. 市场结构特征

中国的市场化改革促进了全国统一市场的建立和逐步完善，从而促进了绿色知识经济的发展。而其中的绿色产业和绿色产品的发展，又为形成市场有效竞争创造了基础性和决定性的条件。那么，这种市场结构的变化是怎样促进和引导绿色知识经济发展的呢？

一是引导绿色产业的市场结构特性。绿色知识引导绿色产业的发展，如新能源绿色产业，需要太阳能技术知识、风电技术知识、核能源技术知识与其相适应；还有绿色农业，包含特色农产品、原生态农产品，也就需要特色农产品技术知识和原生态农产品技术知识引导其发展。这类绿色产业市场化程度高，市场前景好，也都需要运用市场法则，遵循价值规律和市场运行规律，淘汰落后产能和落后产业，发展具有绿色内涵的产业和产能，为现代产业体系的形成提供绿色能源和绿色原材料。

二是引导绿色产品的市场结构特性。绿色知识引导绿色产品发展，也就是运用绿色知识和绿色技术来改造传统产品，改变产品的高碳性能，使其转变为低碳性能，从有公害产品向无公害产品转变，从高污染产品向低污染和无污染产品转变。这些都需要运用市场的法则和手段，引进和发展绿色先进技术，采用高效绿色投入，引导高效绿色产业，为绿色产品的创新提供技术基础，为绿色生产和绿色消费提供产品基础。

2. 企业绿色行为特征

企业绿色行为的主要表现是，企业运用政策法规和市场法则发展绿色产业（而不是排挤绿色产业），发展绿色产品，淘汰传统的高耗能产品，创造绿色发展的宽松环境。

一是低价格竞争的行为。我国的日常生活用品价格常常采用低价格占有市场，但都是以低质量为先决条件的。我们倡导的是运用市场法则，不是以低价格排挤高价格的低碳产品。以汽车消费为例，以汽油为燃料的汽车的市场占有量很大，而以天然气和电能为燃料的汽车市场占有量很小，作为汽车生产企业选择的是低价格的竞争策略。这种低价格竞争策略在市场的初级和中级发展阶段有很大的积极作用，而当市场进入高级阶段，也就是人们对绿色产品的需求很高的时候，这种低价格的竞争行为就与之不相适应了。

二是低成本策略行为。企业的低成本策略包括运用廉价的低技术熟练工人、低质原材料，其结果是只能开发低质量和低层次的产品。低技术构成低质量的产品结构，这种结构是一种低质量结构，其博弈的结果是高质量产品受到排挤。

三是急功近利的短期行为。当前一些企业急功近利的短期行为非常普遍，开发一个产品，一年半载就要见效，着重于短期投资；而对于周期长、长远利益大的绿色产品开发缺乏持久投入，或者是缺乏技术，或者是缺乏理念，或者是缺乏长远规划。这类行为阻碍了绿色产业和产品的发展。

3. 制度性特征

绿色制度包括绿色企业和绿色产品的认证制度，以及相应的企业评估制度、绿色企业考核的绩效制度、"绿色GDP"制度等，这一系列制度是绿色制度的集中体现。绿色制度既包括正式制度，也包括非正式制度。中国的"绿色GDP"统计和计算制度就属于一种正式制度，该统计和计算制度包括绿色产值指标、绿色企业评价指标，对绿色资源、环境、社会经济作出了多层次细分，将生态财富生产纳入了政府的公共投入范畴，将生态支付纳入政府购买的范畴，对国民经济总量计算纠偏可以发挥重要作用。

非正式制度包括倡导绿色价值观念、绿色社会意识、绿色理念，从而使该项绿色制度从开始的非均衡的制度最终转变为均衡的绿色制度。例如，鉴于"绿色GDP"的核算面临资源和环境定价的难题，以及资源产权不明、绿色核算制度不完备等问题，有学者提出了"绿色GDP"的非货币计算方法，提出了"绿色GDP"的实物核算方法。"绿色GDP"正逐渐成为社会普遍的共识，已经被越来越多的人所接受。

第二节　绿色知识经济发展的规律及其选择

绿色知识经济的发展离不开绿色行动。绿色行动是社会行动的一种特殊类型，绿色行动具有社会性的定位。因为绿色知识经济的发展具有内在特定规律性，必须遵循市场法则及其价值规律，必须遵循从粗放型增长向集约式发展转变的规律要求，必须遵循其阶段性发展的规律要求，必须遵循技术进步在绿色知识经济增长中的客观要求，必须遵循制度安排的客观要求。

一　绿色知识经济发展的规律性

1. 从粗放型增长向绿色知识经济增长转变

绿色知识经济增长方式，是指推动经济增长所需要的各种绿色生产要素投入及其组合和相互作用的方式，是经济发展的生态化表现。从绿色生产要素配置和发展状况出发，绿色知识经济发展可以衍生出两种不同的作用方式：一是以增加投入和扩大规模为基础，以形成产业链和产业效益，强调增长的粗放型方式；二是以提高生态效益为基础，以形成高质量的产业集群和产业效益，强调质量型经济增长方式。从粗放型经济向绿色知识经济转变，其内在的规律性可以通过经济增长方式的阶段性演变反映出来，并展现出不同的阶段性特征。

（1）要素驱动阶段，即绿色资源经济阶段。该阶段集中表现为

171

经济发展的主要驱动力来自基本生产要素，即廉价的劳力、土地、矿产等资源，是着重于依赖要素载体和依赖资源载体的经济。在该阶段，劳动密集型产业是主导产业。为了减少在绿色知识和绿色技术运用中知识资本与价值创造所产生的交易成本，一个社会应当尽可能降低资本与知识分离的程度，也就是知识与生产要素分离的程度，而当资本在人群中的分布高度不均的时候，资本与知识分离的程度就大。一方面，大量拥有创新绿色产业想法的人缺乏实现其想法的资源，其中很多关于要素绿色创新的想法就会因为难以得到融资而胎死腹中；另一方面，社会中少部分拥有了大多数资源的人，并不拥有与其财富成比例的绿色创新知识，对于这些人而言，财富过剩而知识不足，因此会导致资源的"滥用"，这是资源经济阶段的绿色知识运用不够的阶段性规律反映。

（2）投资驱动阶段，即绿色资产经济阶段。该阶段集中表现为经济发展的主要驱动力来自大规模的投资及生产，投资成为拉动经济增长的主要动力，并成为主要因素。在该阶段，资本密集型产业是主导产业。这一阶段是从18世后期到19世纪后期，大机器工业代替手工业，资本积累成为经济增长的重要推动因素，成为现代产业发展的助推器，资产密集型的重工业部门成为主导产业。

（3）创新推动阶段，即绿色知识经济阶段。在该阶段，知识在经济发展中发挥了极其重要的杠杆作用。这个阶段是1870～1970年的百年发展时期，集中表现为西方发达国家的经济增长，不是主要依靠经济资本和经济资源的投入，而是主要依靠技术进步和经济效率的提高，依靠科技的智慧和力量。这一阶段的主导产业集中于服务业一体化的制造业及农业。

（4）财富推动阶段，即绿色经济信息化发展阶段。这个阶段的突出表现在1970年以后的经济信息化发展时代，用信息通信技术改造国民经济成为这一时期经济增长的主要标志。信息化的本质就是对信息技术、产品和服务的应用，绿色信息化主导着新时期工业化的方向，使工业朝着高附加值化发展。这一时期的主导产业是渗透到各个产业的绿色知识经济产业、高科技产业和社会绿色产业。渗透到各行各业的信息，成为提高工作效率和经济效率、降低交易成本的有力武器。尚未完成工业化的发展中国家应该充分发挥信息化的后发优势，在适宜的领域运用现代信息、通信技术来处理信息，加快工业化的进程。信息化和工业化相互融合的跨越式发展，是注重生态建设和环境保护的可持续发展，信息化带动工业化也就成为工业化的加速器。

2. 技术进步对经济增长的作用日益显著

相关研究表明，当代西方工业化国家人均国民生产总值的年均增长率为 1.5% 多一点，其中，资本对人均收入的贡献约为 0.25%，生产效率提高的贡献率则为 1.3%。这组数据表明，资本与收入及生产率之间贡献的数量关系，表明了投资对经济增长的隐性贡献和显性贡献。随着知识积累成为推动经济增长的重要变量，知识的运用能力已成为经济发展的重要力量。保罗·萨缪尔森（Paul A. Samuelson）在分析和研究美国经济增长状况时发现，美国在 20 世纪初至 21 世纪初，年均增长率达到 2.2%，而资本效率提高的贡献份额却仅占到 1.7%[①]。这就充分说明，技术创新和绿色知识的运用在生产效率的提高中发挥着越来越重要的作用。

3. 制度安排在绿色知识经济中具有不可忽视的作用

产权制度研究是整个资源生态效益研究的核心，可以根据罗纳德·哈里·科斯（Ronald H. Coase）的产权理论，探讨制度安排在绿色知识经济发展中的作用，从比较的视角，通过不同的制度安排

---

① 卫兴华、侯为民：《中国经济增长方式的选择与转换途径》，《经济研究》2007 年第 7 期。

来解释资源与环境所体现的经济绩效问题。制度创新是绿色知识经济发展的重要条件和重要基础，要通过产权制度的重新安排以降低交易费用，其中交易费用主要包括主要产品资源交易费用、劳动力资源交易费用、自然资源交易费用和物质资源交易费用。

从资源与环境经济理性的视角，可以通过多个维度解释资源产权与经济绩效以及生态之间的关系。即使在资源与环境关系整体上看似无效率的产权制度安排，那也是资源生态效益的理性选择，是一种经济绩效和生态价值的理论观点。

资源与环境问题的解决需要制度来维护。制度变迁是渐进的、连续的，具有路径依赖特征。资源与环境的隐性矛盾和显性矛盾是一种长期存在的经济现象，通过碳排量和减排量表现出来，附着在这个矛盾及观念之上的各种制度设施一旦形成，短期内就不可能完全变革，因为促进绿色知识经济增长的、解决资源与环境矛盾的制度相互牵制，相互支持。

二 绿色知识经济发展方式的选择

1. 绿色知识经济增长的几个原则

从现实国情看，中国目前仍处于经济增长的投资推动阶段，投资是推动经济增长的主要动力，投资对经济发展具有决定性作用，资本密集型产业是主导产业，经济增长仍然是以资本投入和资本运作为主要推动元素，生态效益和绿色经济水平仍然低下。中国绿色经济增长的另一个重要背景和条件是，当前正处于经济转型期，生产要素数量投入型增长的传统经济体制安排还在发生作用，其客观效应非常明显，客观上加大了绿色经济发展的难度，加大了生态效益提升的难度。因此，要改变这种现状和矛盾，中国对绿色经济增长方式的选择和定位，在理论和实践上应遵守以下几个原则。

一是不仅要着眼于绿色技术因素对经济效益和生态效益的决定

性作用，也要强调绿色知识经济发展制度的创新作用；二是着力强调绿色知识经济发展方式内涵的研究，既要分析绿色知识经济生产要素的数量和质量，也要研究绿色知识经济及绿色技术生产要素的质量和效率提高经济效益和生态效益的内在机制；三是要具体联系中国所处的绿色知识经济阶段，把握好绿色知识经济发展方式转变的时机，把握好生态效益提升的有利时机；四是要改变绿色知识经济个别因素的一元决定论，优先进行绿色知识经济和绿色技术的多元化系统性的博弈分析。

2. 资源和环境的制约呼唤绿色知识经济

我们在分析资源和环境问题时，也就是在论述资源与环境的隐性障碍和显性障碍时，引入嵌入性资源与环境问题分析方法。关于嵌入性这一概念早期的阐述，出现在当代英国著名哲学家波兰尼（Michael Polanyi）的论著中，他借此来批评主流经济学中原子化的个人主义方法论。他认为，无论处于经济社会发展的哪个阶段或哪个时期，经济都不是孤立存在的系统，也就离不开环境系统和自然资源系统，在工业革命之前经济是嵌入社会和政治系统之中的。这就说明，交换、货币和市场等经济问题和经济现象不仅仅由经济利益所驱使，它们的产生、发展及变迁都是以具体的社会背景和政治背景为基础，并且与经济发展和社会发展结合在一起的。工业革命前社会中的经济生活主要以利益互惠或再分配的方式进行，市场交换只是零星发生，形不成规模效应，也就谈不上绿色知识的运用和绿色技术的创新。不过，工业革命和环境革命使得这一状况发生了根本性逆转，为绿色知识的运用提供了广阔的平台，市场和价格机制成为经济过程的决定性力量，科技创新成为经济发展的主要杠杆，资源和环境问题也就成为经济的隐性发展和显性发展的重要主题。但是，不论在前工业社会还是在工业社会，甚至在经济高度发达的后工业化社会，资源与环境的嵌入性始终存在，只不过在不同发展阶段嵌入的程度和具体模式有所不同。

　　嵌入性分析的要点在于，无论从哪种角度出发来研究资源与环境问题，都必须考虑资源与环境对经济发展的影响，都必须考虑环境效应与资源生态效益问题，都必须考虑绿色知识的运用和绿色技术的创新。嵌入性分析为研究资源与环境问题，特别是资源的隐性因素和环境显性因素问题提供了一把锁匙，研究者可以从嵌入性这个概念推导出一系列嵌入方式。资源可以嵌入社会，嵌入环境中，也可以嵌入产业和产品里，资源嵌入性主张具有非常普遍的适用性。由此可见，嵌入性的资源与环境隐性问题和显性问题，在本质上是对经济学的思维方式和绿色知识的运用方式的直接挑战，同时也为资源与环境问题的隐性解决和显性解决提供了强有力的理论支撑。这样会引导出两个主要命题：一是资源总是社会性定位的，它不可能离开社会关系而独立存在，而是为利益所驱动。二是资源不可避免地会对环境产生影响：或是正能量的影响，或是负能量的影响。

　　新兴经济体的发展，也就是资源与环境融合的新兴经济体，综合了生态学、经济学、政治学、社会学、法学等多门学科研究进展的结果。这是由资源与环境的隐性特性及显性特性决定的。多学科综合研究突破了经济学与其他相邻社会科学之间的界限和壁垒，长期以来对资源与环境的研究"清洁的手"和"肮脏的手"之间的冲突也获得了某种程度的缓和。就生态学而言，用生态思维方法分析资源生态效益问题不仅仅改变了其相对于经济学这一显学而言的"剩余学科"的尴尬地位，而且为其研究资源与环境问题提供了理论武器。经济学和生态学应当突破边界一起发展，以促进我们对绿色知识的运用，促进我们对资源与环境隐性生态效益与显性生态效益的理解。新兴经济的发展本身就是经济学、社会学、生态学等多学科融合的结果，对资源与环境隐性生态效益与显性经济效益的研究已经形成了一些相对稳定的主题和思维方法，作为一种持续的学科交流模式，促成的是经济学和生态学以及社会学更为深入、更为广泛的融合，从而有助于提高我们对绿色知识经济的认识水平。

第三节　绿色知识经济对资源生态效益的作用

几百年的工业文明带来了生产力的巨大发展和社会财富的大量积聚，与此同时也造成了气候变化、资源枯竭、环境污染和生态破坏，严重威胁着人类自身的生存与发展。本节主要从有利于经济社会可持续发展和有利于合理利用自然两个方面，分析绿色知识经济对资源生态效益的重要作用。

一　有利于经济社会可持续发展

绿色知识经济是一种有益于环境保护和可持续发展的新型经济，它是当代经济的必然选择，是经济发展方式从粗放型向集约型发展的必然要求，是污染控制技术发展的必然要求，是经济领域和技术领域中的深刻革命。

1. 生产过程更加清洁化

绿色知识经济本身要求清洁环境，绿色知识的应用能使污染降到最低限度，使环境得到保护。在生产过程中贯彻"全绿色"，可使一些传统的污染问题得到较好的解决，并催生出一些新行业，实现废物的"零排放"。例如，现在日本、德国和美国等汽车生产大国，正在竞争设计零污染的电动汽车和轻污染的清洁能源汽车，并设计生产出共用15%石油和85%甲醇的混合燃料汽车，大大减轻了对环境的污染。随着科学技术的发展，人类将减少对非清洁能源的依赖，改变非清洁的形态，如煤炭将在地下汽化。同时，开发和利用清洁能源，有效地改变能源消费结构，如尝试"海水变汽油"和太阳能的商业开发，这些都是绿色知识经济所创造的成果和生态效益。为了减少环境污染，工业发达国家都十分重视"绿色设计"，如今"绿色产品"已风靡世界，整个经济体系正走向可持续发展。

2. 绿色商品销售过程可减少污染

在绿色知识经济时代，商品的销售方式发生了根本的变化，它不会像工业经济时代那样，要人们到厂家去订货，到商店去采购。绿色知识经济时代人们可以通过网上预订和购买物品满足自己的需要，消费者可以通过网络参与产品的设计、修改，能加入自己的意志，选购自己所需要的包装，完全可能根据消费者的需要进行生产、包装，并将商品送到客户的家中。这样，可以节省采购费用，减少商品堆积及保管所需要的降温、除湿、喷药等所造成的费用和污染。在绿色知识经济时代，包装也会发生根本性的变化，有的包装可以成为用户的装饰品，有的将成为产品的一个组成部分，有的则是可降解的，这样，包装也不会成为垃圾，以实现包装与产品的绿色化，达到包装与产品的合作博弈，从而取得生态经济效益。

3. 绿色产品消费过程确保环保

在绿色知识经济时代，由于产品的设计和生产把防止污染作为了重要内容，因此，人们在消费过程中，极少对环境造成污染。例如，德国施奈德电气公司新设计生产的"绿色电视机"在使用过程中，有害的电磁辐射只有德国国家限定标准的1/10，耗电量也大大降低；外壳喷涂材料也由原来的有机漆剂改为不污染的漆料，传统的塑料外壳改用铜或铅制作，以便于回收提炼；该机使用日期满后，拆卸下来的零部件，绝大部分可以回收再利用。德国宝马公司已把一辆汽车上可回收利用零部件所占比重提高到80%，并争取提高到95%；德国大众汽车公司在全国建立了多家回收利用中心。近年来，美国一些公司生产的电脑、日本生产的激光打印机、德国的汽车、加拿大的电话机等，均设计成可降解的结构，便于回收和重复利用。欧美国家正在制定新的环境法规，要求所有生产厂家都回收其废弃物品，如汽车、电脑、电视机、电话机等，从法规上提供实现绿色知识经济的保障。

4. 无污染的绿色产业将占主导地位

随着绿色知识经济的到来，传统的产业结构将发生深刻的变革，不仅第三产业所占的比重上升，而且以信息产业为龙头的高科技产业将得到蓬勃发展，其经济规模将明显地超过传统支柱工业。高科技产业以消耗人的智力资源为主，人的智力资源不仅在量上具有无限性，而且在质上具有无形性，它只需要少量的物质载体就能为人所用。人的智力资源的这一特性使它不会像工业经济社会以消耗自然资源和资本为主那样，对环境造成严重的污染。因此，以信息产业为龙头的高科技产业占主导地位，将会大幅度降低单位国内生产总值中的资源消耗比例和污染排放比例，这对环境保护是十分有利的。同时，由于高科技在传统产业中得到快速渗透和应用，传统产业的技术水平也将得到全面提高。

二 有利于合理利用自然资源

任何经济增长都会面临绿色资源约束，缓解绿色资源约束当然需要提高绿色技术利用效率，但也需要提高绿色资源的社会利用效率。

1. 充分合理利用现有自然资源

在工业经济时代，人们急功近利，一般采用粗放型经济增长方式，对资源的利用并不充分。例如，我国钢材利用率为 65% 左右，一年损失浪费钢材约为 600 万吨；能源利用率为 30%，化工原料的利用率为 33% 左右。一棵树从采伐、造材、锯材，到最后加工成家具等用品，仅利用 1/4，等等，这些都造成了资源的巨大浪费。造成这种结果有体制方面的原因，但更重要的还是科学技术落后，不能使资源得到充分利用。而反观日本从中国进口筷子，用后再加工成优质纸浆，进而生产成高级纸张再出口到中国，在这"一进一出"

179

的过程中还赚了大钱。所以，在绿色知识经济时代，知识是经济增长的最主要的动力要素，工业中的排放物会大大减少，能够回收会被尽量回收，这样就能够实现资源生态效益的合作博弈。

2. 绿色知识经济创造新的资源

在绿色知识经济时代，随着科学技术的发展，日益需要人们制造和应用新材料，今天这一点就已经十分明显地摆在我们的面前。例如，在第二次产业革命以后，经济实践和经济发展的需要进一步提高了物理学、化学和生物学对物质结构及其运用的知识不断加深，物质转化能量不断增强，其效应不断扩大，代替自然材料的技术不断发展，引起了生产力系统中劳动对象的革命。到 20 世纪 80 年代，世界合成染料占全部染料的 99%，合成药品占全部药品的 75%，合成橡胶占全部橡胶的 70%，合成油漆占全部油漆的 50% 以上，合成纤维占全部纤维的 30% 以上①。随着第三次科技革命的兴起，各种新材料更是层出不穷，如新的塑料材料、复合材料、陶瓷材料、金刚石膜、超导材料等，它们能够适应科技发展对材料要求越来越多的苛刻条件。这些特殊性能的材料，使人类可以制造航天飞机、计算机等，保证人类向材料的深加工进军，不断制造出新材料。新材料也就是新资源，这种新资源创造出来，人类就可以减少向现有大自然的索取，环境就能得到更好的保护，地球上已有的自然资源就能得到合理的利用，以实现绿色经济与资源的合作博弈。

3. 促使人力资源大量代替物质资源

实践表明，无论农业经济时代还是工业经济时代，都是以开发、利用现代物质资源和现代能量资源为生产力的主要特征，其产品主要是物质或通过物质能量转换形成现代高科技产品。社会经济活动的主流是物质产品的现代生产、现代流通和消费，因而要求以丰富

---

① 黄铁苗：《发展科学技术与全方位提高劳动生产率》，《中国科技论坛》1996 年第 1 期。

的现代物质资源和现代能源为基础，这就势必导致对资源的过度耗费和造成严重的污染。目前，自然资源的严重稀缺性已经成为工业经济发展的桎梏，工业经济造成的严重后果已经严重威胁到人类的生存发展。而绿色知识经济将彻底改变这种趋势，人力资源将取代自然资源成为经济发展的重要因素。在农业经济时代，对土地资源和人的体能的依赖程度为 90% 以上，现代工业经济时代对自然资源和能源的依赖程度为 60% 以上，而绿色知识经济时代对自然资源的依赖程度将不足 20%，这比农业经济和工业经济时代小得多①。美国微软公司创立不到 20 年，资产已达 1500 亿美元，它的产品就是软件中包含的知识，它们消耗的物质资源微乎其微。这些都说明，随着科学技术的发展，人力资源的能量恢复越来越大，人力资源的创造力越来越大，人力资源的原创性越来越大，从而取得人力资源与物质资源合作博弈的生态效益。

4. 降低人类对物质资源的需求

在绿色知识经济时代，除了科学技术的发展，人的智力在经济活动中的应用使产品轻型化、微型化，从而对自然资源的需求会减少；另一个十分重要的方面就是，在绿色知识经济时代，人的经济活动会更加具有强弱性。在农业经济时代，由于社会生产力水平低下，人们获取物质财富的手段相对落后，物质财富总是很难充分满足需要，人也越显得贪婪，更加拼命地积累财富；在工业经济社会，还因为频繁的自然灾难和连续不断的战争，人们对前景的估计不乐观，不少人不仅希望在短短几年时间里攒足自己一生所需的财富，以备不时之需，而且还要为子孙后代攒足财富，这就必然以所谓先进的手段无穷地向大自然索取；进入绿色知识经济时代，人们会发

---

① 王首道：《以人力资源替代自然资源 实现我国经济可持续发展》，《兰州石化职业技术学院学报》2007 年第 1 期。

现，满足物质需要是一种十分容易的事情，人们对物质财富的要求会适可而止，也就用不着把大量的资源变成产品储存起来，用不着生产大量的物质财富变成货币储藏起来，以留给子孙后代。人们会明白，留给子孙后代最好的财富是健康、智慧、丰富的自然资源和美好的环境。这些都会使人们减少对资源的需求。这是一种财富与资源合作博弈的结果，是资源生态效益的良好作用和效应，是绿色知识经济发展的重要目的和目标，是人类进步的重要标志。

第四节　发展绿色知识经济的路径选择

当前绿色知识经济发展和绿色技术创新，面临着目标选择困境、经济效果持续困境、价值整合困境、知识突围困境和全球协调困境。这些困境构成了绿色知识经济发展的"隐性障碍"和"显性障碍"。虽然排除障碍的路径和因素很多，但关键因素和主要途径是：实施科教兴国战略，加快产业转型升级步伐；转变人们的思想观念，确立经济的质量观和效益导向；建立健全"深绿色"消费模式，并构建绿色知识特定运行通道。

一　坚持实施科教兴国及产业转型战略

通过实施科教兴国战略，包括科学技术发展战略、绿色科技人才培育战略、绿色科技成果转化战略、绿色经济发展战略及绿色产业发展战略，来提高全民族的科学文化知识水平，迎接绿色知识经济的挑战，实现产业的转型升级。

1. 推动工业由粗放型向"深绿色"集约型转变

把推进"深绿色"新兴产业化进程放在突出位置，走新型工业化道路，实现由粗放型向"深绿色"集约型转变，其关键是培育绿色科技人才。绿色科技人才缺乏是制约绿色产业发展的最大"隐性障碍"，是制约产业转型的重要因素。

（1）优化提升传统产业。传统产业是我国经济结构中的主要经济存量，其升级和扩张是构建绿色产业体系的根基。要实现传统产业循环化、低碳化和生态化，必须牢固树立"全循环""抓高端"的理念，淘汰落后产能，强化绿色科技创新，升级技术及设备，着力于培育绿色创新人才，以人才创新推动工业结构创新。推动装备制造扩能改造，实现装备制造的数字化、集成化、配套化转型升级，打造各类绿色加工业基地，调整污染严重的化工企业产品结构，推动绿色龙头企业向大型化、集约化和精细化发展；推动传统的纺织服装业走差别化、功能化、品牌化路子，实现产业集聚效应。

（2）培育壮大新兴产业。培育壮大战略性绿色新兴产业，全力发展以生物制造、生物医药为主的生物技术产业，以太阳能、生物质能、地热能绿色利用和风电装备及新能源汽车为主的新能源产业；着力于发展以特色复合材料、新型工程材料为主的新材料产业；注重发挥热传导、碳材料等绿色先进技术优势，以及风能、生物能的资源优势，加强绿色政策支持和绿色规划引导，努力打造绿色产业基地，健全绿色产业门类，实施绿色新兴产业自主创新工程，突破"深绿色"关键技术，转化"深绿色"科技创新成果，推进"深绿色"示范项目，培育"深绿色"创新型龙头企业。

（3）发展"深绿色"产业集群。发展"深绿色"产业集群是加速工业化和城镇化进程的捷径，特别是对欠发达地区而言，抓好集群式产业布局的规划是形成后发优势，实现跨越发展的重要途径。要以市场为导向，以优势产业为依托，以开发绿色产业园区为主体，积极培育出具有特色的绿色主导产业和绿色支柱产业，发展壮大绿色产业集群。

2. 创新型人才是发展绿色知识经济的关键

现代创新型人才，不仅是生产领域的人才，而且包括服务领域的人才。要改变传统服务业知识结构、智力结构、智能结构，培育和创造现代服务的新知识、新智力、新能力以及新结构，发展现代服务业。现代服务业被誉为"无烟产业"，具有资源消耗低、环境污染小、亲近自然、环境友好等特点，比较符合"深绿色"经济发展的要求。因此，应该大幅度提高现代服务业在整个经济中的比重，打造现代服务业区域高地，推动服务业由传统型向"深绿色"现代型转化。

（1）改造提升生活性服务业。首先，要推动服务业专业市场集群发展，依托骨干企业及重点区域，促进商贸聚集发展，并着力培植一批全国性、区域性绿色商品集散中心和价格中心；其次，构建先进的经营模式和管理模式，积极推广应用绿色信息技术，鼓励发展特许经营、仓储超市等现代经营方式。要着力引导传统产业的提档升级，以创新的经营模式、手段为传统产业注入新的内涵，提升绿色品牌影响力。

（2）优先发展生产性绿色服务业。生产性绿色服务业主要包括金融、信息、研发、物流、商务以及教育培训等方面的服务。这类服务与传统服务业相比，是一种高智力、高成长、高辐射和高就业的现代服务业，能够有效地推动经济发展模式转型，能够提升资源配置能力，促进产业升级。因此，实现产业转型升级必须加强环保教育，逐步普及生态环境保护知识；加强基础教育，适当开设专业教育课程，分级开展生态环境保护的培训，宣传绿色产业转型升级的重大意义，传播绿色产业知识，培养人们的绿色价值观，以提高资源生态效益。

二 转变观念，促进绿色知识经济发展

观念对行动有着极其重要的作用。无数事实证明，观念上差之毫厘，行动上就会有巨大差别，结果上则可能相距万里。造成我国

与工业发达国家的巨大差距的原因，首先在于人们的观念。例如，在 300 年前，正值 17 世纪末的中国"康乾盛世"之时，世界的工业化开始萌芽，当时的中国康熙皇帝对农业进行锐意改革，对工业却毫无兴趣，结果是 100 多年之后西方的工业化经济冲垮了中国的小农经济，使中国人蒙受了长达 100 多年的丧权辱国的沉重打击，这个教训应该永远吸取。所以，当代表社会先进生产力发展方向的新生事物出现时，我们必须用心学习，转变观念，自觉接受新生事物，以适应新事物的发展。

从绿色知识经济发展合作博弈分析，不论是宏观层面还是微观层面，不论是政府部门还是企业，不论是博弈主体还是博弈客体，都有一个转变观念的问题。要将贪图享受、追求低级趣味的吃、喝、玩、乐等奢侈消费观念，转变为节约光荣、浪费可耻的有益身心健康的节约消费观念；要将粗放式生产发展的观念，转变为随着绿色知识经济的发展，向集约型生产发展深度进军，尤其是向绿色经济深度进军的观念。要由过去的以外延为主的生态经济再生产转向以内涵为主的生态经济再生产，对资源利用必然要实现由过去主要采取外延式的数量型扩大利用方式，提高对资源的利用效率和综合利用水平。

只有通过开展综合利用，实现废物资源化，也就是将粗放经营的单一利用资源的生态经济系统，转变成为集约经营的综合利用资源的生态经济系统，才能促使人们按照使生态经济物质合理转换和能量合理流动的原理，设计出集约化的、多次利用的资源型生产流程，形成一个合理的食物链（网）和投入产业链（网）或加工链（网）。这样不但使上一个生产环节生产出的初级产品，能在接下来的一些生产环节中进行深加工，以综合利用资源和不断增长其价值，而且使上一个生产环节产出的废料加以处理后能成为接下来的生产环节的原料，将废料资源化，使整个社会生产和再生产既能产出更多的符合社会需要的特质产品，又能将废物减少到最低限度，甚至无废料排出，从而实现绿色知识经济与经济的合作博弈目标，最终实现资源综观经济生态效益。

三　建立健全"深绿色"消费模式

过去那种消费主义的消费方式，造成了人类的价值观危机，导致人们对精神文化和政治的忽视，丧失辩证思维能力，丧失了道德信仰和能力创造性，人的综合素质也就变得越来越差。因此，构建"深绿色"消费模式是人类在追求经济社会可持续发展过程中作出的必然选择，具有鲜明的时代特征，是一种有益于人类健康和社会环境保护的新型消费模式。它是对传统消费模式的一种挑战，对于提升和培养公众的"深绿色"消费观念，促进绿色知识的运用，提升资源生态效益具有重要意义。

1. "深绿色"消费模式的内涵

20 世纪 90 年代以来，第二次环境革命运动要求将生态环境与经济发展进行整合思考。联合国环境规划署在 1994 年发表了《可持续消费的政策因素》报告，对可持续消费作出如下界定："提供服务以及相关的产品以满足人类的基本要求，提高生活质量，同时使自然资源和有毒材料的使用量最少，使服务或产品的生命因其中所产生的废物和污染物最小，从而不危及后代的需要。"这种可持续消费概念的提出，标志着人们的消费行为向"深绿色"消费模式的转变。

"深绿色"消费模式是根据"深绿色"消费内容、结构和方式的特定要求，是"深绿色"消费者与"深绿色"消费资料的主动结合，是消费者在消费过程中注意保护生态环境、减少资源浪费和防止污染、主动承担社会责任的前提下，着力保护自身健康和群体利益，对绿色产品和服务进行的一种理性消费方式，是一种体现绿色文明、遵循可持续发展原则的消费模式。因此，"深绿色"消费模式不仅体现在生产阶段实现绿色化，而且体现在购买和消费阶段实现绿色化，在消费观念、消费内容、消费过程和消费结果方面都要体现"深绿色"。

（1）消费观念的"深绿色"。消费观念是人们对待其可支配收入的指导思想和态度以及对商品价值追求的一种取向，是消费者主体在进行或准备进行消费活动时对消费对象、消费行为方式、消费过程、消费趋势发展的总体认识与价值判断。我们说的绿色消费观念，就是要提倡人与自然和谐发展，以尽可能少的索取和尽可能大的回报来维持自然生态的平衡，是人类谋求与大自然和谐相处而产生的新的消费价值观，着重体现在适度消费、合理消费、科学消费、经济消费等健康的消费方式方面。

（2）消费内容的"深绿色"。消费内容"深绿色"是指消费的产品为"深绿色"。按消费内容区分，消费可分为物质生活消费、精神文化消费和劳务消费。"深绿色"产品包括食品、日常生活用品、机动车、照明器材、家电、建筑材料、染料等无污染、无危害、可循环使用的各种产品。"深绿色"产品要求在设计、生产、包装、使用、处置的全过程中注重环境行为，考虑资源和能源的利用程度，采用先进的生产工艺，考虑产品易于回收和处置，符合质量和环境的双优产品。"深绿色"产品的生产必须有严格的认证程序和产品生产要求，有优良的生态环境、土壤、天气、水质，符合绿色生产技术标准、微生物指标及产品包装标准，整个生产过程都必须考虑绿色知识的运用和发展。

（3）消费过程的"深绿色"。消费过程是商品的使用过程。"深绿色"的消费过程是指消费品在使用过程中不会对其他社会成员和周围环境造成伤害，是一种保护绿色的消费行为，在消费中必须考虑到对环境的影响及其负面效应。因此，在消费过程中必须考虑运用绿色知识，避免消费的外部负效应，并由外部的负效应转变为外部的正效应。

（4）消费结果的"深绿色"。消费结果就是商品消费后对个人和环境等产生的外部效应。消费结果"深绿色"是指消费品使用后，不会对外部环境产生过量的有毒垃圾、有害噪声、有害废水和有害空气等难以处理的、对环境造成破坏的消费残存物。其基本要求是，消费者必须具备"深绿色"消费理念，消费使用"深绿色"产品，在消费过程中注重对产品的重复使用、多次利用以及对垃圾的分类回收。运用绿色知识促成变废为宝，减少环境污染，而且还可以增加经济资源和提高资源生态效益。

2. "深绿色"消费模式的特征

"深绿色"消费模式体现了公平消费、文明健康科学消费、共同富裕消费和协调性消费等特征。下面就"深绿色"消费模式的这些特征进行分析。

（1）公平的消费模式。经济社会的可持续发展的原则之一就是公平性原则，主要体现在代际公平性、同代人之间的公平性、人与自然之间的公平性三个方面。当代人为了满足自身利益的需要，大量开采和违背自然规律地开采自然资源，特别是不可再生资源，破坏了人与自然的公平性和天人合一的准则。绿色消费着眼于公平消费，其内涵包括人际公平、国际公平、代际公平、代内公平、人与自然和其他生物之间的公平。这些公平共同构成了人们的"深绿色"消费准则。

（2）文明健康科学的消费模式。西方发达国家主张消费主义，崇尚"消费导向型"经济，消费主义主张过度消费、身份消费、奢侈消费、高碳消费。消费主义危害人们科学文明的健康消费方式。我们倡导"深绿色"消费模式，要求逐步消除消费主义给人类生存和发展带来的生态破坏和环境污染。文明健康科学消费模式主张的是消费观念、消费质量、消费结构和消费方式的优化，同时又要求用绿色知识和绿色技术来强化和指导消费行为，既满足节约能源和资源的要求，又促进人们的身心健康。

（3）共同富裕的消费模式。共同富裕是全体人民通过辛勤劳动和互相帮助最终达到丰衣足食的目标，也是中国特色社会主义的本质规定和奋斗目标。"深绿色"消费模式从整个社会看追求的是贫富差距的缩小，同时又兼顾群体性消费和大众性消费。它强调在创造更多的社会总福利时，减少资源的消耗，以促进广大社会成员的共同发展。这种消费模式的实现在很大程度上取决于制度的实施程度，包括现代产权制度、社会保障制度和分配制度的完善程度。

（4）协调性消费模式。这种消费模式主张政策的协调、利益的协调、行为的协调以及思维方式的协调。其内容包括：其一，经济发展与人口、资源和环境相协调，切实解决这些因素之间不协调的矛盾和问题，切实解决这些因素之间的"隐性障碍"和"显性障碍"。其二，国家、企业和个人的利益要协调一致。首要的是思维方式的协调，即政府的政策思维、企业的利益思维和个人的利益思维的协调——个人的"深绿色"消费障碍主要来自个人的知识水平、认识程度和社会角色的局限性，很难做到充分考虑可持续发展问题；作为商品生产者的企业的"深绿色"障碍体现在谋求自身的经济利益，会充分利用消费者争取市场份额，实现违背绿色行为的利益最大化；政府作为社会生产的组织者和管理者，要从全社会优化的角度，考虑社会利益和经济利益的一致性。这就是"深绿色"消费模式的协调性特征的重要性所在。

3. 健全"深绿色"消费模式的保障机制

构建"深绿色"消费模式，实现生态经济和低碳经济的持续快速增长，除了打造高效低耗的以"深绿色"理念为指导的产业体系，还必须建立健全"深绿色"经济发展的法律法规、政策导向机制、科技创新体制和监督考核机制等。

（1）发展和完善"深绿色"经济的长效政策机制。要构建"深绿色"经济的相关法律体系以及相关配套法规，如全面推行清洁生产实施纲要、废旧家电及电子产品回收处理管理办法、生活饮用水源保护条例、畜禽养殖污染防治管理办法、固体废弃物管理条例等。按照"谁开发谁保护，谁破坏谁恢复，谁受益谁补偿"的原则，建立并完善生态补偿机制；逐步建立反映资源稀缺程度、环境损害成本的生产要素和资源价格机制；建立绿色国民经济核算体系；建立落后产能的退出机制，建立环境污染责任保险制度。

（2）构建"深绿色"科技支撑机制。要建设以企业为主体、以市场为导向、产学研相结合的技术创新体系，鼓励企业与高等院校、科研机构共建绿色技术中心，联合开展科技攻关和技术改造。例如，支持光伏和光热发电、新材料运用、生物医药、高性能数控机床，攻克一批制约产业技术升级的重大关键技术和共性技术等，完善绿色科技资源开放共享制度。绿色科技资源共享有助于合理配置科技资源，提高创新效率，实现可持续发展，深化科技体制改革。

（3）建立和完善监管能力保障机制。要建立专家咨询绿色决策管理信息系统，在制定涉及"深绿色"经济发展的重大决策和规划时，要确定重大生态建设和环境保护等方面的项目，要重视发挥专家咨询委员会的作用。要围绕科学技术、文化和社会发展中的全局性、长期性及综合性的问题，进行战略研究和对策研究，提供科学的咨询论证意见；参与重大绿色行政决策的可行性研究和论证；负责对重大绿色行政决策的效果进行追踪和评估。

（4）建立健全生态环境监测网络。要运用遥感技术、地理信息系统、卫星定位系统等技术，进一步摸清生态环境基础情况，建立主要河流断面、重要水源地和重要水域的水质自动监测系统网络，建立和完善生态环境预警系统和快速反应体系，对生态安全系统进行全方位的动态监测，避免或减少各类灾害造成的损失。

4. 培育健康的"深绿色"文化

以人与自然、人与社会和谐为核心的"深绿色"文化，是当今时代的重要价值观和价值取向，是落实科学发展观和构建和谐社会方面的重要内容。因此，培育和弘扬健康的"深绿色"文化，促进人与自然和谐共存是人类追求的价值取向，是实施可持续发展战略的思想保障，是孕育生态文明和生态效益的力量源泉，是解决生态危机的理论指导。

（1）切实加强"深绿色"理念教育。倡导创建"深绿色"学校，广泛开展生态基础教育，把各种"深绿色"知识纳入素质教育的必修课。高等教育要开设生态哲学、生态伦理和生态文明等生态环境课程，并开展生态环境实践活动。社会要开展"深绿色"理念教育，充分利用公共媒体资源和各种社会组织资源，面向公众普及生态知识，提升全社会的生态文明程度。

（2）积极培育"深绿色"文化产业。生态文化产业的定位应是以精神产品为载体，视生态环保为最高境界，向消费者传递或传播生态的、环保的、健康的和文明的信息与意识。大力发展"深绿色"文化产业，有利于优化经济结构和产业结构，有利于拉动居民消费结构升级，有利于扩大就业和创业。

（3）大力倡导"深绿色"消费理念。大力倡导"深绿色"消费理念能够树立生态价值观，提高以健康向上、人类与自然和谐共生为目标的居民生活质量，提高城乡的生态文化程度，为生态文明建设提供思想保证、精神动力、智力支持和文化环境。

第九章

基于资源生态效益的制度创新

创新是一个民族进步的灵魂，是一个国家竞争力的核心；只有促进企业的自主创新和政府的制度创新，才能实现经济社会的全面发展。制度创新为自主创新提供基础和条件，这是因为制度创新可以促进企业自主创新及其利益关系的固定化和规范化，企业自主创新能力的提高需要政府加强政策引导和提供制度保证。所以，以制度创新带动企业自主创新，是调整国家经济结构，使经济增长方式从资源依赖型向创新驱动型转变的着力点和突破口。本章着重研究基于制度创新的企业自主创新与实现资源生态效益的关系。

第一节　自主创新与制度创新

自主创新是强国之道，是企业生命的源泉；制度创新是自主创新的保证，是促进自主创新和经济发展的重要保障。自主创新和制度创新都具有极其深刻的内涵和表现特征，本节在阐述其内涵的基础上，着重于分析自主创新与制度创新的关系。

一　自主创新的内涵

关于创新的含义有许多不同的理解。如前文所述，创新理论的创始者熊彼特在 1912 年出版的《经济发展理论》一书中提出，创新就是生产要素重新组合，就是把一种生产要素和生产条件重新组合引进到生产体系中，而经济发展就是不断地实现这种新组合，以最大限度地获取超额利润。熊彼特的创新理论，影响了一大批国内外经济学家、管理学家以及管理界、工程界的专家们，他们按照熊彼特的创新理论及其概念界定来理解技术创新，有的还提出自己的看法。美国经济学家曼斯费尔德（E. M. Mansfield）认为，创新就是"一项发明的'首次'应用"。他认为，与新产品直接有关的技术变革才是创新；产品创新是从企业的产品构思开始，以新产品的销售和交货为终结的探索性活动。曼斯费尔德在某种程度上澄清了技术发明与创新之间的关系，即只有直接应用于新产品的技术变革才能称为创新。经济合作与发展组织认为："技术创新是使一种设想成为在工业或商业活动过程中销路好的产品或改进的产品的变换。"

笔者认为，自主创新就是"自己主导"的创新。其实质就是创新行为主体，掌握创新的主导权、主动权，增强未来发展的选择空间；其丰富的内涵包括了实际创新能力、创新过程和创新结果。过去自主创新是指一个国家或企业在不依赖外部技术的情况下，依靠本国或本企业的力量独立开发新技术，进行技术创新活动，即所谓的"原始创新"。在新的历史时期，自主创新已经被赋予了更丰富的内涵——现在所讲的自主创新不是封闭起来的自主创新，而是开放性的自主创新，是在经济全球化和大数据时代下的自主创新，可以借鉴别人的成功经验，根据国情和企业自身情况来开展自主创新。只有这样的自主创新，才能提高国家或企业的内质及核心竞争力，促进经济社会的全面发展。

二　制度创新的内涵

根据马克思的生产力与生产关系理论，制度创新是人类社会生

193

产力发展一定阶段占主导地位的生产关系的总和。不同的生产关系总和构成该社会的经济基础，并决定政治、法律制度以及人们的社会意识。在马克思看来，生产力的发展决定了人类历史上相继存在的各种社会形态和经济模式，这种社会制度演进的不同经济模式实际上就是同生产力的发展阶段相适应的生产关系或经济结构，以及与一定经济结构相适应的政治、文化和法律制度。这里所指的制度既包括法律制度、经济制度等由国家执行的博弈规则（外在制度或正式制度），也包括文化制度、传统习俗、伦理道德等由社会执行的博弈规则（正式或非正式制度），最终两种制度共同作用促进技术创新的微观主体——企业"自己主导"的技术创新。

当前我国急需的制度创新，就是针对影响发展全局的深层次矛盾和问题，以及国家创新体系中存在的结构性和机制性问题，努力建立一个既能够发挥市场配置资源的基础性作用，又能够提升国家在科技领域的有效动员能力，既能够激发创新行为主体自身活力，又能够实现系统各部分有效整合的新型国家创新体系；突出以人为本，建立起激励科技人才创新、优秀人才脱颖而出的创新机制，营造出一个鼓励创新的文化和社会环境，以保持经济长期平稳较快发展，调整经济结构、转变经济增长方式，建设资源节约型、环境友好型社会，提高国际竞争力和抗风险能力为目标，通过国家层面的制度安排与政策设计，充分发挥各个创新参与者（政府、企业、科研院校）在知识的创造、扩散、使用过程中的协调与协同，寻求资源的最优配置，以产生创新性技术，并使之产业化且获得商业利益的能力[①]。

---

① 张娟：《制度创新》，湖南人民出版社，2010。

第二节　自主创新与资源生态效益

企业自主创新能力与生态效益有着极其重要的相互关系，能否实现自主创新对生态效益的提升具有极其重要的作用。本节着重分析企业自主创新与物质循环转换的关系，以及自主创新与物质科学性突破之间的关系。

一　经典理论对企业自主创新能力的论述

1. 自主创新是社会经济和自然生态因素的有机结合

马克思曾对劳动生产增长因素进行过分析，也就是对经济增长因素进行过分析。他指出："劳动生产力是由多种情况决定的，其中包括：工人的平均熟练程度，科学的发展水平和它在工艺上应用的程度，生产过程的社会结合，生产资料的规模和效能，以及自然条件。"[①] 在这里，马克思事实上指出了决定经济增长的五大因素，这五大因素中前四个因素作为社会经济因素，也都有其自然基础，因而这五大因素实质上是社会经济因素与自然生态因素的有机统一。在论述企业自主创新与生态经济效益关系的时候，我们会提到马克思关于作为社会生产过程的劳动过程是人与自然之间物质变换过程的观点，那么，我们就会看到，作为自然历史过程的社会过程是个人在一定的社会形式中并借这种社会形成而进行的对自然的占有，是人通过自己的能动性进行创造性劳动，使人的本质力量发挥的对象化过程。这就是自然环境生态条件和人、社会之间不间断地进行物质变换的经济增长过程。从人的创造性劳动与资源生态效益合作博弈及非合作博弈角度分析，在这个过程中，不仅要强调人的创造

---

① 《马克思恩格斯文集》第 5 卷，人民出版社，2009，第 53 页。

性劳动的能动性，而且要重视人的本质力量的发挥，要受制于自然基础及其生态环境所能容许的程度。企业自主创新建立在生态的自然基础上，而不能超越自然生态系统承载力，这是企业自主创新必须遵守的生态规则。

企业自主创新所创造的经济增长，是人类劳动借助技术中介系统来实现人类社会的经济社会因素和自然界的自然生态因素相互作用的物质变换过程。因此，当我们把企业自主创新建立在马克思物质变换理论基础之上的时候，就会发现经济增长的自然生态因素进入作为自然历史过程的社会生产过程之内，已经由经济系统的外生变量转化为促进经济增长的企业自主创新的内生变量，成为决定企业自主创新的内在因素。这样，就把马克思关于自然生态环境作为人类社会经济的外部条件和内在要素的理论，贯穿到企业自主创新的理论之中，形成了企业自主创新的生态经济发展理论，构成了企业自主创新与生态效益的有机统一。

2. 企业自主创新是实现企业经济增长的核心问题

企业自主创新是企业资本再生产的核心问题。依据社会经济因素和自然生态因素相统一的发展观，自然环境、生态条件和人与社会之间不间断地进行物质变换的经济增长过程，在本质上是生态经济再生产过程。

只有在生态经济再生产中的消耗能够从社会产品中得到相应的补偿的条件下，生态经济再生产才能顺利进行。那么，什么是社会产品呢？马克思认为，人类发展的全面需求，要求社会除了生产物质产品外，还必须生产满足人们需要的精神产品，同时还必须生产满足人们生存发展、享受生活的生态产品，以满足人们物质上、精神上和生态上的需要。而现代社会产品的概念和范围，已随着人们消费结构的变化而扩大，非物质形态的劳动成果，如文艺服务、教育服务、技术服务、保健服务、旅游服务、生态服务等，也应纳入社会产品的范畴；同样，这些也是企业自主创新的目标和内容。所以，企业自主创新按其满足需要的内容，应该分为物质产品、精神产品与生态产品。

随着企业自主创新的发展和现代生态经济系统基本矛盾运动的不断深入，生态产品在现代经济发展中的地位和作用与日俱增，适宜的空气、充足的阳光、清洁的水源等，这些生态产品都是构成企业自主创新的生产要素，也是全体社会成员的消费对象，即人口再生产的基本条件。过去企业的生产是按其固有的自然规律，没有人类劳动的参与，也可以自发地生产出来；现在则不行，它们按其固有自然规律，或多或少需要人类劳动的参与，才能再生产出来。因此，离开生态产品，把现代社会再生产的客观问题，只局限于物质产品和精神产品的实物产品，就把产品客观问题缩小和简单化了，就会导致再生产理论与现代经济社会消费结构和生产结构相悖，从而产生企业与资源生态效益的非合作博弈结果。因此，我们要摆脱其困境，实现生态与经济相协调的经济增长，就必须增强企业的自主创新能力。这种创新的基础是对生态消费进行实物上和价值上的补偿，协调好物质补偿关系和价值补偿关系，这是实现企业自主创新的必要条件。

二　企业自主创新与物质循环转换的博弈

1. 企业自主创新促进人与社会、自然之间的物质变换

企业自主创新就是人与社会、自然之间和谐相处，共同创造新的价值，这种新的价值产生的基础是人类能够有效地利用资源，充分发挥资源生态价值作用，促成物质资源的良性循环。恩格斯在《自然辩证法》中描述了人类劳动对自然界的破坏，突出表现为破坏了人与社会、自然之间正常的物质变换过程，极大地阻碍了经济循环和生态循环之间的正常运转与转化，从而导致森林破坏、水源枯

竭、水土流失、土地沙漠化、洪水灾害的生态经济恶性循环。恩格斯说："美索不达米亚、希腊、小亚细亚以及其他各地的居民，为了得到耕地，毁灭了森林，但是他们做梦也想不到，这些地方今天竟因此而成为不毛之地。"① 恩格斯还认为，人类经济活动片面地追求最高利润，就会破坏人与自然界的物质变换关系，进而成为破坏经济循环和生态循环的正常运转与转化的重要因素。他还告诫说："如果说人靠科学和创造性天才征服了自然力，那么自然力也对人进行报复。"② 因此，恩格斯要求我们在与自然界进行物质变换的时候，每走一步都要记住：要"学会更正确地理解自然规律"；要"学会认识我们对自然界习常过程的干预所造成的较近或较远的后果"③；要学会支配至少是我们最普通的"行为所产生的较远的后果"④；要学会预见和调节我们的经济活动对社会产生的深远影响。在这里，恩格斯所说的"自然影响"确实包含了自然界内部的物质变换及生态循环意义；"社会影响"确实包含了人类社会的内部的物质变换及经济循环的意义。因此，企业的自主创新离不开物质变换的经济循环，离不开资源的"自然影响"。企业的自主创新活动与自然界进行物质变换，都应当严格地、永远地遵循物质循环与转化的生态经济规律，才能真正避免人与社会、自然之间物质变换过程中产生的非合作博弈的现象，以实现企业自主创新与生态效益的统一。

2. 企业自主创新促进人与社会、自然的可持续发展

通过科学技术的创新，做好"投入"和"产出"的物质变换工作，自主创新赋予了属于人的自然物质形式，对于社会经济系统的经济循环来说，则是一种"无用形式"的自然物质，是社会生产过

① 《马克思恩格斯文集》第9卷，人民出版社，2009，第560页。
② 《马克思恩格斯文集》第3卷，人民出版社，2009，第336页。
③ 《马克思恩格斯文集》第9卷，人民出版社，2009，第560页。
④ 《马克思恩格斯文集》第9卷，人民出版社，2009，第563页。

程和社会消费过程后产生的。马克思在《资本论》第三卷中专门写了"生产排泄物的利用"① 来阐述他的物质循环利用思想。用今天的话来说就是，社会生产和生活的废弃物排放量超过自然生态系统的自净能力，生态循环受阻，导致环境污染、生态失调的生态经济恶性循环。因此，企业的自主创新就是要通过科学技术的创新，促成生态和经济在生态系统中进行良性循环，清除物质循环中的污染物，化废弃物为原料，变害为利。

3. 企业自主创新为物质循环利用提供新的原则

（1）自主创新促进生产的生态化原则。生态经济学认为，消费排泄物来源于两个方面：一是人的自然的新陈代谢产生的排泄物，二是消费品消费以后残留下来的东西。这两种消费排泄物如不加以处理，就会成为破坏经济循环和生态循环正常运转与转化的重要因素。如果人们进行废物利用，那么消费排泄物对农业来说最为重要。工业生产的排泄物的生态利用，最根本的是发展生态工业，实现工业生产的生态化，这是消除生态经济恶性循环的基本途径，也是企业自主创新的重要途径。发展工业应当遵循人与自然的物质变换和物质循环与转化的客观规律，按照最适合于其他生产要素的科技或发展原则，特别是最适合于作为生产要素的劳动资料中的物质资料和物质条件的保持或发展的原则。这实际上包含了当今企业自主创新的基本内涵与基本观点。

（2）自主创新促进新的生产要素转化的原则。马克思根据物质循环和物质转化的规律，论证了物质循环转化利用的发展过程，即在物质资料再生产过程中排泄物的废料，人类又通过新的生产过程，改变它的形态，从而在有用的形式上再占有它。这里的物质能量的转换，包括低碳和高碳物质的能量转换、生态能量和非生态能量的

---

① 《马克思恩格斯文集》第 7 卷，人民出版社，2009，第 115 页。

转换、良性物质能量与恶性物质能量的转换、自然物质与非自然物质能量的转换、化学原子与非化学原子物质能量的转换。作为消费的废料重新加入生产过程，则它又构成新的生产运动的要素，即转化为具有价值的物质产品。例如，应用科学技术改良机器和工艺，对废毛和破烂毛织物进行再加工，"已成为约克郡毛纺织工业区的一个重要部门的再生呢绒业"①。企业自主创新就是"把一切进入生产中去的原料和辅助材料的直接利用提到最高限度"②。用今天的话来说，这就是最大限度地提高能源利用率，最大限度地减少废弃物排放量。只有这样，才能从根本上防止生态环境问题的产生，才能产生合作博弈的生态效益。

（3）企业自主创新为物质的循环利用提供新的形式和途径的原则。马克思指出："机器的改良，使那些在原有形式上本来不能利用的物质，获得一种在新的生产中可以利用的形态；科学的进步，特别是化学的进步，发现了那些废物的有用性质。"③ 可见，科学技术的进步对于这种再生产的循环利用的发展起着决定作用，不单是能够有效解决生态环境问题，也给合理利用资源、发展经济带来了新的前景。不管社会形态如何，社会生产要有效地减少总废物的产生，并能够保护生态环境，就必须依靠企业自主创新，提高工业和农业生产的生态化程度，实现资源生态效益，产生合作博弈的效应。

第三节　制度创新与环境革命

低碳和生态发展是一种新的经济发展理念，而制度创新为低碳和生态发展提供制度保障。低碳和生态发展是科学发展观的内涵之

---

① 《马克思恩格斯文集》第 7 卷，人民出版社，2009，第 116 页。
② 《马克思恩格斯文集》第 7 卷，人民出版社，2009，第 117 页。
③ 《马克思恩格斯文集》第 7 卷，人民出版社，2009，第 115 页。

一，它坚持人与自然和谐发展、共同发展，追求经济发展和环境保护的"双赢"。本节在论述资源环境内涵的基础上，分析制度创新与资源环境创新的关系，也就是说，涉及物质层面、制度层面及价值观念的变革与创新。

一　环境革命的产生及其内涵

1. 环境革命的产生

生态环境问题产生于人类对自然的傲慢。1962 年，美国作家蕾切尔·卡逊（Rachel Carson）在《寂静的春天》中，详细讲述了以滴滴涕为代表的杀虫剂的广泛使用，给我们的生存环境和生活质量造成了巨大的难以逆转的危害。正是这个最终指向人类自身的潜在而又深远的威胁，让人们意识和反省环境问题的严重性，从而开启了群众性的现代环境保护运动，唤醒民群尊重自然、尊重自然规律。不仅如此，卡逊还尖锐地指出，生态环境问题的深层根源在于人类对自然的傲慢和无知。因此，她呼吁人们重新端正对自然的态度，重新思考人类社会的发展道路问题，由此而产生了环境革命。

国内生产总值是一个国家一年之内由企业生产和政府提供的全部商品和服务的总和。国内生产总值是美好的，但是它不能为我们提供福利状况的全部信息，它是单纯的经济增长观念，它只反映国民经济收入问题，不统计环境污染和生态破坏数据，不反映资源生态效益和生态价值以及低碳价值。过去以国内生产总值论英雄，哪个地区的国内生产总值上去了，经济就发展了，生产就上去了，物质就丰富了。产生这种情况的根源是我们的评价制度出了问题，以国内生产总值论英雄的制度是导致经济强化、环境恶化、生态退化、资源弱化的根本原因。在人类征服和改造自然的过程中，自然被"人化"了，生态环境的稳定以及生态美和自然美遭到了越来越严重的破坏。制度约束和环境恶化之间的因果关系愈益明显，制度是

"受制于人"的。制度的约束程度及其效应要受到人们世界观、价值观的影响和控制，要受到人们的主观意图和利益的影响和控制，要受到当时社会制度和生产性质的影响和控制，要受到低碳发展和生态发展的影响和控制。再先进的制度，如若被滥用，也只能导致环境状况的破坏和恶化。

生态问题产生于人口的过度增长。美国生物学家保罗·埃利希（Paul R. Ehrlich）1968 年在他出版的《人口爆炸》一书中发出警告：当代世界人口增长已趋于高峰，一旦人类自身的繁殖能力超越了自然的负荷，就不仅会给生态环境带来恶果，而且必会祸及自身。这本著作的出版，引起了人们对环境危机与人口过剩的深刻思考，使人口问题成为 20 世纪 60 年代末期环境问题的核心。人口增长对水资源、土地资源、森林资源和矿产资源形成巨大的压力，同时人口增加使能源供应紧张并缩短了石化燃料的耗竭时间。

2. 环境革命的本质

环境革命要求对人类文明从物质层面、制度层面、价值层面实行全方位的变革。在物质层面，环境革命呼吁对现有的物质生存方式以及相应的技术手段进行变革；在制度层面，环境问题需要进入政治结构、经济结构和法律结构之中，促使环境保护制度化；在价值层面，"深绿色"理念要求人类的价值观念在对待自然、对待后代、对待生态的关系上发生革命性的变化，认为环境问题已经从社会的边缘问题上升到社会的中心问题。

二　环境革命发展的制度逻辑

环境革命主张在不削弱人类利益的前提下改善人与人、人与社会的关系，它把人类的利益作为出发点和归宿，认为保护资源环境本质上就是为了人类更好地生存和发展，它认为生态危机仍然是人类发展过程中难以避免的现象；生态危机表明的是人类发展的不充分，只要我们不断完善社会制度，完善和改进分配体制，发展科学技术，这类问题都将能得到解决。

1. 生态环境系统是一个公共领域

环境污染的直接原因在于，人类不仅在生态环境中获取大量资源，而且向生态系统及环境中排放了大量废弃物。人们会问，为什么能够将大量废弃物排放到生态系统及环境之中，而没有人出来制止或者有效遏制企业或者居民的排放行为呢？其中一个直接原因在于生态环境系统是一个公共领域，对于公共领域由于其产权不清晰，维护公共领域的基本功能是环境优化，限制其他经济主体向这一领域排放废弃物的成本是高昂的，其收益是极少的。同时，这一领域表现为外部效应的内部化，向公共领域排放废弃物能够使自己的经济行为或者生活行为以比较低的成本进行，即能够实现自己行为内部效用最大化，这就需要对公共领域的概念及其外部性进行研究和探讨。

那么，何为公共领域？我们对"公共领域"的认知是：公共领域是相对于私人领域而言的非排他性领域，私人领域是一个产权明晰的领域。一个生活领域如果是公开的，并且有着某种可共享性和可进入性，就是公共领域。正因为公共领域是一个非排他使用和消费的领域，因此人们才能够比较容易地大量进行过度消费，因此会给公共领域带来灾难性的破坏。

从公共领域的视角来看，人类生存和发展的生态环境系统是一个典型的公共领域，如居民家庭在生活过程中产生的煤烟等废气或者企业生产过程中产生的二氧化碳、二氧化硫等废气就排入了空气这一公共领域。我们知道，2012 年对中国影响比较大的一个事件就是出现了长时期、大面积的雾霾天气，对此，中央电视台在进行天气预报时，曾专门增加对雾霾天气的预报。雾霾的主要组成是二氧化硫、氮氧化物和细颗粒物，这些恰好是工业污染、尾气排放和燃煤取暖排放的煤烟所致。有意思的是，雾霾严重的地方一般也是重工业比较发达的地方，同时雾霾主要出现在城市，特别是特大型城市中。这就充分说明，我们把生存的"空间"被当成了公共领域，向其中排放大量二氧化硫、氮氧化物和可吸入颗粒物。

2. 产权制度缺失

产权制度缺失是某一主体对某客观环境外部性所造成损害的确定性制度。产权制度源于英国诺贝尔经济学奖得主罗纳德·哈里·科斯。在科斯看来，外部性之所以产生，其根本原因是产权界定不清楚。比如，随着居民收入大大提高，不少家庭购买了小汽车。以我国为例，据国家统计局公布的《2012年国民经济和社会发展统计公报》显示，2012年中国的私人汽车保有量达9309万辆，比上年增长20.7%，其中私人轿车为5308万辆，比上年增长22.8%；2013年新增汽车为2211.7万辆，比上年增长14.7%，其中，轿车为1210.4万辆，比上年增长12.4%。在我们大量购买和消费汽车，并享受汽车给我们带来方便的同时，我们也在不知不觉中排放了大量汽车废气。从产权界定的视角来看，国家同样没有对每个开小汽车的人或者家庭是否有权利向空气中排放废气进行清晰的产权界定。因此，开着私家车的城乡居民都对空气排放废气，都是空气污染的制造者。汽车数量的大幅增长不仅带来交通的拥挤，更使尾气排放成为重要污染源，助推了雾霾天气的形成。

3. 生态环境质量交易制度缺失

科斯对外部性的分析是深刻的，他不仅认识到外部性问题的存在以及外部性对资源配置的影响，还认为外部性影响不是单向而是双向的。化工厂对于排放废气损害周围居民健康而采取的措施如下：一是让化工厂对居民的身体健康进行赔偿；二是制止化工厂对居民的健康造成危害，即让化工厂不再排放废气或者减少废气的排放。科斯认为，这种处理方法是错误的。因为我们分析的问题"具有交互性质"，即避免对乙的损害将使甲遭受损害，必须解决的真正问题是允许甲损害乙，还是允许乙损害甲？关键在于避免较严重的损害。科斯教授认为，我们思考问题不能只从一个视角来看，如果企业生产的经济效率比较高，所带来的生态环境损害可以通过经济效益来补偿，而且不管企业是否有权向空气中排放废气，只要企业向空中排放废气是清晰的，同时市场机制是完善的，那么，化工厂与周围居民之间的自愿协商就能够将外部性内部化，从而实现全社会资源配置的最优化。或者说，只要产权界定是清晰的，并且市场交易成本为零，交易就能够将外部性内部化，并实现资源优化配置。这就是科斯定理。按照科斯的逻辑，我们之所以强调的是生态环境质量市场交易，而不只是排污权交易，其核心在于排污只是生态环境的一个方面，另一方面还存在那些维持生态环境质量，对生态环境质量作出贡献的区域或者主体，这些因素为优化生态环境作出了积极贡献。那么优质的生态环境也是一种商品，也具有价值和价格。

从我国的实际情况来看，长期以来缺乏生态环境质量交易制度和碳交易市场，从而也很难启动市场机制来优化生态环境资源的配置，促进资源生态效益的提升。中国虽然从 20 世纪 80 年代引入了排污权交易制度，目前已有部分省市开展了试点工作，在排污权交易范围、排污权交易主体、排污权交易对象、初始排污权的配置方式以及排污权交易二级市场等方面进行了卓有成效的探索，并取得了一些成效和经验。但是，从整体来看，我国排污权交易仍然存在以下方面的缺陷：一是重排污权交易，轻整体性制度设计；二是缺乏有法律约束力的总量控制目标，排污权"稀缺性"和"资源性"不够；三是初始排污权分配方法单一，效率与公平兼顾不足；四是二级市场交易中的公平性制度设计缺乏。

多种废气排放已经引起人们对碳排放的高度关注，同时我们也看到，碳汇市场已投入应用。世界银行发布的《2010 年碳市场现状和趋势报告》表明，2009 年全球碳市场的交易额达到 1440 亿美元，交易量为 87 万吨二氧化碳容量。与其他交易市场相比，我国碳市场还处于初级发展阶段。2011 年经国家林业局同意，全国林业碳汇交易试点在浙江义乌正式启动，这种类型的碳汇交易，不仅实践探索层面才开始启动，而且理论研究非常滞后，特别是"深绿色"理念的树立还远远不够，还不能适应低碳发展和生态发展的需要以及碳汇交易实践的需要。

4. 生态补偿机制不健全

关于环境革命的思考使人们对环境问题的思考跳出了自然的层面，扩展成为生态、社会、经济、政治整体的观念思考，这就需要建立生态补偿机制。这是因为，在保护环境和提升资源生态效益的过程中，不仅存在大量的负外部性，同时还存在大量的正外部性；既存在资源生态效益的正能量，也存在资源生态效益的负能量。按照英国著名经济学家庇古的说法，不管是正外部性还是负外部性，其核心都是边际私人收益与边际社会收益、边际社会成本与边际私人成本的偏离和差异。要消除这种外部性的差异，必须使边际私人收益与边际社会收益、边际私人成本与边际社会成本相等。如何实现这一目标？庇古提出了"庇古税方案"——对于产生负外部的主体，应征收一定税收，使之减少负外部性；由于边际私人收益低于边际社会收益，边际私人成本大于边际成本，进行正外部性活动的动力不足，为激励其长期从事正外部性的活动或者使其行为长期持久，一种有效的办法就是对其行为给予补贴，使其行为的边际私人收益等于边际社会收益，边际私人成本等于边际社会成本。

正是在庇古这一理论的指导下，世界各国开始进行生态补偿机制设计与实践的探索，并取得好的成效。中国也从 20 世纪末开始进行生态补偿的实践，目前生态补偿的项目主要有天然森林资源保护工程、生态流域和生态区域补偿、退耕还林工程、森林生态效益补偿和生态转移支付等。这些补贴政策的实施已经取得了初步成效。

有的补偿政策起步较早，如天然林资源保护工程 1998 年启动，补偿涉及全国 17 个省份的天然林 7300 万公顷，占全国天然林 1.07 亿公顷的 68％。至 2012 年，国家生态转移支付预算达 300 亿元，目前全国有 600 多个县获得了生态转移支付资金。

但是，生态补偿还存在许多缺陷，生态保护者的权益和经济利益得不到保障，还存在以下主要问题：一是生态补偿缺乏系统的制度设计，国家还缺乏统一的生态补偿机制及政策框架。二是利益相关者参与不够，生态补偿多为政府单方决策，没有利益相关者参与协商的机制。三是生态补偿标准的确定没有充分考虑保护森林、草地、湿地等的生态功能，以政府支付能力为基础确定的补偿标准过低。四是生态保护者与生态受益者存在错位现象。从理论上来讲，生态补偿资金的主要受益者应该是对生态保护有贡献的企业、家庭及基层政府，目前生态补偿除退耕还林还草的生态补偿直接到农民和牧民外，其余均是地方政府，而如林区林户、生态保护区的农户等对生态作出直接贡献的主体没有得到补偿。五是跨区域的补偿机制没有形成。总之，目前我国还是从浅层次来认识和解决当前人类面临的生态问题，把环境问题单纯视为工业污染问题，所以工作的重点是治理污染源、减少碳排量等，所采取的措施主要是给企业补偿资金，帮助它们建立净化设施，并通过征收排污费或实行"谁排污，谁治理"的原则。

要实现低碳经济和生态经济的发展，实现资源生态效益的提升，必须以企业少排放或者减少排放工业废气、固体废弃物为前提。国家虽然成立了有关部门对废弃物排放进行管理，并取得了很大成效，但补偿政策上的缺陷亟须得到进一步重视和解决。

三　公共产权视角下的污染排放

在低碳发展和生态发展中，不管是固体废弃物排放、废气排放还是噪声污染等导致的环境和生态问题，关键在于人类经济活动中的排放量超过了环境自我消化量，使生态环境自我恢复能力下降或者失去自我修复能力。其经济主体之所以能够过量排放，原因是多个方面的，但根本原因在于资源生态环境产权是一种公共产权。

1. 公地悲剧与公共产权的关系

我们在研究公共产权关系时自然会想到"公地悲剧"。美国环保主义者加勒特·哈丁（Garrett Hardin）曾以寓言的形式讲述了一个"公地悲剧"的故事："在一片草原上生活着一群聪明的牧人，牧人们各自勤奋努力工作，增加自己的牛羊。其畜群不断扩大，终于达到这片草原可以承受的权限，每再增加一头牛羊，都会给草原的生态环境带来损害。但每个牧人的聪明都足以使他明白，如果他们增加一头牛羊，由此带来的收益全部归他们自己，而由此造成的损失则由全体牧人分担。事态引出的结果是牧人不懈努力，继续繁殖各自的畜群。最终，这片草原被毁灭了。"① 如今，"公地悲剧"现象已经成了低碳发展和生态发展过程的一种象征，它意味任何时候只要许多人共同使用了一种稀缺资源，便会发生环境的退化和恶化。

在人类的经济和社会生活中，不仅仅是土地资源，其他很多自然资源和生态资源也都存在"公地悲剧"的问题。我们通过对环境资源的分析，从而得出公共资源的概念。一种资源如果不具有排他性，而具有非排他性，则每个人都会出于自己的利益考虑，尽可能多地使用它，如果这种资源同时又具有竞争性，这种资源就是"公共资源"。

通过以上分析可以得出公共产权的概念。公共产权是指人们对财产或对现有资源享有所有权、共同使用权、共同收益权和共同支配权等。其中所有权起着主导和决定性的作用。我国宪法规定，城

---

① 刘炳福：《公地悲剧"与公共产权明晰》，《经济参考报》2008 年 1 月 11 日。

镇土地、森林、河流、矿山资源等都是国家财产，属于公共产权。

以上分析表明，在公共产权明晰基础上，产权要求所有权、支配权、使用权、受益权明确，才能实现利己与利他的利益统一和资源生态效益的统一，实现人与自然的低碳发展，才能实现利己和利社会的整体利益的最大化。

2. 公共产权对资源生态效益的作用

我们通过对公共产权的分析，得出了公共产权对资源生态效益提升有重要作用的结论。产权具有较强的专一性和排他性，产权具有可分解性和交易性。一方拥有产权，另一方就不能占有使用该生态资源或自然资源，而其本人在使用资源的时候，就会考虑怎样使用资源才能给其本人带来经济效益和资源生态效益。在低碳发展和资源生态效益提高的过程中，经济学家在经过生态辩证思考后认为，零污染意味着零发展，也就意味着零资源生态效益以及零经济效益，污染是一个无法回避的碳排放问题和生态问题，由此需要产权的明确。所以，庇古提出了"庇古税"，这种税导致的结果是通过征税和补贴的办法实现高碳外部效应内部低碳化，可以实现资源生态效益的提升。

3. 碳汇交易与排污权交易

从低碳经济和现代产权经济学研究的成果来看，如果产权界定是清晰的，那么外部性内部化或者说提升资源生态效益一个重要机制就是市场机制，通过市场机制可以促进制度创新。

（1）碳汇交易。这里所说的碳汇是从空气和大气中清除二氧化碳的过程、活动、机制。碳汇交易是一种虚假交易，是一种责任担当，是一种利益分配。一方的二氧化碳和二氧化硫排放侵害了另一方的利益，排放方就要承担相应侵害程度的责任，受侵害方就应得到相应的利益。碳汇交易还是一种价值维度，即低碳价值和生态价值维度。这种价值维度是以碳配额的形式出现的，碳减排超过了一定的额度就要在碳汇市场购买。碳汇交易是一种制度约束，以制度形式约束碳排放行为，以制度约束碳排放主体，以制度促进排污权交易。

关于碳汇的制度主要有两种：一是跨国投资形式的碳汇项目，碳汇交易制度的具体设计与排污权交易有一些相似之处；二是以排放许可为交易对象的碳汇交易制度，包括信息交流平台制度、配额的初始分配制度、交易之后的执行监督制度。在碳汇交易中，实际排放的二氧化碳量少于配额的企业，可以在碳汇市场交易中出售多余的配额，而那些实际排放量超过配额的部分企业则需要到碳汇市场交易中购买配额，否则就将受到处罚。碳排量的配额在《京都议定书》的清洁发展机制中被称为"核证减排量"，在欧盟的碳汇市场中被称为欧盟排放许可[①]。通过以上分析，笔者对碳汇交易提出如下建议：一是研究先行，全面提高碳汇管理的能力与水平，培养较高素质的专业队伍；二是积极探索全面碳汇交易，提高碳汇的购买需求，提高碳汇交易的可行性与吸引力；三是利用碳汇交易的契机，进行碳汇造林，增加农民收入；四是强化现有造林工程的碳汇经营与管理理念，增加造林融资渠道；五是做好碳汇造林技术与经验的积累，提高碳减排潜力。

（2）排污权交易。排污权交易的思路是由美国经济学家戴尔斯（J. H. Dales）于1968年在《污染、财富和价格》一书中提出的，首先在美国清洁空气法及其修正案中得到应用。后来该方法得到国际社会的广泛认可和采纳，先后在不同国家得到推广。排污权交易这一理论的提出对于后来低碳经济的发展和资源生态效益的提升起到了重要的指导作用。排污权交易有质的规定性和量的规定性。质的规定性是排出二氧化碳和二氧化硫对空气质量的影响，量的规定性

---

① 周晴：《碳汇交易制度浅析》，《法制与社会》2010年第22期。

是指排污浓度的总体水平，都是以污染许可证的形式出现，污染许可证能够激励生产者积极控制污染源以提高资源生态效益。

通过对排污权交易的分析，建议实施国家产业政策和价格政策的宏观调控，对于国家优先发展的高科技产业和服务业，给予优惠的排污权价格，由政府给予价格补贴。对于必须淘汰的落后产业和产能，即高污染、高排放的化学工业要采取惩罚性的加价政策，限制其发展，以达到优胜劣汰。

第四节　林业碳汇的生态价值制度分析

"林业碳汇"是一种法律制度语言，是指利用森林的储碳功能，通过植树造林、加强森林经营管理、减少毁林、保护和恢复森林植被等活动，吸收和固定大气中的二氧化碳，并按照相关规则与碳汇交易相结合的过程、活动或机制。本节针对林业碳汇所要解决的财产利益问题，从法制建设的视角，探讨林业碳汇的财产利益在财产权体系中的定位问题。

一　林业碳汇权利的必要性

1. 林业碳汇权利存在的主要问题

（1）林业碳汇中利益主体双方的关系不明确。从林业生态系统视角分析，林业碳汇交易利益主体双方一方面可以通过降低林业成本减排，另一方面可以通过优化结构获得新的生态森林收益。我国《森林法》规定了利益主体的森林资源所有权、森林资源使用权，我国的《物权法》对利益主体也作出了相应的规定，林地、森林、林木具有所有权和使用权。但是，对于林业碳汇中的交易活动却没有明确的规定，利益双方的关系还不明确，还是一个需要研究解决的问题。

（2）林业碳汇相关利益主体的法律根据不足。林业碳汇是一种在特定利益体之间交易的林业资产，通过流通达到林业资源的优化配置，当前的问题是谁有权创设林业碳汇权利，并获得林业相关碳汇利益。林业部门的《清洁发展机制项目运行管理办法》作出了相应规定，但只是部门规章而不能解决林业碳信用额的问题。

（3）林业碳汇利益关系边界无明确的规定。林业碳汇作为新型的林业资源，与森林有着不可分割的关系，但又与森林资源权利不同。在我国，森林资源是一种财产权利，林业碳汇项目需要履行各自的权利并分担各自的自然风险，履行相关的义务，迄今为止对此还没有明确的法律规定。

（4）林业碳汇活动中利益主体的利益救济还无明确的有效途径。我国《行政许可法》第十二条第二项规定，有限自然资源开发利用、公共资源配置、直接关系公共利益的特定行业的市场准入等需要赋予特定权利的事项，可以设定行政许可。但是，《行政许可法》只是一种行政法规，缺乏法律层次的制约，对森林的所有权和使用权以及处理国家、集体、个人之间的利益还缺乏有效的救济手段，相关利益主体的利益无法得到保障和救济。

2. 林业碳汇权利的积极作用

林业碳汇权利的所有权、使用权、收益权及产权的界定具有极其重要的作用，利益相关主体的产权关系明确、利益明确、使用权明确，才能调动林业生产的积极性，发挥林业"碳减排"的积极作用，各方主体利益的集中体现就是森林的"碳减排量"。森林能够吸收和固定大气中的二氧化碳，从生态思维的角度分析，发展林业有利于减少温室气体，其价值表现在固化"碳量"和碳汇"增量"。就林业生态思维而言，林业碳汇的增量部分相对应的就是林业碳减排量。从生态辩证思维的方式分析，就是森林"碳汇增量"与"碳减排量"的辩证统一，是林业资源生态效益的质和量的统一，森林碳减排量经核证后用于交易，通过林业碳汇市场实现森林资源效益。

二 林业碳汇权利的内涵及特征

1. 林业碳汇权利的内涵

如前所述，林业碳汇是指利用森林的储碳功能，通过利用林业土地及其调整变化而带来经济利益和生态效益的活动；其权利内涵包括通过森林、土壤、草原、植被等对大气中二氧化碳和二氧化硫的吸收、固定与存储作用，按照相关规则实现碳汇交易的过程。林业碳汇中各方主体利益的集中就是"碳减排量"的确定，也就是林业项目的实现所带来的温室气体的减少量，林业资源生态价值和生态效益在于在原有的、自然形成的土壤和植被的固碳量基础上产生的碳汇额外增量。也就是说，抵减排放量的只能是增量部分，与碳汇的增量部分相对应的是碳减排量。国际条约中的温室气体排放均以"碳减排量""硫减排量"为标的物，国内林业碳交易市场亦以"碳减排量""硫减排量"为交易对象，国际和国内的林业碳减排都是指温室气体控制的共同对象。

2. 林业碳汇权利的特征

（1）林业碳减排的自然科学特征。林业碳减排量是一种物的能量转换过程，森林在生长过程中通过同化作用和能量转化作用吸收大气中的二氧化碳和二氧化硫，并以生物能量的作用形式将其长期固定在植物体和土壤中，其实质就是森林的一种能量转换过程和转换作用过程，使森林成为生态系统的碳汇和碳库，能够起到降低大气中二氧化碳和二氧化硫含量的作用。

林业碳计量是一种以特定的碳技术手段，对空气碳流量和森林碳储量的监测及估算，通过系统固化量和系统吸收量予以表达。

（2）林业碳减排的生态价值和社会价值特性。首先，碳减排量和硫减排量承载了对人类共有的碳排放及硫排放空间公平的公共利益。其次，碳减排量和硫减排量体现了发达国家与发展中国家合作中的利益关系，以及生态价值和社会价值关系，也就是发达国家以低于国内减排成本而获得减排量，同时也促进发展中国家生态价值和社会价值的维度及其社会经济的可持续发展。

由此可以得出结论，碳减排量和硫减排量产生于人类利用自然资源的活动，它具有经济价值、生态价值、社会价值，这三个价值维度承载了特有的利益关系和价值关系，其减排量经由交易制度进入法律体系，产生了权属确认的法律关系。因此，碳减排量和硫减排量具备权利客体的本质特征，同时具有生态价值和社会价值维度特性。

（3）林业碳减排量与大气环境容量的区别性特征。大气环境容量作为一种生态资源和环境资源性权利客体，其特点如下：其一，它具有环境要素生态功能表现形式，具有生态功能和生态价值及资源生态效益的整体性；其二，它是对环境生态功能和生态价值的一种抽象，在生态现实中无法独立存在，只是人们在生态观念和低碳观念上的拟制。

碳减排量和硫减排量与大气环境容量有其独特的内涵及特征：一是碳汇不是对环境容量的使用或消耗，而是提供或增加大气吸收二氧化碳和二氧化硫的能力，具有其独特的经济价值、生态价值、生态效益、社会价值，是一种价值维度的表现；二是碳减排量和硫减排量是一种物质能量转换关系，客观地存在于自然界，人类可以通过技术手段来实现物质能量的转换，即通过物质能量转换来实现生态价值和生态效益；三是碳排量是"特定经营系统，特定地域范围和特定时期内"所储存二氧化碳和二氧化硫的增量，因此，在地域性和特定性上有其特殊的表现。

碳减排量和硫减排量的产生以森林资源的蓄积为条件，林木、林地是碳减排量产生的物质基础，也是物质生态能量转换的重要载体，任何一种具体林权的行使都可能带来二氧化碳和二氧化硫储量的改变，会产生增汇或是排放或泄漏多种不同的情况。例如，通过造林活动行使林地使用权，可以直接影响地上生物量、地下生物量和土壤碳库变化，也会影响生物能量的生态转化、低碳转化①。

三　林业碳汇的生态价值维度分析

林业碳减排量和硫减排量产生于人类利用森林的生态价值活动，它具有经济价值维度、生态价值维度和社会价值维度三重维度的集合。这样三重维度反映的林业碳减排量由碳交易进入法律制度关系，是一种权属确认的法律关系。

1. 构建林业碳汇的利益法制体系

森林资源属于可再生性自然资源，林业碳汇资源是一种以减排量来衡量的资源，林业碳汇交易体现的是一种权利义务关系和财产关系，对这种森林资源的财产关系还缺乏相应的制度约束和法律限定。制度不仅影响到林业经营者的积极性和资源配置，而且影响到森林资源的经营管理。因此，构建林业碳汇交易的相应法律制度，明确林业碳汇交易、硫汇的原则，履行各自的权利义务，所有权、使用权、碳交易权、碳储量的计量和监测方法的确定，主要的碳技术手段、碳减排量和硫减排量的公平分配，生态价值和经济价值维度的标准、水平和目标，都需要有法律的规定性。

2. 完善森林生态效益补偿体系

从林业生态价值和生态效益的视角分析，林业生态价值维度的分级分类相结合的标准体系包括如下几个方面：一是依法依规构建最低补偿标准制度，在科学测算森林机会成本和森林管护成本的基础上，确定最低森林补偿标准和最低类别的公益林补偿制度规定，为森林碳汇交易提供物质基础和制度保障。二是对不同森林级别实

---

① 林旭霞：《林业碳汇权利客体研究》，《中国法学》2013 年第 2 期。

行不同森林生态补偿标准,适当拉开不同森林级别和不同森林类别的差距,实现优质优价,以促进生态价值的增长。三是制定与森林生态多样化补偿标准正常增长机制的配套措施,建立多样化的管护制度,结合多元化补偿主体构建,不断探索实施生态价值协定补偿标准,实现生态效益法定补偿标准和生态效益协定补偿标准的有效对接,以达到森林生态价值维度目标。

3. 处理好森林经济价值维度与生态价值维度的关系

林业的经济价值维度体现在森林经营者财产利益维度、森林物质资源的物质能量转换维度、森林资源的所有权使用权经营权维度。森林资源的生态价值维度体现在森林资源的碳汇交易水平、碳减排量与硫减排量维度、碳信用指标和硫信用指标维度。

森林生态价值与经济价值既有相适应的一面又有相矛盾的一面。森林生态价值的实现是以森林经济价值为物质基础的,以森林的物质能量转换为载体。在一定的条件下,森林资源的生态价值与经济价值可以相互转化、相互促进。从辩证思维视角分析,生态价值维度与经济价值维度又有相矛盾的方面,强调森林碳减排、履行减排的责任和义务,但由于森林生态效益补偿制度不完善,又会有损于森林经济价值维度的实现。例如,在森林生态效益补偿方式方面,单纯强调基金自上而下地单向流动,忽视了林农主体参与补偿,致使补偿的标准难以达到生态价值的要求,导致森林生态补偿制度的运行出现问题,这体现了生态补偿制度的共性问题。因此,为了实现森林生态价值维度与经济价值维度的统一,建议进一步完善《森林法》,尽快出台《生态补偿条例》,明确生态补偿的基本原则、补偿标准、利益主体、权利义务和法律责任。

森林资源具有较高的经济价值和生态价值,具有较高碳减排生态功能,但要实现森林资源生态效益,要有相应的法律制度为保障。

第十章

资源生态效益的评价体系

通过以上各章的分析，我们越发清晰地看到：自从人类诞生以来，人们在拥有越来越多物质财富的同时，却一再忽视对自然生态和生态效益的维护，种种违背生态自然规律的行为好像一个物质的巨人裹挟着精神的侏儒，在茫然中蹒跚前行，前途未卜。直到 21 世纪的今天，人们猛醒后找到了一个全新的经济社会发展视野，勇敢地告别了昨天，即人类在追求自身利益的同时，必须高度关注生态文明建设问题。正是基于此，我们就要回答一个如何构建资源生态效益的评价体系问题——首先，本章介绍了资源生态效益评价体系的意义和原则；其次，又分别从资源生态效益的评价指标体系、循环经济的指标体系和考核制度、"深绿色"新兴产业评价体系三个不同方向作了分析介绍，给读者提供一个开放的多维视角，以便在实践中去观察和思考。

第一节　资源生态效益评价体系的意义和原则

构建资源生态效益的评价体系，对于经济社会的可持续发展和生态小康社会的构建均具有极其重要的作用，需要从评价指标体系选取原则，从经济力、科技力、生态力的综合作用看其必要性，从生态产品评价的流程进行分析。

一 构建评价体系的意义

资源生态效益评价体系的构建是实现生态强国之梦的一项重要工作，涉及低碳发展和生态发展的综合评价标准、环境损害程度、资源的利用程度、能源和新能源消耗率、生态产品的经济性、生态技术、生态环境及其协调程度，涉及经济系统和资源生态系统的协调性和统一性，涉及产品的"深绿色"与"浅绿色"的区别与比较，涉及能源资源消耗的程度和水平，涉及生态力、科技力和经济力结合的程度和水平。因此，资源生态效益评价体系的构建是一项系统工程、综合工程、生态工程，是一项基础性的工作，具有不可忽视的地位和作用。

二 选取评价体系指标的原则

要评价资源生态效益必须设置一定的指标。在这些指标中，有正指标，也有逆指标；有绝对指标，也有相对指标。运用这些指标，分析一定时期的经济活动，就能准确地了解经济变化的程度，了解经济变化的价值导向和价值趋向。评价体系指标的选取必须遵循以下原则。

1. 综合性原则

资源生态效益最根本的特点在于它的综合性，即它既包括了社会效益、生态效益和经济效益，也包括了近期效益和远期效益。因此，对资源生态效益的评价绝不能只用传统的经济效益的原则，仅从劳动成果与劳动耗费的角度去进行比较，而应在相互比较中区别先进与落后，找到差距，以保证资源生态效益指标在内容、范围、计量单位、计算方法上的一致性和可比性。

2. 客观性原则

资源生态效益指标体系所包含的指标要以实际情况为依据，定量的指标数值、提供的信息必须是可以真实测定的，定性语句必须可以通过一定隶属关系有效地转化为定量数值的描述表达，不可以掩饰和夸张。资源生态效益的核心是节约，无论节约或浪费都会通过一定的数据表现出来。对生态效益的考察评价，就是要通过一定的数据来反映节约或浪费的程度。

3. 层次性原则

资源生态效益指标体系可以通过相对数表现出来，后期比前期数值高的，说明成绩大，生态效益好；反之，则不好。从分解指标中还可以发现主要是哪些数值的变化带来的成绩，从而可以总结出成功的经验；如果前后期的相对数值小，甚至出现负数，就说明生态效益下降，通过分解指标的分析，就能发现导致资源生态效益下降的原因，从而采取整改措施。

第二节　资源生态效益评价的指标体系

资源生态效益评价指标体系，包括生态产品指标体系的构成、生态工业园评价指标体系的构建、指标体系中的指标的解释、生态产业园区集成管理的系统模式。本节对此进行了归纳总结（见图 10 - 1）。

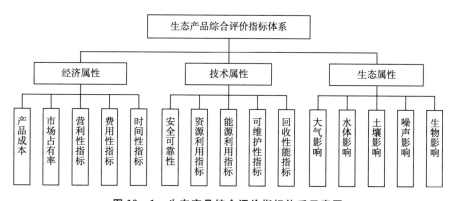

图 10 - 1　生态产品综合评价指标体系示意图

一 生态产品评价指标体系解释

生态产品成本：设计成本、制造成本、运行成本、维护成本、回收成本。

生态市场占有率：数量占有率、价值占有率。

生态营利性指标：净现值、资本收益率、内部收益率、外部收益率。

生态费用性指标：治污费用、培训费用、技术引进费用。

生态时间性指标：动态投资回收期、静态投资回收期。

生态安全可靠性：产品安全性及可靠性、生产过程安全性及可靠性、回收过程安全性及可靠性。

生态资源利用指标：各种资源利用率、生态资源利用程度。

生态能源利用指标：各种能源利用率、生态能源利用程度。

生态可维护性指标：产品自身可维护性、生产过程可维护性、产品回用可维护性。

生态回收性能指标：可重用性、可拆卸性、可回收性、可重构性、可降解性、减量化程度。

生态大气影响：硫化物、氮化物、粉尘。

生态水体影响：有毒有害离子浓度、悬浮物浓度。

生态土壤影响：土壤酸碱化程度、有毒有害物比例。

生态噪声影响：各阶段的噪声。

生态生物影响：人、植物、动物、微生物。

二 生态工业园评价指标体系的构建

1. 指标体系构建的目的和设计原则

构建生态工业园指标体系是为了对生态工业园进行科学的综合评价。通过该指标体系的评价，可以了解被评价生态工业园的现实发展水平、可持续发展的能力、园区结构、功能特性及演变规律，为园区企业、政府及社会公众提供可信赖的生态效益数据，指导、监督和推动生态工业园健康持续发展，同时还要遵循系统化原则、动态性原则、经济性原则、科学性原则、可操作性原则和清洁生产原则。

2. 指标体系的构成

国家环保总局根据其特点将生态工业园区分为综合类、行业类和产业类三种类型，并分别构建了综合类、行业类和产业类生态工业园区评价指标体系。其中，综合类生态工业园区评价指标体系，仅适用于国家环保总局对国家级、省级高新技术开发区和经济技术开发区申请生态工业园区的验收、命名和管理。笔者主要参考国家环保总局文件《综合类生态工业园区标准（试行）》和《生态工业示范园区规划指南》中的规划建设指标，构建生态工业园区资源生态效益评价指标体系。生态工业园区的评价指标体系是一个由目标层、准则层、指标层及分指标层构成的多层次体系（见表10－1）。

表10－1　生态工业园区生态效益评价指标体系构成

目标层	准则层	指标层	分指标层
资源生态效益（A）	经济指标（B1）	经济发展水平（C1.1）	国民生产总值平均增长率（%）
			人均国民生产总值（万元/人）、万元国民生产总值综合能耗（吨标准煤）
			万元国民生产总值新鲜水耗（立方米）
		经济发展潜力（C1.2）	高新技术产业在第二产业中所占比重（%）
			科技投入占国民生产总值比例（%）
	生态工业指标（B2）	重复利用率（C2.1）	水重复利用率（%）
			工业固体废弃物综合利用率（%）
		基础设施建设（C2.2）	人均道路面积（平方米）

续表

目标层	准则层	指标层	分指标层
资源生态效益（A）	生态环境指标(B3)	环境质量现状（C3.1）	大气环境质量现状
			水环境质量现状
			噪声环境质量现状
		污染物控制（C3.2）	万元国民生产总值废水排放量（吨）
			万元国民生产总值固体废弃物排放量（吨）
			万元工业增加值工业化学需氧量排放量（千克）
			万元工业增加值工业二氧化硫排放量（千克）
			危险废物安全处置率（%）
		生态建设（C3.3）	环保投资占国民生产总值比例（%）
			人均绿地面积（平方米）
			绿地覆盖率（%）
	管理指标（B4）	管理意识（C4.1）	开展清洁生产企业所占比例（%）
			规模以上企业 ISO14001 认证率（%）
		公众参与（C4.2）	公众对环境的满意度（%）
			公众对生态工业的认知率（%）

资料来源：参见国家环保总局文件《综合类生态工业园区标准（试行）》和《生态工业示范园区规划指南》中的规划建设指标。

1. 目标层（A）

生态工业园区以资源生态效益作为目标层的综合指标，体现出园区的发展程度，由经济指标、生态工业指标、生态环境指标和管理指标来衡量。评价园区资源生态效益，需要选择描述性指标和规范性指标，使其在时间尺度上反映园区的发展速度和变化趋势，在空间尺度上反映整体布局和结构特征，在数量上反映资源综观规模和生态效益水平。

2. 准则层（B）

第一，经济指标（B1）。经济指标既要反映当前的经济发展水平，又要反映经济发展潜力。通过生态化建设，在提高经济增长质量的同时提高经济增长数量，是综合类生态工业园建设的最根本目标。

经济发展水平可用国民生产总值平均增长率、人均国民生产总值、万元国民生产总值综合能耗、万元国民生产总值新鲜水耗等指标表示。经济发展潜力可用高新技术产业在第二产业中所占比重、科技投入占国民生产总值比例等指标来描述。

第二，生态工业指标（B2）。生态工业指标是生态工业园区的特征指标，反映物质集成、能量集成、水资源集成、信息共享和基础设施共享的效果。节能减排体现了生态工业园区的本质，是综合类生态工业园区建设的关键。

生态工业指标包括重复利用性和基础设施建设等。其中重复利用性可用水重复利用率、工业固体废弃物综合利用率来衡量，重复利用率越高，说明园区功能发育得越完善；基础设施建设以人均道路面积来衡量。

第三，生态环境指标（B3）。生态环境指标包括环境质量现状、污染物控制和生态建设等方面。实现经济、社会、环境三者协调发展，是生态工业园区建设的重要方面。

第四，管理指标（B4）。管理指标包括管理意识和公众参与。在"以人为本"的原则下，建立园区管理机制，扩大生态工业园区的影响，提高公众对生态工业发展的关注和认识，鼓励地方政府、企业和社会公众都主动参与生态工业园区建设，以保障生态工业园区的建设和发展。

政策法规制度包括促进园区建设的地方政策法规的制定与实施、园区内部管理制度的制定与实施、企业管理制度的制定与实施。管理意识包括开展清洁生产企业所占比例、规模以上企业 ISO14001 认证率；公众参与包括公众对环境的满意度和公众对生态工业的认知率。

三 指标计算方法

1. 每立方米水产生的产值

每立方米用水所产生的国民生产总值，计算方法为：

国民生产总值（万元）÷用水总量（立方米）

2. 单位能耗工业增加值

每单位工业用能源的工业增加值，计算方法为：

工业增加值（万元）÷工业用能源（吨标准煤）

3. 单位水耗工业增加值

每单位工业用水所产生的工业增加值，计算方法为：

工业增加值（万元）÷工业用水量（立方米）

4. 工业废水达标排放率

工业废水达标排放量占工业废水总排放量的比重，计算方法为：

工业废水达标排放量÷工业废水总排放量×100%

5. 工业固体废物综合利用率

产业的工业固体废物总量中综合利用的固体废物所占的比重，计算方法为：

工业固体废物综合利用量÷工业固体废物总产生量×100%

6. 单位废气排放工业增加值

每单位工业增加值所排放的废气总量，计算方法为：

工业总产值（元）÷工业废气排放量（立方米）

7. 单位废水排放工业增加值

每单位工业废水排放量产生的工业总产值，计算方法为：

工业总产值（万元）÷工业废水排放量（吨）

8. 城市生活垃圾无害化处理率

生活垃圾无害化处理量占该区域全部生活垃圾排放的总量，计算方法为：

生活垃圾无害化处理量（吨）÷生活垃圾排放总量（吨）

9. 工业污染治理占国民生产总值比重

区域用于治理工业污染的费用占该区域国民生产总值的比重，计算方法为：

用于治理工业污染的费用（万元）÷该地区国民生产总值（万元）

10. 单位二氧化硫排放量工业增加值

每单位的二氧化硫排放量的生产工业增加值，计算方法为：

该地区工业增加值（万元）÷该地区排放的二氧化硫量（千克）

第三节　循环经济的指标体系和考核制度

我国 2008 年颁布的《循环经济促进法》指出，循环经济"是指在生产、流通和消费等过程中进行的减量化、再利用、资源化活动的总称"。通过依据其"循环经济发展规划制度""总量调控制度""以生产者为主的责任延伸制度""重点企业监督管理制度""循环经济产业政策"等制度，来达到发展循环经济的目的。所以，其评价指标体系和考核制度也是分析资源生态效益的重要依据之一。

一　循环经济的评价指标体系概述

1. 循环经济评价指标体系的作用和意义

循环经济评价指标体系不仅可以使政府明确循环经济发展进程中需要优先考虑的问题，帮助决策者和公众了解和认识循环经济发展的有效信息，还能对循环经济的发展水平进行科学评判，找出存在的问题，校正发展方向，提供发展动力。循环经济评价指标体系是评价区域企业循环经济发展状况的基础，也是对区域经济、社会和生态环境系统协调发展状况进行综合评价的依据和标准①。

2. 循环经济具体指标

（1）财政政策措施指标。财政指标是一项非常重要的指标，主要体现在各级政府对循环经济发展的重视程度、投入力度、发展强度，包括国务院和省、自治区、直辖市人民政府设立发展循环经济、低碳经济和生态经济的有关专项资金，着重于支持循环经济、生态经济和低碳经济的科技研究开发，着重于循环经济和低碳经济技术与生态产品的示范与推广，着重于重大低碳经济、生态经济循环经济项目的实施，发展低碳及生态循环经济的信息服务等②。

（2）税收政策措施指标。税收政策是对某产业进行扶持与限制发展的重要政策，体现了限制与扶持之间的博弈关系。国家对促进低碳经济和生态经济及循环经济发展的产业活动给予税收优惠，并运用税收政策措施鼓励先进的节能、节水、节材等技术、设备和产品的生产和发展，限制在生产过程中耗能高、污染重产品的进出口。该指标还涉及企业使用或者生产绿色的技术、工艺、设备或者产品，按照国家有关规定享受税收优惠政策落实的情况③。

（3）金融政策措施指标。主要包括县级以上人民政府低碳经济和生态经济及循环经济发展综合管理部门在制定和实施投资计划时，将生态节能、生态节水、生态节材、生态节地的资源综合利用等项目列为重点投资领域进行金融扶持的情况；对符合国家产业政策的生态节能、生态节水、生态节材、生态节地的资源综合利用等项目，

---

① 林丹：《〈循环经济促进法〉的主要制度》，《再生资源与循环经济》2009年第2期。
② 林丹：《〈循环经济促进法〉的主要制度》，《再生资源与循环经济》2009年第2期。
③ 林丹：《〈循环经济促进法〉的主要制度》，《再生资源与循环经济》2009年第2期。

金融机构给予优先借款等信贷支持，并积极提供配套金融服务及金融扶持的情况①。

（4）价格政策措施指标。价格政策是重要的杠杆，对于促进低碳发展和生态发展有着极其重要的作用，主要包括实行有利于资源节约和合理利用自然资源的价格政策，引导单位和个人合理使用水、电、气等资源性产品的价格政策扶持情况；价格主管部门按照国家产业政策，对资源消耗高的高碳行业中的限制类项目，实行高碳限制性的价格政策；对利用余热、余压、煤层气以及煤矸石、煤泥、垃圾等热燃料的并网发电项目，对资源综合利用的原则确定其上网电价，根据区域发展状况实行垃圾收费制度的情况②。

二　循环经济发展的主要考核制度

1. 循环经济发展规划制度

循环经济发展存在长期性和复杂性，需要综合协调各个方面的因素。因此，发展循环经济必须通过规划措施加以保障。《循环经济促进法》第六条规定了发展循环经济在综合性规划中的地位。县级以上人民政府编制国民经济和社会发展规划及年度计划，编制环境保护、科学技术等方面的规划，应当包括发展循环经济的内容。

2. 总量调控制度

总量调控是一种制度体现，是对于污染物排放和资源消耗总量的控制，是将某一区域作为一个完整的低碳经济和生态经济系统，将列入该区域的污染物总量和可利用的资源量控制在一定的低碳经济和生态经济数量范围之内，以满足该区域的环境质量要求和资源可持续利用要求，全面优化本行政区域的低碳和生态产业结构，限

---

① 林丹：《〈循环经济促进法〉的主要制度》，《再生资源与循环经济》2009 年第 2 期。
② 林丹：《〈循环经济促进法〉的主要制度》，《再生资源与循环经济》2009 年第 2 期。

制发展高物耗、高污染的产业，促进传统产业的技术改造和经济结构调整，实现产业转型升级，推动循环经济发展①。

3. 以生产者为主的责任延伸制度

《循环经济促进法》第十五条规定的以生产者为主的责任延伸制度包括以下几个要点：一是生产者履行生态回收利用责任，即生产列入强制生态回收名录的产品或者包装物的企业，必须对废弃的产品或者包装物负责生态回收，对因不具备技术条件而不适合利用的负责无害化处置。二是销售者、其他组织或废物利用处置企业的回收和利用责任，即生产者可以建立自己独立的专用产品回收利用体系。三是消费者的回收和利用责任，即消费者应当将列入国家强制回收名录的废弃产品或者包装物交给生产者或者其他组织，不能擅自丢弃。

4. 重点企业监督管理制度

重点企业监督管理制度是指国家对资源消耗高、污染物排放量大的重点高碳行业中，年综合能源消费量、用水量超过国家规定总量的重点高碳企业采取更为严格的监督管理措施的一种制度。《循环经济促进法》第十六条规定，国家对钢铁、有色金属、煤炭、电力、石油加工、化工、建材、建筑、造纸、印染等高碳行业年综合能源消费量、用水量超过国家规定总量的重点高碳企业，实施能源税、水耗的重点监督管理制度②。

5. 循环经济产业政策落实情况

国家制定产业政策，应当符合发展循环经济的要求，即有关部门研究制定低碳和生态产业结构政策、组织政策、区域布局政策时，应当体现循环经济的概念，符合"减量化，再利用，资源化"的要

① 林丹：《〈循环经济促进法〉的主要制度》，《再生资源与循环经济》2009年第2期。
② 林丹：《〈循环经济促进法〉的主要制度》，《再生资源与循环经济》2009年第2期。

求。国务院循环经济发展综合管理部门会同国务院环境保护等有关部门，定期发布鼓励、限制或淘汰的高碳技术、工艺、设备、材料和产品[①]。

第四节　"深绿色"新兴产业评价指标体系

为了把对资源生态效益的认识从定性感知扩展到定量评价，将"深绿色"新兴产业评价指标体系具体化，用一些可测量的定量指标将其明确地表现出来，并形成低碳发展和绿色发展的指标体系，这样便可对低碳经济的可持续发展进行分析和评价，从而促进"深绿色"新兴产业的发展。

一　"深绿色"新兴产业的内涵及特征

1935 年，新西兰经济学家费舍尔（A. G. Fisher）在《安全与进步的冲突》中首次提出三次产业分类法，即第一产业、第二产业、第三产业。第一产业主要是指以利用自然力为主，生产不必经过深度加工就可消费的产品或工业原料的部门，一般包括农业、林业、渔业、畜牧业和采集业。第二产业主要是指对第一产业和本产业提供的产品（原料）进行加工的产业部门，包括制造业、采矿业、建筑业、电子通信业、电力业、供水业等工业部门。第三产业主要是指在再生产过程中为生产和消费提供各种服务的部门，如商业、金融业、保险业、生活服务业以及其他公益事业。

"深绿色"新兴产业特指生产低碳绿色生态产品的产业，其中包括太阳能产业、风能产业、气能产业、核能产业、地热能产业等新能源产业。"深绿色"新兴产业具有低碳的显著特征：一是具有目标

---

① 林丹：《〈循环经济促进法〉的主要制度》，《再生资源与循环经济》2009 年第 2 期。

公益性，"深绿色"产业具有防止污染、改善生活环境、保护自然资源的功能。这种以社会经济可持续发展为目标的经济生产，既注重当前的发展，又顾及生产与生态、资源的协调性。因此，其发展目标既有经济目标，又有非经济目标，既有增长目标，又有产业结构优化目标，既有效率目标，又有公益性目标。二是具有环保性，"深绿色"产业是一种低碳的环保产业。三是具有广泛性，其产业涵盖"深绿色"农业、"深绿色"工业、"深绿色"服务业与"深绿色"通信业，所涉及的低碳和生态内容非常广泛，从而具有广泛性的特点。四是具有经济效益性，"深绿色"产品的使用可以减少污染和环境破坏，从而减少因污染造成的经济损失。"深绿色"产品的发展和需求既能创造社会环境效益，也能带来可观的经济效益。

二 "深绿色"新兴产业的可持续发展能力

"深绿色"新兴产业的发展能力是指低碳产业在可预见的未来，通过保持创新活动，适应生态环境要求和市场变化，在追求经济效益持续增长的同时，兼顾生态保护与社会责任，使低碳发展和生态发展的能力获得满足。"深绿色"产业的可持续发展能力主要体现以下几个方面。

（1）同时产生经济效益、资源生态效益和社会效益。对于新兴产业来说，追求利润和利益是其获得发展的必要条件，但是在低碳发展和生态发展的大环境下，产业在获得经济效益的同时，应该注重资源生态和社会效益，实现三者的有机统一。随着低碳经济的发展，人们对产业的预期也在不断变化，人们不再仅仅用经济效益来衡量产业效用和生产发展，而是更加关注产业对环境保护、产品安全等方面义务的履行情况。因此，产业发展主题应把保护和改善生态环境置于产业发展战略的中心地位。"深绿色"产业必须兼顾经济效益、资源生态效益和社会效益的协同发展和提升。

（2）具有自主创新能力。"深绿色"新兴产业理论证明，一个产业的低碳持续发展要有长期的竞争优势，而持续有效的创新则是产业竞争优势得以保持的源泉。在低碳和生态发展的背景下，产业主体只有不断改进低碳技术，开发出功能更全、质量更优、技术质量更高、更能满足消费者需求的低碳产品，才能使产业的生命超过产品的生命，实现产业可持续发展。因此，实现低碳和生态的可持续发展最终依赖于产业的自主创新能力。产业只有立足于自身实际优势进行低碳自主创新，不断形成低碳专利性技术，才能获得长期竞争优势，以立于不败之地。

（3）不断满足各利益相关者的需要。产业利益相关者包括职工、投资者、顾客、供应商、竞争者、政府部门、生态环境等，只有兼顾并协调这些广泛的利益相关者的共同要求，产业才能实现低碳可持续发展。传统的产业发展以利润最大化作为管理目标，但在低碳可持续发展观的新理念下，产业发展必须注重各利益相关者甚至是竞争者的需求，产业也应从对立竞争思维转变为合作竞争思维，与低碳和生态竞争对手之间加强合作，实现"双赢"或"多赢"。

三　"深绿色"新兴产业的评价指标

为了度量"深绿色"新兴产业在实现资源生态效益过程中所存在的问题及其差距，应该建立一个多维度的综合性评价指标体系。这套综合指标体系要有两个方面的功能：一方面能够从横向方面比较产业发展离低碳和生态发展目标有多远，另一方面要能够从纵向方面比较向低碳转型和资源生态效益提升的努力程度。

1. 产业经济效益发展指标

（1）总资产报酬率，是指产业在一定时期内资产总额与所获报酬的比例，该指标是衡量新兴产业所获报酬能力的综合静态指标。

（2）销售利润率，是指"深绿色"新兴产业的营业利润与营业净收入的比率。

（3）资产负债率，是指产业在某个时点某种项目负债总额同资产总额的比例。

（4）流动比例，是指"深绿色"产业在某个时点和某个项目的流动资产同流动负债的比率。

（5）创新资金投入强度，是指产业项目投入的用于低碳和生态技术创新资金（包括创新研发项目经费与研发设备投资）占营业收入的比率。

（6）专职技术研发人员投入强度，是指"深绿色"产业低碳和生态技术专职研发人数占职工总数的比率。

2. 工业低碳经济发展指标

（1）万元产值二氧化硫排放量，是指"深绿色"产业年二氧化硫排放总量与产业年总产值的比率，该指标为负指标，指标值越低，说明产业项目的污染治理水平越高。

（2）万元产值化学需氧量排放量，是指产业主体化学需氧量排放量与产业主体年总产值的比值。化学耗氧量，是在一定的新兴产业和技术条件下，采用一定的氧化剂技术处理水样时，所消耗的氧化剂量，化学耗氧量又往往被作为产业项目衡量水中有机物含量多少的指标。产业项目的化学耗氧量越大，说明产业项目水体受有机物的污染越严重[①]。

（3）万元产值废渣排放量，是指"深绿色"产业年废渣排放量与产业主体年总产值的比例，该指标值越低，说明产业项目对废渣的治理水平越高。

（4）万元产值综合能耗，是指产业项目当期生产产品中对电、

---

① 梅林：《基于循环经济的企业可持续发展评价指标体系研究》，吉林大学硕士学位论文，人口、资源与环境经济学专业，2010。

煤、油等能源的综合耗用量在当期产业主体总产值中所占的比重，反映了产业项目在生产中对能源耗用程度的高低。该指标为负指标，指标值越低，说明产业项目在生产同样的产值中耗用的能源越少，产业项目对能源的利用效率越高[①]。

（5）重复用水率，是指"深绿色"产业项目在一定的计量时间（年、月、日）内，项目生产过程中使用的重复利用水量与总用水量之比，这里主要指工业用水重复率。计算该指标有利于提高产业项目用水重复率，是节约用水、减少污染、生态和低碳合理利用水资源的一项重要措施。

（6）生态资源综合利用率，是指"深绿色"产业当期净利润与当期耗用水资源、煤、油、原材料等源于生态环境的资源总成本的比重，反映产业项目综合利用低碳和生态资源的收益情况。该指标值越高，说明产业对生态和低碳资源的综合利用情况越好，单位低碳和生态资源给企业带来的碳收益越多。

（7）废弃物综合利用率，是指产业项目在一定时期内生产中排放的废弃物（不包括边角原材料）综合利用数量与废物总量的比率。该指标为正指标，指标值越高，说明产业项目对资源的循环利用能力越强，节约利用和低碳发展能力也越强。

3. 产业社会效益发展指标

（1）上缴税收总额。上缴税收总额包括产业主体依法向财政缴纳的各项税款，如增值税、企业所得税、营业税金及附加税、其他税款等，产业项目指标越高，表明产业主体为国家和地方所作的贡献越大。

（2）公益性支出总额，是指"深绿色"产业当年用于社会公益

[①]　马秋玲：《农民专业合作社可持续发展能力评价研究——以安徽省为例》，西安建筑科技大学硕士学位论文，农林经济专业，2007。

事业方面的支出额，包括产业主体的赈灾救助支出、扶贫支出、捐助教育支出等，该指标反映了产业主体对社会责任的重视程度，指标值越高，说明产业主体越重视社会责任，越重视产业发展中的社会效益。

四 对"深绿色"新兴产业指标体系的评价

低碳经济作为一种绿色、可持续发展的经济形态，其低碳结构和生态结构效应明显，对其进行综合评价必须同时使用多种指标，以便从多个视角、不同侧面综合评价其低碳发展和生态发展水平。基于"深绿色"产业的低碳可持续发展能力评价指标体系的层次结构多且非常复杂，较为实用的方法是要素层次分析法，对五大基本要素进行综合评价。

1. 创新主体评价

将"深绿色"新兴产业创新能力、企业创新能力和科研机构创新能力作出综合评价，包括对创新主体的科技创新水平的高低、产品创新水平、市场占有份额、产品的低碳结构和生态结构效应的评价。

2. 创新资源评价

将"深绿色"产业发展需要的科技人才、科技投入、科技平台、资本要素和科技园区等方面的三级评价结果综合起来，对产业发展创新资源作出综合评价，包括科技人才投入的数量和质量、科技资金投入的数量、科技园区发展的情况等。

3. 创新机制评价

由于"深绿色"产业的科技制度和政策、科技人才的培养难以量化，为此，可以将产业低碳发展、生态发展、低碳产品和生态产品结构变革、机制转换和知识产权保护量化评价的结果综合起来，对创新机制进行综合评价。

4. 创新环境评价

"深绿色"新兴产业需要对城市设施、信息服务、市场环境、金融环境、人文环境和服务环境的低碳和生态发展的结果综合起来，对新兴产业的创新环境作出综合评价。

5. 创新绩效评价

"深绿色"新兴产业需要对科技创新成果、产业发展规模、产业发展水平、产业结构优化程度、资源生态效益水平等方面评价的结果综合起来，对产业发展的创新绩效作出综合评价。

附　录

基于资源生态效益的产业转型升级
——以广东为例*

研究资源生态效益的产业升级问题，首先需要界定主体功能区和资源生态效益主体功能区产业升级的内涵，然后根据主体功能区产业升级的情况制定产业发展战略，并采取相应的政策措施，从而形成产业发展的新格局。笔者选择珠三角低碳和生态经济的产业高科技发展模式，及其相应的政策设计，作为主体功能区的核心内容，具体以"南雄模式"和深圳市的自主创新与生态主体功能区的探索为典型案例，对生态和低碳经济主体功能发展的相关问题进行实证研究。

一　"生态主体功能区"的提出

1. "生态主体功能区"的内涵与特征

《中华人民共和国国民经济和社会发展第十一个五年规划纲要》首先提出了主体功能区的概念，并公布了在"十一五"期间展开主体功能区区划的具体工作部署。这表明我国更加注重空间开发的效

---

* 在写作过程中，除引注外还参考了下列文献，在此一并表示感谢。

田丰、吴超林、赵细康、刘志铭、叶金宝：《以"双转移"破解科学发展难题——广东"南雄模式"的经验与理论思考》，《学术研究》2010 年第 3 期；赵冬昶、苗燕民：《后金融危机时代珠三角地区产业结构升级研究》，《价格理论与实践》2009 年第 10 期；杨阳腾：《科技战略推动经济转型升级》，《经济日报》2010 年 8 月 25 日。

率问题、社会发展的公平问题和产业升级的协调问题。同时，经济发展布局的重点也由注重行政区域内部的内在发展，转而注重区域联动层面上的跨行政区域的经济活动组织，区域经济替代了行政区经济，新兴产业替代了传统产业，低碳产业替代了高碳产业，生态产业替代了一般产业。这是区域经济发展、产业升级方面的一个崭新课题。

部分学者认为，主体功能区概念的提出是中国政府的首创，是借鉴国际经验并结合我国实际情况提出的，符合当今世界区域经济发展的潮流和一般趋势。也有学者认为，我国各地区资源环境和经济社会发展差异较大，要促进区域协调发展，必须实行针对性强的差异化的区域引导政策，分类指导和协调各区域发展。搞好主体功能区划，能够彻底消除传统空间规划未能全面考虑资源环境承载能力的弊端，使空间规划真正建立在以资源环境承载能力为前提的合理开发和科学发展的基础之上，有利于优化区域开发格局，促进资源生态效益的提升。

根据"十一五"规划纲要对主体功能区的有关阐述，可以相应得出生态主体功能区的内涵。显然，生态主体功能区属于一种典型的生态经济类型区，其特点就是区内的生态发展条件和低碳经济特点的相对一致性，同时又是按照产业升级的条件所承担的不同生态主体功能而划分的低碳功能区，不同主体功能区所承担的主体功能定位和发展方向是不同的。笔者认为，生态主体功能区是指在对不同区域的资源环境承载能力、现有生态开发密度和产业发展潜力等要素进行综合分析的基础之上，以自然生态环境要素、社会经济发展水平、生态系统与经济系统协调特征以及产业形式的空间分布为依据，划分出具有低碳和生态经济主体功能特征的地域空间单元。

2. 对"生态主体功能区"的再思考

内涵清晰的概念是科学研究的必要前提。目前，人们对生态主体功能区的内涵及特征已经形成了基本共识，为促进生态主体功能区的产业升级方向指明了出路。但是，作为生态区域的一种特定空间，其概念松散，视角不一，阻碍了研究的深入和实践的发展。无论是区域产业升级、结构调整，还是生态区域政策的制定，都是在特定资源生态效益前提下解决产业升级发展的分析过程，在现有研究的基础上，还有由内涵引申而来的诸多外延问题值得再思考。

缺乏从生态区域发展的整体和系统角度，对生态经济和低碳经济发展与产业主体功能定位进行一体化的特征识别，尤其是生态主体功能区的低碳发展模式、政策安排等方面的研究还不完善、不科学，不能适应新形势下生态主体功能区发展的决策要求。

生态主体功能区的相关规划和建设工作，是基于目前社会经济发展过程中出现的各种问题，从统筹生态区域发展的角度提出来的，根据生态资源环境承载能力和发展潜力，构建产业升级优化发展、重点开发、限制开发和禁止开发、各具生态功能、各具特色的生态区域发展格局，为提升资源生态效益提供优质的环境和创造物质条件。

过去的区域发展模式大多追求利润最大化和经济产出，环境污染和资源浪费等问题对生态区域效益衰退的影响被忽视，人们也不顾及生态区域收入增长与生态保护的均衡协调，这种发展观点存在极大隐患。空间均衡的格局除了利润最大化的导向，还要考虑环境保护的资源生态效益的最大化。生态区域发展的衡量标准，要从传统经济目标导向向经济、社会及环境综合效益目标导向转变，以实现经济效益、资源生态效益、社会效益的"多赢"。

二 金融危机背景下珠三角生态主体功能区的产业态势

2008 年全球金融危机的侵袭，使得刚刚经历产业"空核化"阵痛的广东珠三角地区，生态主体功能区的低碳产业和生态产业的发展又一次面临空前严峻的考验。

1. 利润总额下降，利润空间被急剧挤压

由于地理、历史、成本等社会经济因素，珠三角地区30多年保持了年均约20%的经济增长率，造就了珠三角地区外源型、外向型产业（企业）主导的经济特征，创造了高新技术获得跨越式发展的巨大成绩，形成了独具特色的比较优势和发展优势。随着劳动力要素价格和运营成本的上升，在买方市场条件下，国际交易价格没有获得相应提升，国际市场需求疲软，国际市场初级产品"超级周期"已经过去，高端产品时代已经来临。在这种情况下，一方面外源型产业（企业）展现了其根本的"候鸟"特征，在全球范围内重新寻找成本低廉地区；另一方面，由于不能将成本内部消化，利润空间被急剧挤压，外向型产业（企业）大批倒闭。从广东四大区域工业增加值情况来看，2013年全年珠三角工业增加值增速为8.8%，低于东翼（16.8%）和西翼（15.1%）的工业增加值增速，北部山区工业增加值增速则持续上升到10.7%，显示出了较强的后发增长优势。另外，广东全省工业产品以内销为主，其中有七成依靠内需拉动，工业出口总值占总销售值的29.2%，全年增幅比上年回落2.2个百分点，现仍处于缓慢复苏区间①。

2. 劳动密集型产业面临倒闭的风险

在金融危机中外迁、倒闭的企业大多集中在传统产业，以制鞋、制衣、塑料、印刷、玩具加工、家具、五金、仪器仪表等劳动密集型制造业，且以生态附加值和低碳附加值过低的外向型中小企业为主，规模生产、附加值高的大企业受成本上升、价格波动以及需求锐减的压力剧增。从主体功能区域发展的角度看，城市需要发展高

---

① 《2013年广东工业生产稳定增长》，广东统计信息网，http://www.gdstats.gov.cn/tj-zl/tjkx/201401/t20140123_138791.html，最后访问日期：2014年6月24日。

端产业。低端中小企业外迁、倒闭是其竞争力低下的无奈选择，反而会避免产业集群过度竞争的格局，促进生态产业和低碳产业升级，促使良性竞争态势的出现。

三 珠三角生态主体功能区劳动密集型产业升级分析

经过多年的发展，珠三角地区已经形成了巨大的劳动密集型产业集群和相对完整的产业链，形成了相对集中的工业体系和产业体系。通过对这些产业和企业进行改造的办法实现产业升级，远比重新打造一个全新的产业容易得多。这是由产业基础条件决定的。此外，在对现有产业进行改造和升级的过程中，也会带动一系列相关配套生态和低碳产业的发展，恢复和提高珠三角劳动密集型产业的竞争优势，为下一步低碳和生态产业结构的升级打好基础、创造条件。

1. 主体功能区产业结构升级的途径

主体功能区通过用机器设备代替手工劳动，提高企业的装备水平，降低生产成本；通过构建国内外的销售网络打开市场，力争扩大产品的销售利润；通过低碳技术和生态技术的创新，提高产品质量和设计水平，实施低碳化和生态化品牌化策略，提高产品低碳化和生态化的附加值。提高产品低碳化和生态化的市场占有量，对劳动密集型产业进行改造和升级，是与高新技术产业的发展并行不悖的。传统劳动密集型产业的改造是发展高新技术产业的途径。劳动密集产业的发展，不仅为低碳和生态高新技术产业发展提供了必要的资源、人才、技术等外部环境和工业基础设施，还为高新技术产业的发展提供了广阔的市场。劳动密集型产业的改造和升级，是依靠积极吸收低碳和生态高新技术产业的成果而实现的，体现了传统技术和高新技术的完美融合，反映了两者之间互相依存的资源生态效益。

2. 主体功能区产业结构升级的主体

对珠三角现有劳动密集型产业进行改造和升级，打造生态主体功能区，要以民营企业为主体来完成。珠三角地区的劳动密集型产业的外资主要是港台资本，港台企业既缺乏对劳动密集型产业进行改造的经验和能力，也缺少低碳发展和生态发展的动力。而民营企业扎根于此，熟悉当地生态环境，有其独特的产业优势，一般不愿迁移到其他地区或国家。虽然民营企业同样缺乏对劳动密集型产业进行改造的经验和能力，但是在成本上升、价格波动、需求锐减的压力面前，民营企业主考虑的是如何把企业做大做强，不是选择消极外逃，而是通过学习和思考尝试对企业的产品进行升级和改造。如果民营企业现在正在进行的产业改造和升级的尝试可以成功，不仅可以提升该企业自身的生态发展和低碳发展竞争能力，还会产生低碳和生态示范效应，产生产业效应、集聚效应和传导效应，产生资源生态效益，其他民营企业和港台企业会模仿成功企业的做法，带动珠三角地区劳动密集型产业的整体改造和升级，也必然带来珠三角劳动密集型产业的重新洗牌，率先铺设好国内外销售网络，打造出一批生态和低碳高端产品企业，让订单流向包括港台企业在内的其他生态和低碳企业进行生产，使其成为珠三角劳动密集型低碳和生态产业的"旗舰"，成为劳动密集型企业的重要发展方向。

四　"双转移"战略与生态主体功能区的建设

1. "双转移"战略的内涵

广东地区倡导自主创新和制度创新，创造了优异的经济发展成就。在过去30余年里，广东依靠外向吸引、多轮驱动和发展贸易，从一个经济落后的农业省一跃成为全国第一经济大省。其重要因素之一就是广东毗邻港澳，依托便捷的国际市场地缘优势和区位优势，成功走出了一条基于比较优势和地域优势外向带动和低成本资源要

素外延开发相结合的发展路子。这种发展模式和发展路径大力推进
了低碳经济、生态经济、绿色经济的集约式发展，促使广东经济总
量相继超越中国香港、新加坡、中国台湾等曾被称为"亚洲四小龙"
的地区，不断提高经济的低碳和生态含量。自2008年以来，生态主
体功能区按照"政府引导，市场运作，优势互补，互利共赢"的方
针，建起了广东首个精细化工基地——南雄精细化工基地（南雄精
细化工产业园），形成了低碳和生态互促发展的、特色鲜明的、成效
突出的、"双转移"的"南雄模式"，并实施了传统产业由珠三角向
外围地区转移以及高素质劳动力向珠三角地区现代产业转移的"双
转移"战略①，为实现资源生态效益和"深绿色"产业的科学发展
探索了一条新路。

2. "双转移"战略的特征

一是"转移低碳产业促升级"，以改善经济结构。生产要素的流
动是经济发展的引擎，生产要素的流动有利于改善经济结构，培植
新的经济增长点。就核心区而言，通过政策引导将低端产业转移出
去，既可缓解资源、环境压力，又可以为引进发展高端产业腾出空
间，为低碳产业和生态产业发展提供要素基础，即以"腾笼换鸟"
的方式实现产业层次的提升，实现产业转移。生产要素的流动主要
是通过设备、工艺和资金的流动，以达到逐步提升技术结构、生产
工艺结构的目的。

二是"转移低碳产业促转向"，以开辟广阔的市场。拓展市场，
发展"深绿色"新兴产业，产业从核心区向外围地区转移，不仅有
助于扩大市场区域，更能开辟生态产业的内需发展空间，从而降低
低碳产业在投资、贸易、消费等方面对外过高的依存度，实现由主

① 张力方：《广东发展"双转移"战略的动力机制及对策研究》，《科技管理研究》2013
年第4期。

要依靠外需市场向外需与内需市场并重的方向转变，有利于内外市场的有机结合，提升产业效益和生态效益。

三是"转移低碳产业促集聚"，实现低碳和生态经济要素的优化配置。通过政府规划引导产业转移新布局，使低碳和生态产业在空间上实现生产要素的优化配置，在时间上实现优化组合，从而极大地改善因历史原因造成的核心产业布局分散、产业链关联度不高、市场分割等弊端，从而实现低碳和生态生产要素在低碳产业中的集聚，促进经济增长。据统计，2013 年，东翼与粤北山区工业分别增长 16.2% 和 10.6%，其产业发展优势和经济效益显著①。

四是"转移低碳产业促转化"，提升第三产业的比重，实现劳动力素质的提高。劳动力素质是产业发展和升级的基本条件，是产业转移实现的重要因素。核心区产业升级后，对劳动力的需求将从普通型转向高技术型，从整体上提升核心区人力资源素质，有利于人力资源和物质资源的融合；核心区产业转移后，产业效益明显，将扩大市场腹地，增加劳动力需求的总量，在全省人口城市化进程中加速产业集中；低碳和生态产业扩散到外围地区后，对当地的就业需求将迅速增加，能够带动当地劳动力就地转移，加快实现人口非农化的转变步伐。实施"双转移"战略以来，广东省劳动力就业结构发生了较大变化，尤其是第三产业就业人员比重不断上升，粤东、粤西、粤北地区新增就业人数显著上升，就业扩充了内需，就业扩大了规模。2013 年前 3 个季度，广东省全省新增就业 138.7 万人，完成年度目标任务的 115.6%，其中，36 个省级产业园区吸纳劳动力为 68.02 万人，其中新增吸纳劳动力为 4.4 万人，东、西、北翼新增就业人数约占全省新增就业总量的 35%，人口转移步伐明显加快，

---

① 《2013 年广东省国民经济和社会发展统计公报》，广东统计信息网，http://www.gdstats.gov.cn/tjzl/tjgb/201403/t20140305_139764.html，最后访问日期：2014 年 6 月 24 日。

有力地促进了劳动力资源的流动①。

五 "南雄模式"："双转移"背景下生态主体功能区的实践探索

在"政府引导，市场运作，互利共赢"方针指导下形成的"双转移"的广东"南雄模式"，目前已经取得了较好的生态效益和经济效益，形成了区域自主创新的积聚效应、转化效应、带动效应和创新效应。

企业自主创新建立在生产要素优化配置的基础之上，更建立在低碳发展和生态发展的基础之上。历史证明，自主创新在经济萧条时代也会取得较好的成效。地处粤北山区且原来居住条件并不优越的南雄，以韶（关）赣（州）高速公路和韶（关）赣（州）铁路建设为契机，抢抓发展机遇并实施"双转移"战略，以促进生产要素的重新布局和资源生态效益的发挥。在深刻分析全球金融危机和后危机时代中国必须更加重视立足于内需的发展形势后，南雄根据低碳经济和生态经济的发展特点，适时地将自身定位于珠三角地区产业产品进入内地市场的桥头堡以及对接长三角、承接珠三角产业转移的重要节点上，取得了良好的经济效益和生态效益。

1. 自主创新的集聚效应：转移实现产业集聚

增强低碳发展和生态发展自主创新能力、提高核心竞争力，是经济发展的重要方向，是企业发展的决定性因素，需要秉承"布局调整、资源整合、集中发展、环境优化"的发展原则。在短短的一年多时间里，原先分散于珠三角及全国各地的松香制品、涂料、合成树脂等一些精细化工企业迅速集聚到南雄，其产业资源整合的生态效益初显端倪。当前，进入园区的精细化工及配套企业已达83

---

① 《前三季度城镇新增就业138.7万人　粤提前完成全年目标》，广州市人力资源和社会保障局网站，http://www.hrssgz.gov.cn/gzdt/rlzy/201310/t20131023_206321.html，最后访问日期：2014年6月24日。

家，总投资达 30 亿元，已竣工投产的企业有 18 家，已发展成为广东最大的精细化工产业基地，专业分工精细、产业关联度高、能耗低、污染少、占地少、附加值高的产业集群已初具规模。南雄生态园区的总体发展目标是，规划总面积为 10500 亩，5 年内力争实现进入园区精细化工企业达到 200 家。生态园区建设全部完成后，将成为华南地区乃至全国最大的精细化工产业基地，形成优势明显的生态经济亮点。

2. 自主创新转化效应：转移促进就业结构优化

一是促进了劳动力由农业部门向非农业部门的转移。由于南雄地处粤北山区，其经济结构一直是以传统农业为主，仅有的工业经济份额主要集中在与第一产业密切相关的农产品加工上。单一化产业结构效益低下，与现代产业结构要求差距明显，精细化工产业在此集聚使南雄的产业结构发生了重要变化。据统计，南雄三次产业产值比重由 2007 年的 41:21.6:37.4 迅速转变为 2012 年的 26.5:31.5:42，产业结构明显改观。其中，第一期入园企业全部建成投产后，新增了 1.1 万个就业岗位，大大促进了就业。

二是改变了就业的空间流向，使南雄由原来的劳动力净输出地转变为重要的高素质劳动力流入地，劳动力就业得到了扩展，促进了人口红利的形成和实现。

三是加速了区内劳动力素质由低级向中高级转变。精细化工企业对专业技术人力的需求，带动了区内相关职业技术教育的发展，使本地低端劳动力不断向中高端转化，劳动力素质获得了提升。

3. 自主创新的带动效应：转移拉动地方经济快速增长

精细化工产业园的崛起，成为推动南雄经济快速增长的重要动力源。2012 年，南雄全市实现地区生产总值达 86.76 亿元，同比增长 14.5%。其中，完成工业总产值达 80.17 亿元，同比增长 31.2%；规模以上工业企业完成工业总产值达 65.09 亿元，同比增长 43.5%；

实现工业增加值达 16.96 亿元，同比增长 38.8%；拉动地区生产总值增长 6.85 个百分点。南雄经济仍"逆市上扬"，全年地区生产总值增长率超过 14%，财政收入增速超过 40%，展现出了良好的经济效益和生态效益。第一期园区工业企业全部投产后，其工业产值突破 100 亿元，年创税 8 亿元以上，为南雄未来发展创造了良好的机遇①。

4. 自主创新效应：转移引致技术升级

从市场微观主体的角度看，企业的空间转移客观上引致了企业自主创新。

一是加速了产业设备更新、工业改造和生态更新再造进程。流入企业在空间上的转移必然面临全新的经营环境，精细化工园区基础设施建设和配套为众多流入企业提供了全新的产业技术环境和高的科技起点。转移企业进入新园区后，一般需要购置及安装新的设备，设计新的工艺，适应新环境以再造流程，这极其有利于促进产业技术更新换代。

二是提升了产业技术创新能力。由于生态主体功能区一般都设置了比较高的市场准入门槛，所以企业的空间转移在一定程度上会倒逼企业进行技术创新以适应高标准的环境保护要求，以适应生态主体功能区的低碳经济和生态经济发展的客观要求，使之成为一次低碳技术和生态技术升级的过程。另外，产业园区的"孵化器"平台也为集群内的企业在客观上带来了低碳和生态技术创新的动力和条件。

三是提高管理创新水平。企业从高度集中的珠三角地区转移到粤北地区的南雄之后，一方面是原本在珠三角地区的关联企业会减少，另一方面是在粤北地区以及邻近省份的关联企业则会增加。市

---

① 《2012 年南雄市国民经济和社会发展统计公报》，中国烟草市场网站，http://www.etmoc.com/gedi/itemlist.asp? id=1194，最后访问日期：2014 年 6 月 24 日。

场规模、销售方式和客户群等的改变将促使企业进行营销策略的创新，以促进低碳管理和生态管理的实现。

六　深圳自主创新与生态主体功能区的实践探索

1. 深圳自主创新开出"创造"之花

自主创新是深圳经济发展的重要引擎，是深圳打造低碳发展和生态发展主体功能区的根本所在，也是实现深圳经济跨越式发展的重要保障。没有主动创新，深圳的经济发展就缺乏持久后劲，其低碳经济发展和生态经济发展主旋律所带动的高新技术创新发展就缺乏动力。正是由于深圳自主创新的动力和活力，才滋养了企业自主创新的"创造"之花。

1985 年，中兴通信成立之初，与其他中小企业一样，只是依靠"来料加工"的众多制造企业之一，其产业和产品创新还处于初级水平。如今，中兴通信与华为技术已从业内的"追随者"跃升为行业"排头兵"，其产业和产品创新皆实现了跨越式发展，改写了国际通信设备市场的格局，成为通信设备行业的领军企业。1992 年前后，当"三来一补"企业发展势头正旺的时候，深圳就开始把低碳和生态高新技术产业定位为深圳经济发展的第一支柱产业，成为发展低碳经济和生态经济重头戏。1994 年，深圳率先出台了一系列关于无形资产评估、企业低碳和生态技术保护、技术入股、技术分红、低碳和生态创业投资等内容的法规，鼓励和支持企业自主创新。1999 年，国务院批准在深圳举办中国国际高新技术成果交易会，迄今为止，已成功举办了 10 多届，成为"中国科技第一展"。2004 年，深圳颁布实施了《关于完善区域创新体系，推动高新技术产业持续快速发展的决定》，从体制机制上逐步完善顶层设计，鼓励企业开发低碳和生态核心技术。

目前，深圳先后制定和实施了 50 多份有关鼓励自主创新的规范性文件，成为深圳低碳和生态科技产业由"制造"走向"创造"的重要推手，促使企业成长为科技能手，使深圳创造出多个令人骄傲的低碳和生态产业奇迹，如世界上第一个批准上市的赛百诺公司的肿瘤基因治疗产品"今又生"、新一代互联网软交换机出货量全球第一的华为、全球销量第一的大族激光公司打标机……

经过30余年的低碳与生态经济发展，深圳已经从创新资源极度匮乏的低碳与生态经济"科技沙漠"转变成为以自主创新为特征的低碳和生态"科技绿洲"。在华为、中兴、比亚迪、腾讯等一批具有国际竞争力的创新型领军企业的推动下，低碳和生态高新技术产业当之无愧地成为深圳市第一支柱产业，立足于低碳和生态效益的"自主创新"着实成为深圳发展30多年来的最大亮点。2012年，深圳拥有自主知识产权的高新技术产品产值达7869亿元，占全部高新技术产品产值的61%；全年企业技术自主创新成果显著，国内专利申请量为73146件，居全国大中城市第三，仅次于北京、上海。其中发明专利申请量为31087件、实用新型为23669件、外观设计为18360件、国内发明专利授权量为13139件。截至2012年，深圳累计发明专利授权量达53820件，有效发明专利达52768件，国内发明专利数在全国大中城市中仅次于北京。国外专利申请增长迅速，专利申请质量有较大提升，2012年，深圳国际专利申请数量为8024件，连续9年居全国第一，约占全国申请总量的40.3%。

在创新型领军企业数量方面，1998年，深圳全市低碳和生态高新技术企业仅有125家，到2011年已有2709家国家级低碳和生态高新企业。在经济效益创造方面，1991年，深圳全市低碳和生态高新技术产品产值仅为22.9亿元，占工业总产值的比重只有8.1%。2011年，深圳全市低碳和生态高新技术产品产值已高达11875.6亿元，其中，生物、互联网、新能源三大战略性新兴产业均保持了近20%的增速，高于地区生产总值增速2倍以上，低碳生态产业所拥有的各类专利占全市总数的八成以上。可以看出，深圳市低碳和生态高新技术产业发展效益显著。

2. 发挥科技型企业低碳和生态集聚效应

从 20 世纪 80 年代起，深圳开始关注低碳和生态科技企业的集聚效应的发挥，重视低碳和生态人才培养。1985 年 7 月，中国科学院与深圳市联合创办了一个高新技术产业开发区——深圳科技园。1996 年 9 月，经国务院批准，深圳将科技园及其附近的多个工业园整合成总面积为 11.5 平方公里的深圳高新技术产业园区，是当时经国家批准设立的"建设世界一流高新科技园区"的六家试点园区之一，也是"国家知识产权试点园区""国家高新技术产业标准化示范区"、低碳经济和生态经济发展示范区。目前，已有超过 37 个国家和地区的 58 家海外机构入驻深圳高新区这个国际平台，有 40 多家创投机构为企业提供国际化融资服务。作为低碳和生态高新技术产业重要载体的深圳高新区，2012 年实现工业总产值达 4865 亿元，工业增加值为 1315 亿元，实现税收约为 277 亿元，境内外上市公司为 84 家。在全国 108 个国家高新区综合评价中，位居全国第二，其单位面积产值继续居国家高新技术产业园区首位。

1999 年，虚拟大学园落户深圳高新区，北京大学、清华大学等国内外 51 所知名院校进驻深圳。目前已有 150 多项重大科研成果成功投产，低碳、生态产业和产品技术创新价值超过 100 亿元，培育出了拓邦电子等一批上市公司。近年来，低碳和生态高新技术产值超过 1000 亿元。

30 多年特别是近 20 年来，深圳的低碳和生态科技创新发展经历了从单纯引进到消化吸收，再到自主创新的三个阶段，生态和低碳发展科技政策也经历了从单纯补贴企业到鼓励重点行业建设公用低碳和生态技术平台，再到设立大型研发机构这三个阶段。深圳围绕优化低碳和生态产业结构创新、促进产业转型升级这一中心任务，重点发展生物、新能源和互联网等战略性新兴主导产业，取得了良好的经济效益和生态效益，实现了科技创新的新发展和新跨越。

七 关于发展低碳和生态主体功能区的几点启示

笔者通过选择珠三角作为低碳和生态经济发展的范例进行系统分析，以主体功能区生态和低碳产业高科技模式以及政策设计为核心内容，分别对"南雄模式"和深圳高新产业园区建设的实践，从理论到实践对生态和低碳经济主体功能区建设的相关问题进行了研究，并得出以下启示。

1. 自主创新必须处理好后发地区政府与市场的关系

"双转移"过程，即调整产业结构、区域经济结构优化的过程。结构调整既是市场客观发展趋势要求，也是对市场功能的完善，因而政府的引导作用不可或缺，需充分发挥政府的引导作用。有效率的政府是经济与社会发展的必要条件，也是资源生态效益的充分条件，对市场经济和个人活动起着催化作用、促进作用和补充作用。对于经济发展相对落后的地区，投资环境尤其是软环境建设相对滞后，资本形成不足是经济发展的主要瓶颈，也是后发地区经济落后的重要原因。如果仅仅依靠市场机制的自发调节，资本积累的过程将十分漫长。因此，要打破经济贫困的"累积性恶性循环"，就需要地方政府积极作为，处理好政府与市场的关系，也就是处理好"引导"和"主导"的关系，注重"引导作用"与"主导作用"的双重发挥。

2. 自主创新的后发优势在于生态环境的创新

新建经济区域对生态环境有着特殊的要求，因新设备、新材料更新换代都有新的环保约束标准，要求生产环境清洁化、生产设备环保化、基础设施生态化、生产流程生态化、产品生态化。以精细化工产业园为例，其化工产品的生产对外部的外溢负面效应很大，对生态环境具有较大的破坏作用。正因为新设施、新设备和新材料在使用上讲究生态效益，讲究生态环境的优化，讲究经济效益和生态效益的统一，使得区域生态环境创新的后发优势逐步显现出来。

3. 后发地区能将比较优势和后发优势转换成竞争优势

一个地区想要获得较好的低碳经济和生态经济发展效益，必须充分地利用其比较优势，但是对于后发地区来说，其比较优势通常限于廉价的劳动力和特色自然资源上，也是其赶超先进地区的重要基础和条件。在经济全球化背景下，如果仅按照静态比较优势原则来确定地区的产业定位，那么将会导致该区域经济锁定在劳动密集型或自然资源型经济的囹圄中。这势必会造成在区际分工中持续处于不利地位，甚至会陷入"贫困化增长"的境地，在现代化的产业升级和技术升级潮流中错失重要的发展机遇。对于后发地区来说，除了具备一定的比较优势外，还存在一定的后发优势，即后发地区在工业化和现代化过程中，具有在技术、制度、发展经验等方面向发达国家或地区学习的广阔空间和条件，在 21 世纪以来初级产品"超级周期"已经终结的情况下，需瞄准新的起点，实现跨越式发展。南雄的发展经验表明，利用比较优势只是后发地区获得资源生态效益的因素之一，而要获取生态效益，需将比较优势动态化，并且将比较优势和后发优势结合转变成竞争优势，这也是自主创新合作博弈的结果。

4. 自主创新区域能向边际产业与优势产业转化

根据日本经济学家小岛清的边际产业扩张论，产业发展可以分为四个阶段：创新阶段、发展阶段、成熟阶段和边际阶段。这四个阶段也体现在我国低碳经济和生态经济发展进程中，不同阶段各呈现出不同的特点。一国应将本国的边际产业即已处于或即将处于劣势地位的产业转移至该产业正处于优势地位或具有潜在比较优势的国家或地区，这样可使双方都获取比较利益，从而在经济效益上实现"双赢"。从某种程度上来说，如果将这些产业转移到在国际分工中处于更低端产业链环节的国家，将有助于其国内产业结构的调整。随着区域比较优势格局的动态调整、区域产业结构的更新以及政府产业发展战略的更新，原本处于传统优势地位的产业可能成为边际产业，此类产业若转入产业梯度较低的地区，则又很可能成为其新的产业亮点。这也正是当前广东实施"双转移"战略的基本逻辑。

5. 生态主体功能区的发展模式构建

在生态主体功能区发展模式上，当前有关生态主体功能区的研究主要集中在区划方法及指标技术、宏观政策两个方面，从经济学的角度对低碳经济发展模式进行定量、系统研究的还较少，针对不同生态主体功能区的特点，对有关构建低碳经济发展模式的经济学研究还不够深入，忽视了如何分析和解决"生态主体功能区"自身的协调发展问题。对于在区划和发展政策上，主体功能区面临什么发展矛盾，应该采取怎样的模式等问题，还缺乏细致的理论探讨。

6. 注重劳动密集型产业和资本技术密集型产业的结合发展

珠三角地区在对于现有劳动密集型产业进行改造和升级的同时，也必须注重资本、技术密集型低碳和生态产业的发展，特别要加强对低碳和生态高新技术产业的培育。因为低碳和生态高新技术产业是需求弹性较大的产业，代表了众多生态和低碳产业发展升级的未来方向，具有较大的市场潜力和市场空间。但是，珠三角地区低碳和生态高新技术产业需要依据区域初始资源禀赋条件，确定各自区域低碳和生态高新技术产业发展的方向，以防止低碳和生态产业升级的"同构化"，防止资源使用低效益。

7. 建立合理的区域产业发展格局

根据现有资源状况和产业发展特点，珠三角地区可以分为三类主体功能区，从而形成有机的低碳和生态产业格局。一是广州：产业基础好，产业门类齐全，低碳产业和生态产业优势凸显，汽车、机械、造船、钢铁等产业基础牢固，同时也已拥有一定的低碳和生态高新技术产业的基础，资本雄厚，科技人才丰富。二是深圳：低碳和生态高新技术实力较强，是我国唯一的国家创新型城市，拥有国内规模最大的本土性自主创新企业集群。企业是深圳自主创新的"最佳主角"，四个"90%"是对这个"最佳主角"的最好诠释：90%的研发机构设立在企业，90%以上的研发人员集中在企业，90%以上的发明专利出自企业，90%以上的研发资金来源于企业。同时，深圳的劳动密集型产业也形成了较大规模，两者已成为深圳经济发展的中坚力量。三是东莞、佛山、中山、南海、顺德等劳动密集型产业高度聚集区域。这些地区劳动密集型产业比重巨大，但缺乏发展低碳和生态高新技术产业所需的技术、人才等要素基础。珠三角地区的产业升级必须考虑各地区经济发展低碳经济的基础和资源条件，对于不同类型的地区，需要选择不同的低碳和生态产业升级路径和产业布局。

8. 要着实壮大发展自身的优势产业

低碳和生态高新技术产业发展的重点应该放在广州和深圳，这两个主体功能区不仅拥有低碳和生态高新技术产业发展所需要的资金基础和丰富的科技人才资源条件，而且国际知名度高，对于低碳和生态发展高端人才具有较大的吸引力，其产业扩展度和发展空间巨大。从两地产业未来发展目标来看，深圳市的低碳和生态产业升级应该借鉴新加坡的模式，也是"腾笼换鸟"的重点地区。由于深圳市发展劳动密集型产业的优势已经不复存在，将劳动密集型企业迁出深圳，在极其有限的地域范围内为低碳和生态高新技术产业腾出空间，是深圳经济转型升级的必由之路。深圳是一个高度开放的国际化大都市，其低碳和生态高新技术产业的发展可以瞄准世界尖端高新技术产业和整个世界的低碳产品和生态产品市场，高起点，快节奏，促进内外资企业并进发展，生态产业和低碳产业协同发展。

广州的产业升级需要学习借鉴日本、韩国的模式，其低碳和生态高新技术产业的发展需考虑广州市原有产业基础和与珠三角地区劳动密集型产业之间的关联关系。一方面，应该重点选择一些传统产业向低碳和生态高新技术产业转型，以带动整个珠三角地区劳动密集型企业的改造和升级；另一方面，应该选择一批资金密集型产业进行合作发展，诸如汽车产业、造船产业、机械制造业等产业相关的高新技术产业，以支撑广州乃至珠三角地区的资金密集型产业的发展。

9. 围绕主体功能特色，发挥低碳和生态经济的主导作用

应积极引导企业生产向低碳和生态经济转型升级，鼓励企业创新和抑制分利行为，从而使各企业个体决策与整个主体功能区资源生态效益保持高度一致，这正是培育生态主体功能和低碳主体功能特色的必然要求。资源生态效益特别强调生态经济要素和低碳生产要素的战略融合，也就是必须站在战略思维高度，着眼于低碳产业的转型升级，注重生态产品或技术的研发，培养和吸纳有关低碳和生态管理的企业优秀人才，才能将区域内产业与生态和谐发展的"绿色经济"落到实处。

参考文献

陈学明：《谁是罪魁祸首——追寻生态危机的根源》，人民出版社，2012。

陈宏武、时临云：《技术创新与产业生态化研究》，经济管理出版社，2009。

陈华：《生产要素演进与创新型国家的经济制度》，中国人民大学出版社，2008。

唐风：《新能源战争》，中国商业出版社，2008。

郇庆治：《重建现代文明的根基——生态社会主义研究》，北京大学出版社，2010。

张合平等：《环境生态学》，中国林业出版社，2002。

刘铮：《中国经济可持续发展研究概论》，上海大学出版社，2009。

武春友：《资源效率与生态规划管理》，清华大学出版社，2006。

马传栋：《工业生态经济学与循环经济》，中国社会科学出版社，2007。

王书华：《区域生态经济——理论、方法与实践》，中国发展出版社，2008。

易文端、顾峰、吴振先：《公共产品价格政策博弈分析》，研究出版社，2007。

万后芬等：《绿色营销》，湖北人民出版社，2000。

李金昌：《生态价值论》，重庆大学出版社，1999。

张青山：《制造业绿色产品评价体系》，电子工业出版社，2009。

杨洁：《低碳经济模式下企业可持续发展研究》，光明日报出版社，2012。

刘思华：《生态马克思主义经济学原理》，人民出版社，2006。

中国社会科学院经济学部：《生态环境与经济发展》，经济管理出版社，2008。

张春霞：《绿色经济发展研究》，中国林业出版社，2005。

厉以宁、章铮：《环境经济学》，中国计划出版社，1995。

黄铁苗：《综观经济效益论》，人民出版社，2001。

〔美〕丹尼斯·米都斯：《增长的极限》，李宝恒译，吉林人民出版社，1997。

〔美〕艾伦·杜宁：《多少算够——消费社会与地球的未来》，毕聿译，吉林人民出版社，1997。

〔美〕蕾切尔·卡森：《寂静的春天》，吕瑞兰、李长生译，上海译文出版社，2008。

〔英〕克里斯托弗·卢茨：《西方环境运动：地方、国家和全球向度》，徐凯译，山东大学出版社，2005。

〔日〕岩佐茂：《环境的思想与伦理》，冯雷、李欣荣等译，中央编译出版社，2011。

陈永森：《生态社会主义幸福观评析》，《社会主义研究》2011年第4期。

初秀英：《马克思自然观的以人为本与生态取向》，《理论学刊》2007年第4期。

雷健：《国内外循环经济模式及其对中国新型工业化的启示》，《求索》2008年第12期。

汪洋：《自主创新是加快转变经济发展方式的核心推动力》，《学术研究》2010年第3期。

孙慧明：《生态文明：中国特色社会主义发展的必然选择》，《社科纵横》2008 年第 12 期。

黄铁苗：《综观经济效益与可持续发展》，《中国科技论坛》1998 年第 4 期。

聂辉华：《制度均衡：一个博弈论的视角》，《管理世界》2008 年第 8 期。

路军：《我国生态文明建设存在问题及对策思考》，《理论导刊》2010 年第 9 期。

王建中：《关于深化资源环境价格改革的若干思考》，《价格理论与实践》2007 年第 1 期。

马永庆：《生态文明建设的道德思考》，《伦理学研究》2012 年第 1 期。

李磊、彭定光：《生态小康建设的理论思考》，《湖南社会科学》2014 年第 1 期。

吴瑾菁、祝黄河：《"五位一体"视域下的生态文明建设》，《马克思主义与现实》2013 年第 1 期。

任理轩：《把握经济发展方式转变的战略重点》，《当代生态农业》2010 年第 1 期。

李爱年、彭丽娟：《生态效益补偿机制及其立法思考》，《时代法学》2005 年第 3 期。

黄铁苗：《马克思的节约理论及其现实意义》，《中国社会科学》2008 年第 4 期。

牛文元：《中国可持续发展的理论与实践》，《中国科学院院刊》2012 年第 3 期。

肖国兴：《论中国节能减排的法律路径》，《郑州大学学报》（哲学社会科学版）2010 年第 6 期。

向智明：《知识经济时代企业绿色营销的策略》，《管理观察》

2008 年第 24 期。

袁晓江、张守德：《中日经济知识交流会的创立过程》，《党的文献》2010 年第 6 期。

蔡守秋：《论中国的节能减排制度》，《江苏大学学报》（社会科学版）2012 年第 3 期。

黄德林、邵月、艾希：《中西方节能减排政策比较研究》，《资源与产业》2012 年第 2 期。

曹勇、李娜：《顾客导向与产品创新的前端管理研究》，《中国科技论坛》2011 年第 1 期。

杨平：《积极构建绿色消费模式》，《辽宁行政学院学报》2012 年第 12 期。

余建国、张宏武：《生态足迹的修正模型研究前沿与动态》，《安徽农业科学》2009 年第 8 期。

徐晋：《新能源——人类生存之根本》，《新经济导刊》2003 年第 1 期。

成思危：《论创新型国家的建设》，《中国软科学》2009 年第 12 期。

李志榕：《可持续创新：构建和谐社会的途径》，《求索》2009 年第 7 期。

卫兴华、侯为民：《中国经济增长方式的选择与转换途径》，《经济研究》2007 年第 7 期。

张成军：《绿色 GDD 核算的主体功能区生态补偿》，《求索》2009 年第 12 期。

杨文进：《经济学视角中的"两型社会"建设》，《中国地质大学学报》（社会科学版）2009 年第 4 期。

于洪彦、孙宇翔：《产品创新决策的影响因素研究》，《生产力研究》2009 年第 16 期。

龙均云:《论我国绿色消费模式的构建与培育》,《湖南工业大学学报》(社会科学版)2009年第3期。

刘珂:《浅淡我国新能源行业的发展环境与前景》,《企业导报》2009年第5期。

杨解君:《我国新能源与可再生能源立法之新思维》,《法商研究》2008年第1期。

王艳、王力:《生态足迹研究进展述评》,《中国水土保持科学》2011年第3期。

顾列铭:《排污权交易:让天空更蓝》,《生态经济》2003年第1期。

童小英、汪燕:《浅议排污收费政策的改革》,《企业经济》2002年第12期。

吴守蓉、王华荣:《生态文明建设驱动机制研究》,《中国行政管理》2012年第7期。

黄鑫:《流域治理再现碧水蓝天》,《经济日报》2008年3月10日。

陈晓春、谭娟等:《论低碳消费方式》,《光明日报》2009年4月21日。

徐惠喜:《世界风电产业发展步伐加快》,《经济日报》2008年7月10日。

后　记

在本书最后一个字落笔之际，我居然有一种如释重负和顿时失语的感觉。近三年来的废寝忘食，让我终于得以把拙著呈献于大家面前。

1990年大学毕业后，由于机缘巧合，我先后在湖南、天津、湖北和广东等地学习、工作和生活，在高校、大型企业和多所省级党校从事过办公室秘书、项目开发、专业教学和期刊编辑等工作。外向的性格和走南闯北的经历，练就了我开阔的视野、包容的态度和举重若轻的行事风格，也赋予了我一些意想不到的收获：一份特殊的人生阅历、一个幸福美满的家庭、一群可以触心论道的朋友……当然，专业素养和业绩成果也在"知与行"中得到了逐步提升，自己的研究领域也不断拓展，从汉语言文学、管理学、政治学到经济学、社会学、生态学，始终不渝地探寻学科交叉潜在的真谛。所以，在研究生态文明建设这个主题时，我不禁尝试另辟蹊径——尝试以一种全新的视角，即从基于资源生态效益的角度来构建研究框架。

本书之所以锁定生态文明建设这个主题，一则源于党的十七大和十八大把生态文明建设提升至前所未有的高度，将其列为国家总体战略部署之一，并作为全党未来的奋斗目标。作为一名党校人，肩负着干部教育的重要职责，须紧密响应党的号召，在工作和生活中自觉践行党的决议，加强对生态文明建设的学习和研究。二则源于我对家乡的感念与牵挂。我在山清水秀的农村长大，后来虽然离家求学工作，但也时常回到故里重温乡情。令我感怀的是，昔日熟悉的"上山放牛、下河捉鱼"的生活情景已经渐行渐远、难觅踪迹。儿时的回忆如今已日渐模糊起来，田荒了、水断了、天蒙了，过去宁静的家乡现已变成了步步延伸的开发区和三三两两候鸟般的外出务工景象，还有那一栋栋杂乱无序的农村新居。曾经熟悉的乡亲们也让我感觉越来越陌生，叔伯们一个个离去，年轻的侄辈和孙辈们被日渐"现代化"，却少了往昔那份熟悉的淳朴、亲切和淡定。再联想到近年来大城市的雾霾、北方的沙尘暴、有毒的大米以及频发的地震、台风、海啸等自然灾害，不禁萌生了"逝者如斯夫"的感慨。曾经的那山那水、那人那事、那蓝天白云、那美丽的生态环境，究竟都去哪里了呢？

有哲人说过："精神是自然界最美好的花朵。"今天，面对资源日趋匮乏、环境日渐恶化、生态系统不断退化的严峻形势，我们必须敬畏自然、尊重自然、顺应自然、保护自然；我们必须回应生态文明建设的时代呼唤，将生态文明建设理念时存于心；我们必须反思当前的环境困境，努力建设美丽中国，永葆中华民族的发展活力。

本书从构思、写作、修改到出版的全过程是一个艰辛复杂的过程，也是一个令我文思泉涌而倍感幸福的过程。在书稿即将付梓之际，我要特别感谢的有：深圳市委党校校委袁晓江教授，是他的鼓舞和专业指导，让我有勇气完成这部跨学科的学术专著；株洲市物价局的吴振先先生，他在选题、资料收集、思想碰撞、研究构想等方面给了我无私的关爱和大力支持；深圳职业技术学院的李志德博士，作为我的挚友，他多次协助我对文稿进行修改和校正；武汉大学政治与公共管理学院的黄建军教授，他为本书的出版牵线搭桥、出谋划策；深圳市委党校学刊部的刘桂梅老师，她为本书的规范化做了大量工作；同事兼好友周会祥博士等为我提供了宝贵的修改意见和帮助。另外，在写作过程中，我阅读、参考、吸收和引用了一些国内外学者的最新研究成果，他们的思想启迪了我创作的灵感，正是他们的成果铺就了我的研究之路。需特别说明的是，因限于篇幅，本书对重要的相关文献作了引注，对一般参考文献未一一标注，借此对所有涉及文献的作者及相关利益方表示诚挚的谢意！

本书的编辑出版，尤其要感谢社会科学文献出版社社长谢寿光、该社社会政法分社总编辑曹义恒和其他各位兢兢业业但未曾谋面的出版社工作人员，是他们的鼎力支持和辛勤劳动力使得本书得以如期出版。

由于学识和能力有限，本书中失误或错误之处在所难免，恳请有兴趣的朋友和读者提出宝贵意见。

毛军吉

2014 年 6 月 30 日

图书在版编目（CIP）数据

生态强国之梦：资源生态效益新视野／毛军吉著 . —北京：
社会科学文献出版社，2014.8
　ISBN 978 - 7 - 5097 - 6291 - 2

　Ⅰ.①生…　Ⅱ.①毛…　Ⅲ.①资源经济 - 经济效益 - 研究 -
中国　Ⅳ.①F124.5

　中国版本图书馆 CIP 数据核字（2014）第 171811 号

生态强国之梦
——资源生态效益新视野

著　　者／毛军吉

出 版 人／谢寿光
出 版 者／社会科学文献出版社
地　　址／北京市西城区北三环中路甲 29 号院 3 号楼华龙大厦
邮政编码／100029

责任部门／社会政法分社 （010）59367156　　　　　　责任编辑／曹义恒
电子信箱／shekebu@ssap.cn　　　　　　　　　　　　责任校对／宝　蕾
项目统筹／曹义恒　　　　　　　　　　　　　　　　　责任印制／岳　阳
经　　销／社会科学文献出版社市场营销中心 （010）59367081　59367089
读者服务／读者服务中心 （010）59367028

印　　装／三河市尚艺印装有限公司
开　　本／787mm×1092mm　1/16　　　　　　　　　印　　张／17.75
版　　次／2014 年 8 月第 1 版　　　　　　　　　　　字　　数／227 千字
印　　次／2014 年 8 月第 1 次印刷
书　　号／ISBN 978 - 7 - 5097 - 6291 - 2
定　　价／68.00 元